Das Ravensburger Grundschullexikon von A–Z

Peggy Gampfer · Claudia Köster-Ollig · Anke Schönfeld

Das Ravensburger Grundschullexikon von A–Z

Ravensburger Buchverlag

Zu diesem Buch

➲ **Menschen und Tiere**
Im Text wird durch Pfeile auf andere Stichwörter im Buch verwiesen.

⮕ **Tierreich**
Unter vielen Stichwörtern findest du Querverweise zu verwandten Stichwörtern zum Weiterlesen.

der Abakus
Der Abakus ist eine einfache ➜ Maschine, die man früher zum Rechnen benutzte. Man rechnet dabei mit kleinen Perlen oder Kugeln, die auf mehreren übereinanderliegenden Drähten aufgezogen sind. Die Kugeln der ersten Reihe sind die Einer, die der zweiten Reihe die Zehner, die der dritten die Hunderter usw.

Abakus

die Abgase
Bei allen Verbrennungsvorgängen entstehen Abgase wie z. B. Ruß bei einer brennenden ➜ Kerze. Abgase sind winzige Staubteilchen in der ➜ Luft. ➜ Autos, Flugzeuge und Fabriken stoßen große Mengen von schädlichen Abgasen aus. Mit Filteranlagen und ➜ Katalysatoren werden sie aus der Luft entfernt, um die Umwelt zu schützen.

➜ **Umweltschutz**

die Aborigines
Die Ureinwohner von ➜ Australien sind die Aborigines (gesprochen: Äboridschinis). Sie leben seit über 50 000 ➜ Jahren auf dem australischen ➜ Kontinent. Die Aborigines zogen als Jäger und Sammler durch das Land. Der berühmte rote Sandberg Ayers Rock wird von ihnen als heiliger ➜ Berg verehrt. Sie nennen ihn „Uluru".

die Achse
1. Mit einer Achse werden Räder (➜ Rad), Rollen oder Scheiben an Fahrzeugen oder ➜ Maschinen befestigt.

Wagenachse

Die Achse führt dabei wie ein Stab durch die Mitte der Räder, damit sie sich drehen können. **2.** Eine Spiegelachse teilt ein symmetrisches Bild in zwei Hälften. Wenn man das Bild an der Spiegelachse entlang faltet, liegen die beiden Hälften genau aufeinander.

➜ **Auto**

Spiegelachse

der Adel
Das Wort Adel stammt von „edel" und bedeutet „von vornehmer Herkunft". Adelig war, wer aus adeligem Hause stammte oder sich den Adelstitel durch Besitz oder besondere Verdienste erwarb. Die Adeligen hatten früher besondere ➜ Rechte. Sie beherrschten das Land und seine Bewohner. Sie lebten in Burgen, Schlössern oder großen, reich ausgestat-

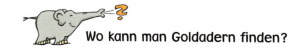

Wo kann man Goldadern finden?

teten Häusern. Adelige übernehmen hohe Ämter in der Armee oder im Staatsdienst. Zum so genannten Hochadel zählten Kaiser, ⮕ Könige und Fürsten. Den Niederadel bildeten die adeligen ⮕ Familien. Vor ihrem ⮕ Namen trugen sie Adelstitel wie z. B. Prinz und Prinzessin, Herzog und Herzogin, Graf und Gräfin. 1919 wurde der Adel durch den ⮕ Staat abgeschafft. Heute kann man an den ehemaligen Adelsbezeichnungen wie „Graf", „Freiherr", „von" oder „zu" im Nachnamen von Familien erkennen, dass sie früher zum Adel gehörten. Sie heißen z. B. von Büdingen oder von Thurn und Taxis.

die Ader

1. Adern sind feine Schläuche im Körper von ⮕ Menschen und Tieren. Man nennt sie auch Blutgefäße. Sie transportieren das Blut durch den Körper. Alle Adern gehören zum Blutkreislauf. Man unterscheidet verschiedene Blutgefäße: Aorta (Hauptschlagader), Arterien (Schlagadern) oder Venen (Blutadern).

Ader

2. Auch Blätter (⮕ Blatt) haben Adern. Das sind die feinen Linien auf den Blättern. Sie gehen von der Mittelrippe auf dem Blatt aus und verzweigen sich zu einem feinen Netz. Die Blattadern versorgen Blätter mit ⮕ Wasser und Nährstoffen.

Blatt

3. Kleine Spalten im ⮕ Gestein, die mit ⮕ Mineralen gefüllt sind, werden Ader genannt, z. B. die Goldader. 4. Unterirdische Wasserläufe werden als Wasseradern bezeichnet.

➡ menschlicher Körper

das Adjektiv

Adjektive nennt man auch Wiewörter oder Eigenschaftswörter. Sie beschreiben ein ⮕ Substantiv näher, z. B. „Der Kuchen schmeckt köstlich." Adjektive kann man steigern, z. B. groß, größer, am größten. Man kann mit ihnen Dinge vergleichen, z. B. Timo ist größer als Julia. Von vielen Adjektiven lässt sich das Gegenteil bilden: groß – klein, hell – dunkel.

➡ Grammatik, Verb, Wortarten

Adoptieren, die Adoption

Bei der Adoption nehmen ein ⮕ Mann und eine ⮕ Frau ein Kind, das sie nicht selbst gezeugt oder geboren haben, als ihr eigenes Kind an. Kinder werden adoptiert, weil sie keine Eltern mehr haben oder weil ihre Eltern vielleicht nicht für sie sorgen können. Ein adoptiertes Kind bekommt den Familiennamen der neuen Eltern und alle ⮕ Rechte eines leiblichen Kindes. Kinder über 14 ⮕ Jahren dürfen selbst entscheiden, ob sie adoptiert werden wollen. Ein ⮕ Gericht muss die Adoption bestätigen. Manchmal lernen adoptierte Kinder ihre leiblichen Eltern später kennen.

➡ Familie

Afrika

Afrika ist der zweitgrößte ⇨ Kontinent der ⇨ Erde und die Wiege der Menschheit. Hier lebten vor etwa 4 Millionen ⇨ Jahren die ersten ⇨ Menschen.

Natur
Im Norden Afrikas liegt die Sahara, die größte ⇨ Wüste der Erde. In Zentralafrika erstrecken sich tierreiche tropische ⇨ Regenwälder. In den ⇨ Savannen sind z. B. Elefanten, Giraffen, Nashörner, Zebras und Löwen zu Hause.

Land und Leute
Erst Ende des 15. Jahrhunderts gelang es den Portugiesen, Afrika auf ihrem Weg nach Indien zu umsegeln. Der neue Seeweg weckte das Interesse der Europäer an diesem Kontinent. Die Seefahrer verkauften gefangene Afrikaner als ⇨ Sklaven. Im 19. Jahrhundert besetzten Engländer, Franzosen, Deutsche und andere Europäer afrikanisches Land. Sie verließen diese Kolonien erst wieder im 20. Jahrhundert. Unabhängige afrikanische ⇨ Staaten wurden gegründet. Afrika ist die ⇨ Heimat vieler Völker (⇨ Volk). Im Norden leben die hellhäutigeren Araber und Berber, südlich der Sahara verschiedene schwarzafrikanische Völker. Die meisten Afrikaner sind Bauern, die ⇨ Mais, Weizen oder Hirse anbauen. Andere wie z. B. die Tuareg leben als ⇨ Nomaden. ⇨ Armut ist in Afrika weit verbreitet. Viele Menschen leiden unter Bürgerkriegen, Wasserknappheit und Hungersnöten. Über 30 Länder Afrikas zählen zu den ⇨ Entwicklungsländern. Es gibt aber auch moderne Großstädte wie Kairo in ⇨ Ägypten.

Wirtschaft
Auf Plantagen werden Zuckerrohr, ⇨ Kakao, ⇨ Kaffee, ⇨ Tee und ⇨ Baumwolle angebaut. Die Edelhölzer der Regenwälder sind weltweit begehrt und werden rücksichtslos abgeholzt. Auch mit Gold, Diamanten, Kupfer, Zinn und Erdöl (⇨ Öl) wird gehandelt. Aber trotz ihrer Bodenschätze sind die meisten Länder Afrikas nicht reich, weil ⇨ Dürren, Bürgerkriege und niedrige Preise auf dem Weltmarkt die ⇨ Wirtschaft schwächen.

➡ **Krieg, Markt, Wasser**

Elefant

Fläche: etwa. 30 Millionen km²
Höchster Punkt: Kilimandscharo (Tansania), 5895 m
Größter See: Victoriasee
Längster Fluss: Nil, 6695 km
Zahl der Staaten: 53
Größte Stadt: Kairo (Ägypten), etwa 15,4 Millionen Einwohner
Gesamtbevölkerung: etwa 849 Millionen

das Ägypten

Das ägyptische Reich entstand vor etwa 5000 ◯ Jahren. Es wurde von ◯ Pharaonen regiert. Damals begannen die ◯ Menschen Städte (◯ Stadt) zu bauen. Sie erfanden den ersten ◯ Kalender und eine ◯ Schrift, die ◯ Hieroglyphen. Priester und Beamte waren reich und lebten in prachtvollen Häusern. Die meisten Menschen waren arme Bauern, die in einfachen Hütten lebten und für die Reichen arbeiten oder die ◯ Pyramiden bauen mussten. In diesen riesigen Grabstätten wurden die ◯ Mumien der Pharaonen beigesetzt. Nachdem Ägypten etwa 2500 Jahre lang eines der mächtigsten Länder der ◯ Erde war, wurde es 30 v. Chr. Teil des Römischen Reiches (◯ Römer). Heute ist Ägypten ein moderner islamischer ◯ Staat.

➡ **Religionen**

das Aids

Aids ist bis heute eine unheilbare ◯ Krankheit. Sie wird durch ein ◯ Virus, das so genannte HI-Virus (Humane Immuninsuffizienz-Virus), ausgelöst. Unser Körper hat ein Abwehrsystem, das uns vor Krankheitserregern schützt. Die Aids-Viren zerstören das Abwehrsystem. Ohne die Abwehrkräfte kann selbst ein Schnupfen zum ◯ Tod führen.

➡ **Immunsystem, menschlicher Körper**

der Akkumulator

Eine ◯ Batterie, die wieder aufgeladen werden kann, wird Akkumulator oder kurz Akku genannt. In jedem Handy ist ein Akkumulator vorhanden.

die Algen

Algen sind im ◯ Wasser lebende ◯ Pflanzen. Je nach ◯ Farbe der Algen unterscheidet man Rotalgen, Braunalgen und Grünalgen. Algen sorgen dafür, dass die ◯ Gewässer sauber bleiben und mit ◯ Sauerstoff versorgt werden. Algenarten wie z.B. das ◯ Plankton dienen Tieren wie Krebsen und Garnelen als Nahrung. In ◯ Asien sind Meeresalgen beliebte ◯ Lebensmittel.

Fadenalge, Meersalat, Blasentang, Perltang, Fingertang, Caulerpa-Alge

der Alkohol

Der Alkohol ist eine farblose Flüssigkeit, die leicht brennt. In Bier, Wein, Schnaps und Likör ist Alkohol enthalten. Wer viel und häufig Alkohol trinkt, kann davon süchtig werden. Man verwendet reinen Alkohol auch in der ◯ Medizin, um Wunden zu desinfizieren (reinigen).

➡ **Drogen, Sucht**

das All

Das All wird auch Weltall, Universum oder Kosmos genannt. Wenn wir abends den Sternenhimmel betrachten, sehen wir nur einen kleinen Teil des Alls. Das All ist ein unvorstellbar großer Raum mit unzähligen Galaxien, Sternen und Planeten. Sterne sind selbstleuchtende Himmelskörper wie die ➔ Sonne. Planeten bewegen sich um Sterne herum, wie z. B. die ➔ Erde um die Sonne. Galaxien sind Anhäufungen von vielen Millionen Sternen und Planeten.

Das Sonnensystem

Unsere Erde gehört mit acht weiteren Planeten zum Sonnensystem. Die Planeten kreisen auf ihren Umlaufbahnen um die Sonne. Die Erde dreht sich innerhalb von 24 Stunden einmal um ihre ➔ Achse. Diese Drehung verursacht den Wechsel zwischen ➔ Tag und Nacht. Der ➔ Mond ist der Begleiter der Erde. Innerhalb von 29,5 Tagen umkreist er die Erde einmal. Dieser Zeitraum entspricht etwa einem ➔ Monat. Die Erde ist ungefähr 150 Millionen Kilometer von der Sonne entfernt. Unser Sonnensystem ist Teil der so genannten Milchstraße. Die Milchstraße ist eine von 100 Milliarden Galaxien. Die mehr als 100 Milliarden Sterne der Milchstraße kann man nachts am ➔ Himmel leuchten sehen.

Die Entstehung des Alls

Wissenschaftler, die das All erforschen, werden Astronomen genannt. Sie vermuten,

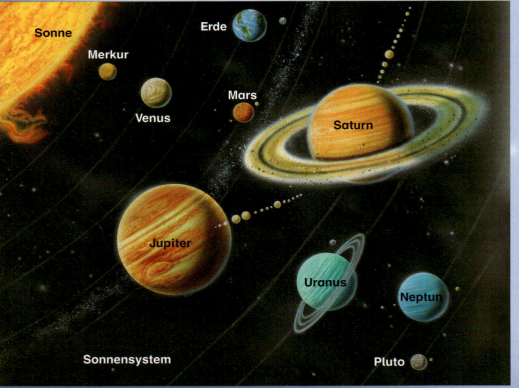

Zu unserem Sonnensystem gehören neun Planeten: Merkur, Venus, Erde, Mars, Jupiter, Saturn, Uranus, Neptun und Pluto. All diese Planeten bewegen sich auf ihren Bahnen um die Sonne. Sie sind verschieden weit von der Sonne entfernt. Merkur ist der Sonne am nächsten, Pluto ist am weitesten entfernt. Die Reihenfolge kann man sich so merken:

MEIN VATER ERKLÄRT MIR JEDEN SONNTAG UNSERE NEUN PLANETEN.

Milchstraße

dass es vor etwa 15 Milliarden ➔ Jahren eine gewaltige ➔ Explosion gab. Man bezeichnet sie als ➔ Urknall. ➔ Gase breiteten sich aus und bildeten im Lauf von Jahrmillionen Sterne, Planeten und Galaxien. Unsere Sonne entstand 10 Milliarden Jahre nach dem Urknall aus einer Gas- und Staubwolke. Vor ungefähr 4,6 Milliarden Jahren entstand die Erde.

Urknall

Die Erforschung des Alls

Astronomen beobachten mit großen Teleskopen in Sternwarten die Bewegung der Sterne und Planeten. Doch die Reichweite der Teleskope ist begrenzt. Um das Universum noch weiter zu erforschen, werden Teleskope auf Raumsonden ins All geschickt. Raumsonden sind Raumfahrzeuge, die zu weit entlegenen Planeten fliegen. Sie schicken Bilder von den Planeten an die Wissenschaftler auf der Erde. Auch Astronauten reisen ins All. Astronauten sind Wissenschaftler, die im Weltall ➔ Experimente durchführen. Sie tragen Raumanzüge, die sie vor Kälte schützen und mit Atemluft versorgen. Mit der „Saturn-Rakete" gelangten 1969 die ersten Astronauten auf den Mond. Heute fliegen sie mit Spaceshuttles ins All. Seit 1998 befindet sich außerdem die Internationale Raumstation „ISS" (International Space Station) im Bau. Hier leben und arbeiten Astronauten für längere ➔ Zeit. Weil die Entfernungen im All so riesig sind, benutzen die Astronomen als Maßeinheit das Lichtjahr. Ein Lichtjahr ist die Entfernung, die das ➔ Licht in einem Jahr zurücklegt. Für 300 000 km braucht das Licht eine Sekunde.

➔ **Raumfahrt**

Raumsonde

Planetarium mit Teleskop

die Allergie
Unser Körper hat ein Abwehrsystem, das uns vor schädlichen ⮞ Bakterien schützt. Bei einer Allergie reagiert das Abwehrsystem besonders empfindlich auf bestimmte Reize wie z. B. Blütenpollen, Nüsse oder ⮞ Haare. Sie können Fieber, Müdigkeit oder Ausschläge hervorrufen. Man sagt auch, der Körper reagiert allergisch auf etwas. Besonders häufig kommt der Heuschnupfen vor.
➡ **Immunsystem, menschlicher Körper**

das Alphabet
Alphabet nennt man die Reihenfolge der Buchstaben einer ⮞ Schrift. Der ⮞ Name kommt aus dem Griechischen. Dort heißen die ersten beiden Buchstaben Alpha und Beta. Das deutsche Alphabet hat 26 Buchstaben, die Umlaute ä, ö, ü und das ß. Andere ⮞ Sprachen können eine andere Anzahl von Buchstaben haben. So hat das griechische Alphabet nur 24 Buchstaben, das russische dafür 33.

die Alpen
Die Alpen sind das höchste ⮞ Gebirge in ⮞ Europa. Sie sind etwa 1200 km lang und bis zu 250 km breit. Die Alpen verbinden die Länder Frankreich, Italien, ⮞ Schweiz, ⮞ Deutschland, Liechtenstein, ⮞ Österreich und Slowenien. Der Montblanc in Frankreich ist mit 4807 m der höchste Gipfel der Alpen.

Alpen

das Alter
Mit dem Alter wird die ⮞ Zeit des Bestehens eines Lebewesens oder einer Sache angegeben. Mammutbäume können bis zu 4000 ⮞ Jahre alt werden, eine Riesenschildkröte bis zu 200 Jahre und der ⮞ Mensch etwa 100 Jahre. Die durchschnittliche Lebenserwartung des Menschen hängt von seinen Lebensbedingungen ab. In Indien beträgt sie 62 Jahre, in ⮞ Europa 77 Jahre. Men-

ABCDEFGHIJKLMNOPQRSTUVWXYZ
Deutsches Alphabet

ΑΒΓΔΕΖΗΘΙΚΛΜΝΞΟΠΡΣΤΥΦΧΨΩ
Griechisches Alphabet

АБВГДЕЁЖЗИЙКЛМНОПРСТУФХЦЧШЩЪЫЬЭЮЯ
Russisches Alphabet

Wie nennt man Amphibien noch?

schen werden heute immer älter, weil sich die Ernährung und die medizinische Versorgung verbessert haben.

die Ameisen

Ameisen sind ● Insekten, die in großen ● Staaten mit etwa 2 Millionen Tieren leben. Weltweit gibt es etwa 20 000 verschiedene Arten. Die ● Königin ist die Mutter der Ameisen, mit denen sie ein ● Volk bildet. Ihre Aufgabe ist das Eierlegen. Die so genannten Arbeiterinnen kümmern sich um den Nestbau und den Nestschutz, die Futtersuche und die Pflege der ● Eier und ● Larven. Im Frühjahr legt die Königin Eier, aus denen neue Königinnen schlüpfen. Diese gründen nach der ● Befruchtung eigene Ameisenstaaten. Ameisen ernähren sich von kleinen Tieren, Pflanzensaft, Nektar und ● Samen; manche auch von den süßen Ausscheidungen der Blattläuse. Die Rote Waldameise spritzt aus einem Stachel Ameisensäure. Damit tötet sie z. B. Raupen. Für den Wald ist sie daher sehr nützlich und ihre Nester aus Zweigen dürfen nicht zerstört werden.

Amerika

➡ **Nordamerika Seite 116**
➡ **Südamerika Seite 156**

die Amphibien

Amphibien, auch Lurche genannt, können im ● Wasser und auf dem Land leben. Zu den Amphibien gehören z. B. Frösche (● Frosch), Kröten, Molche und Salamander. Damit die Tiere nicht austrocknen, muss ihre Haut stets feucht sein. Daher leben Amphibien in feuchten Gebieten. Ihre ● Eier legen sie meist im Wasser ab. Die daraus schlüpfenden ● Larven haben Kiemen zum Atmen. Die erwachsenen Tiere atmen dann mit Lungen. Sie fressen ● Insekten und andere kleine Lebewesen. Amphibien entwickelten sich aus den ● Fischen und besiedelten als erste Tiere das feste Land. Die ersten ● Reptilien stammen von den Amphibien ab.

➡ **Erdzeitalter, Tierreich**

Ameisenbau

Eier

Larven

Königin

Arbeiterinnen

das Aquädukt

Das ➔ Wort ist lateinisch und bedeutet Wasserleitung. Aquädukte sehen aus wie lange ➔ Brücken und sind aus ➔ Stein erbaut. Sie transportieren ➔ Wasser aus höheren Lagen über Täler (➔ Tal) hinweg bis in die Städte (➔ Stadt). Die ➔ Römer bauten schon vor über 2000 ➔ Jahren Aquädukte, um die Stadt Rom mit Wasser zu versorgen.

Aquädukt

die Architektur

Architektur bedeutet das Entwerfen, Planen und Bauen von Gebäuden. Wenn ein Architekt einen Bauplan für ein Haus gezeichnet hat, bauen die Handwerker nach seinen Angaben das Haus. Während das Haus gebaut wird, kontrolliert der Architekt, ob alle Arbeiten richtig ausgeführt werden.

➔ **Grundriss, Handwerk**

der Äquator

Der Äquator ist eine gedachte Linie um die ➔ Erde herum. Er liegt genau zwischen ➔ Nord- und Südpol und hat eine Länge von 40 075 km.

Äquator

die Arena

Arena ist ein lateinisches ➔ Wort und bedeutet Sand. Bei den ➔ Römern war die Arena ein mit Sand bestreuter Kampfplatz. Heute nennen wir den runden Platz im Zirkuszelt oder Plätze für Sportwettkämpfe Arena.

die Arbeitslosigkeit

Manche ➔ Menschen finden keine Arbeit, weil sie z. B. keinen Schulabschluss und keine Ausbildung haben. Andere verlieren ihren Arbeitsplatz, weil sie von der Firma, für die sie gearbeitet haben, entlassen worden sind. Arbeitslose verdienen kein ➔ Geld und können z. B. Miete, ➔ Lebensmittel und ➔ Kleidung nicht selbst bezahlen. Sie erhalten dafür vom ➔ Staat Arbeitslosengeld und man hilft ihnen eine neue Arbeit zu finden. Für viele Menschen ist es sehr belastend, keine Arbeit zu haben.

➔ **Beruf, Schule**

Arena

die Armut
In vielen Ländern der ●Erde leben ●Menschen, die sich weder ●Kleidung noch Nahrung kaufen können. Manche haben auch keine Wohnung; sie leben auf der Straße. Sie können ihre Kinder nicht in die ●Schule schicken, weil der Unterricht in ihrem Land ●Geld kostet. Auch bei uns gibt es Armut. Es können vor allem alte Menschen, Arbeitslose oder ●Familien mit vielen Kindern betroffen sein.
→ **Arbeitslosigkeit**

Asien
→ **Seite 16**

die Asylanten
So genannte Asylanten oder Asylbewerber sind ●Menschen, die in anderen Ländern Schutz (Asyl) suchen, weil sie in ihrer ●Heimat wegen ihrer Hautfarbe, ●Religion, Staatsangehörigkeit oder politischen Meinung verfolgt werden. Wenn sie in ihrem Heimatland wirklich in Gefahr sind, erhalten sie Asyl und dürfen in dem Land, in das sie geflohen sind, oder einem anderen sicheren Land bleiben.

der Atlas
1. Ein ●Buch mit vielen ●Landkarten nennt man Atlas. Die Mehrzahl von Atlas lautet Atlanten oder Atlasse. **2.** Atlas ist der Name eines ●Gebirges in ●Afrika.

die Atmosphäre
1. Als Atmosphäre bezeichnet man die Lufthülle, die unsere ●Erde umgibt. Sie erreicht eine Höhe von 1000 km. Die Atmosphäre enthält den lebensnotwendigen ●Sauerstoff. Sie mildert durch ihre Ozonschicht (●Ozon) die Hitze der Sonneneinstrahlung. In ihrer untersten Schicht, der Troposphäre, spielt sich das ●Wetter ab. **2.** Atmosphäre nennt man auch die Stimmung unter ●Menschen.

das Atom
Atome sind kleinste Teilchen von Stoffen wie z. B. Gold oder Kohle. Man kann sie nur mit einem besonderen ●Mikroskop sehen. Atome bestehen aus noch kleineren Teilchen. Bei der Spaltung von Atomen entsteht viel ●Energie. Mit der Kernenergie kann man z. B. ●Strom erzeugen.

das Auge
Das Auge ist ein Sinnesorgan. Der runde Augapfel hat eine kleine Öffnung, die schwarze Pupille. Wenn ●Licht durch die Pupille fällt, wird ein Bild auf der Netzhaut im Augapfel erzeugt. Es steht auf dem Kopf. Auf der Netzhaut liegen Millionen von ●Zellen. Sie nehmen Licht und ●Farben wahr. Über den Sehnerv gelangt das Bild in das ●Gehirn.
→ **Sinne**

Asien

Asien ist der größte ➤ Kontinent der ➤ Erde. Hier sind alle großen ➤ Religionen entstanden. Das Ural- und das Kaukasusgebirge bilden die ➤ Grenze zu ➤ Europa. Asien ist mit seinen 48 ➤ Staaten und unterschiedlichen ➤ Landschaften ein Kontinent der Gegensätze.

Natur

Die Landschaften reichen von der kalten und baumlosen Tundra im Norden über riesige Nadelwälder (Taiga), hohe ➤ Gebirge und ➤ Wüsten in Zentralasien bis hin zu den feuchtwarmen ➤ Regenwäldern im Süden. Auch was die ➤ Temperaturen angeht, ist Asien ein Kontinent der Extreme: Während es in Ostsibirien bis zu minus 70 °C kalt wird, kann sich der Sand der arabischen Wüste auf bis zu plus 70 °C erhitzen. Die Tierwelt Asiens ist entsprechend artenreich: In der Taiga findet man Elche, Wölfe und Sibirische Tiger, in den zentralasiatischen Gebirgen Schneeleoparden und ➤ Yaks. In den großen Bergwäldern Chinas leben Pandabären. Und in den Regenwäldern sind z. B. Elefanten, Tiger und Orang-Utans zu Hause.

Panda

Fläche: etwa 44 Millionen km²
Höchster Punkt: Mount Everest, 8846 m
Größter See: Kaspisches Meer
Längster Fluss: Jangtsekiang, 6380 km
Zahl der Staaten: 48
Größte Stadt: Tokyo (Japan), etwa 36,7 Millionen Einwohner (Ballungsraum)
Gesamtbevölkerung: etwa 3,6 Milliarden

Land und Leute

In Asien lebt über die Hälfte der Weltbevölkerung. Sie ist aber sehr ungleichmäßig über den Kontinent verteilt: Die sibirischen Wälder und ➤ Steppen der Mongolei sind kaum bevölkert. In den fruchtbaren Flusstälern des Ganges in Indien und des Jangtsekiangs in China leben dagegen viele ➤ Menschen. Sehr unterschiedlich sind auch die Lebensbedingungen: Die Länder im Südwesten Asiens wie z. B. die Arabischen Emirate oder Kuwait besitzen riesige Erdölvorkommen und sind dadurch reich. Bangladesh ist eines der ärmsten Länder der Erde, während auf den Malediven oder Philippinen der Tourismus ➤ Geld bringt. Japan wiederum ist ein modernes Land und die stärkste Industrienation Asiens. Auch wenn Chinas ➤ Wirtschaft stark im Aufschwung ist, leben die meisten Chinesen doch nicht in Großstädten wie Peking oder Shanghai, sondern auf dem Land und bauen z. B. ➤ Reis an.

➤ Industrie, Lebensraum Wald

Australien

Australien ist der kleinste ›Kontinent und ist umgeben vom Indischen und Pazifischen ›Ozean. Australien wurde als letzter Kontinent entdeckt. Es ist der einzige Kontinent, der aus nur einem ›Staat besteht.

Natur
Der Westen und das Landesinnere sind sehr trocken und flach. Hier findet man ›Wüsten und ›Savannen mit einzelnen Bäumen (›Baum) und Sträuchern. Diese Gebiete sind kaum von ›Menschen bewohnt und werden deshalb von den Australiern als „Outback" (gesprochen: Autbäck), also Hinterland, bezeichnet. Ganz im Nordosten Australiens wachsen üppige ›Regenwälder. Da der australische Kontinent vor etwa 65 Millionen ›Jahren zur Insel wurde, gibt es hier eine ganz eigene Tierwelt: Schnabeltier, Känguru, Koala und Wombat leben z. B. nur in Australien. Ein spektakuläres Naturwunder ist das Große Barriereriff vor der Nordostküste. Mit einer Länge von 2000 km ist es das längste Korallenriff der Welt.

Land und Leute
Die Ureinwohner Australiens sind die dunkelhäutigen ›Aborigines (gesprochen: Äboritschinies). 1788 kamen die ersten Engländer: Es waren Sträflinge, die man aus den überfüllten Gefängnissen Englands in der Nähe von Sydney in so genannten Strafkolonien ansiedelte. Später folgten ihnen englische Siedler, die Schafzucht betrieben. Die als Jäger und Sammler lebenden Aborigines wurden in unfruchtbare Gebiete verdrängt (Reservate). Die alten Bräuche werden heute nur noch von wenigen Ureinwohnern gelebt. Die australische Bevölkerung besteht heute zum Großteil aus Einwanderern aus ›Europa.

Wirtschaft
Die ›Landwirtschaft spielt in Australien eine große Rolle. Riesige Rinder- und Schafherden weiden im Landesinneren. Auch der Bergbau ist wichtig. In den Minen werden Eisenerz und andere ›Metalle abgebaut und als ›Rohstoffe ins Ausland verkauft.

Koala

Fläche: etwa 7,6 Millionen km²
Höchster Punkt: Mount Kosciusko, 2229 m
Größter See: Eyresee
Längster Fluss: Murray, 2589 km
Zahl der Staaten: 1
Größte Stadt: Sydney, etwa 4,3 Millionen Einwohner
Gesamtbevölkerung: etwa 20 Millionen

das Auto

Erste Autos

Fast jede ➜ Familie besitzt heute ein Auto. Man kommt damit überall bequem hin und ist unabhängig von öffentlichen Verkehrsmitteln. Doch die Umweltbelastung durch die Schadstoffe in den ➜ Abgasen nimmt stetig zu. Dabei ist es noch gar nicht so lange her, dass das Auto entwickelt wurde. Carl Friedrich Benz und Gottlieb Daimler bauten 1885 und 1886 unabhängig voneinander die ersten Automobile mit Benzinmotor. Weil ➜ Pferde damals die wichtigsten Zugtiere waren, verglich man die Stärke der ➜ Motoren mit der Kraft von Pferden. Die Abkürzung PS steht für „Pferdestärke". Die ersten Autos wurden „Kutschen ohne Pferd" genannt. Die ersten Autofahrer hatten es noch schwer, da es kaum befestigte Straßen gab. Sie fuhren mit 12 km/h und waren damit etwa so schnell wie ein langsamer Radfahrer. In den USA stellte Henry Ford seit 1908 den preisgünstigen „Ford-T" am Fließband her. Schon im ➜ Jahr 1927 gab es in den Vereinigten Staaten 15 Millionen Autobesitzer.

➡ Industrie, Verkehr

Ford-T

Die Motorkutsche von Gottlieb Daimler (1886)

Die Teile eines Autos

Ein Auto besteht aus Fahrwerk, Karosserie, Antrieb, Motor und Elektronik. Das Fahrwerk kann man mit den Beinen des Autos vergleichen. Dazu gehören die Räder (➜ Rad), die Stoßdämpfer und die Bremsen. Die Karosserie ist das Gehäuse über dem Fahrwerk, in dem der Autofahrer und seine Beifahrer sitzen. Sie müssen sich mit den Sicherheitsgurten anschnallen. Der Antrieb besteht aus dem Getriebe und der Schaltung. Über die Gelenkwelle und Zahnräder (➜ Zahnrad) des Getriebes wird die Kraft des Motors auf die Räder übertragen. Erst dann können sie sich drehen. Die Elektronik steuert viele Teile des Autos, die Scheinwerfer, das Antiblockiersystem (ABS), das Navigationssystem, das Radio oder das Aus-

Benzinmotor

Ansaugen — 1
Verdichten — 2
Zünden — 3
Ausstoßen — 4

So funktioniert der Viertaktmotor: Bei diesem Vorgang entsteht die Kraft, die das Auto antreibt. Der Kolben saugt ein Gemisch aus Benzin und ▸ Luft an (1), verdichtet es (2), und ein Funken der Zündkerze bringt den Treibstoff zur ▸ Explosion (3). Schließlich drückt der Kolben die ▸ Abgase aus dem Zylinder (4).

lösen der Airbags. Die Forschung arbeitet an der Entwicklung von Motoren, die nur wenig ▸ Benzin verbrauchen (Drei-Liter-Auto) und an Solarmobilen, die mit Sonnenenergie betrieben werden.

So fährt ein Auto

Um den Motor zu starten, wird der Zündschlüssel im Zündschloss gedreht. Im Motor wird Benzin verbrannt. Dadurch wird ▸ Energie erzeugt, um die Räder des Autos in Bewegung zu setzen. Autos haben neben dem Rückwärtsgang fünf oder sechs Gänge. Sie werden mit dem Schalthebel eingelegt. Dies ist vergleichbar mit der Kettenschaltung beim ▸ Fahrrad. In den niedrigen Gängen wird langsam gefahren, in den höheren Gängen schneller. Bevor der Autofahrer losfährt, legt er den ersten Gang ein. Damit das Auto fährt, drückt er mit dem Fuß das Gaspedal. Dadurch wird mehr Benzin in den Motor befördert. Je mehr der Fahrer beschleunigt, desto schneller schaltet er in den nächst höheren Gang. Das Auto wird mit dem Lenkrad gesteuert. Wird die Bremse betätigt, verlangsamt sich das Auto und kommt zum Stehen.

⇨ Geschwindigkeit, Katalysator

Was bedeutet: „Ich verstehe nur Bahnhof?"

das Baby
Ein neugeborenes Kind wird Baby oder Säugling genannt. Anders als Tierkinder können Babys noch nicht laufen. Das lernen sie etwa mit einem ⊙ Jahr. Dann werden sie Kleinkinder genannt. Babys schreien viel, entweder weil sie ⊙ Hunger haben, müde sind, sich nicht wohl fühlen oder gestreichelt werden möchten. Viele Babys werden gestillt: Sie trinken an der Brust ihrer Mütter ⊙ Milch. Aus der ⊙ Zeit im Bauch der Mutter kennen sie bereits ⊙ Stimmen und Geräusche.

➡ Geburt

der Bahnhof
1. Ein Bahnhof ist ein Gebäude, in dem Züge halten. Es gibt Kopfbahnhöfe, bei denen die Gleise im Bahnhof enden. Damit ein Zug weiterfahren kann, wird an sein Ende eine Lok angekoppelt. Bei Durchgangsbahnhöfen führen die Gleise den Bahnhof entlang. Züge halten am Bahnhof an und fahren in dieselbe Richtung weiter. In großen Städten (⊙ Stadt) gibt es nicht nur Bahnhöfe für die ⊙ Eisenbahn, sondern auch für Straßenbahnen, S-Bahn (Schnellstraßenbahn) oder U-Bahn (Untergrundbahn). 2. Wenn jemand sagt: „Ich verstehe nur Bahnhof!", dann meint er, dass er etwas nicht versteht.

die Bakterien
Bakterien sind sehr kleine Lebewesen, die man mit dem bloßen ⊙ Auge nicht sehen kann. Sie kommen überall vor: im Boden, im ⊙ Wasser, in der ⊙ Luft, in Lebewesen und auf allen Gegenständen. Nützliche Bakterien helfen uns z. B. bei der ⊙ Verdauung. Schädliche Bakterien können ⊙ Krankheiten auslösen.

➡ Immunsystem

das Ballett
Ballett ist eine künstlerische Tanzform, bei der die Tänzerinnen und Tänzer mit Bewegungen eine Geschichte erzählen oder Gefühle ausdrücken. Um richtig Ballett tanzen zu können, muss man jahrelang trainieren, denn alle Schritte und Armpositionen sind genau festgelegt. Weil das Ballett vor etwa 350 ⊙ Jahren in Frankreich entstanden ist, haben alle Bewegungen französische ⊙ Namen.

das Barometer
Ein Barometer zeigt an, wie das ⊙ Wetter wird. Mit dem Barometer wird der Luftdruck gemessen. Der Luftdruck ist das Gewicht, mit dem die ⊙ Luft der ⊙ Atmosphäre auf die ⊙ Erde drückt. Bei hohem Luftdruck wird das Wetter schön. Bei niedrigem Luftdruck kündigt sich schlechtes Wetter an.

Barometer

die Batterie
Eine Batterie enthält chemische Stoffe, mit deren Hilfe sie elektrischen ⊙ Strom erzeugt, z. B. für eine Taschenlampe. Es gibt kleine Batterien für Hörgeräte und große Batterien für ⊙ Autos.

➡ Akkumulator

der Bauernhof

Ein Bauernhof besteht aus dem Wohnhaus der Bauernfamilie, Ställen für das Vieh, Scheunen und Schuppen für Vorräte, Tierfutter, ⇨ Maschinen und Arbeitsgeräte. Ein Blumen- oder Gemüsegarten, ⇨ Wiesen und Felder gehören auch dazu.

⇨ Landwirtschaft

der Baum

Bäume erkennt man an ihren Früchten (⇨ Frucht) und Blättern (⇨ Blatt). Es gibt ⇨ Laubbäume und ⇨ Nadelbäume. Laubbäume haben breite, flache Blätter. Auf Nadelbäumen wachsen schmale, nadelartige Blätter. Ein Baum besteht aus ⇨ Wurzeln, einem Stamm und einer Krone mit Zweigen. Die äußere Rinde (Borke) schützt den Baum. Jedes ⇨ Jahr bildet sich unter der Borke eine neue Schicht, der so genannte Jahresring. Wie ein Ring legt sich die neue Schicht um die alte herum. An den Jahresringen kann man das ⇨ Alter eines Baumes ablesen. Im Splintholz liegen die Wasserleitungen, die das ⇨ Wasser von den ⇨ Wurzeln bis in die Blätter transportieren. Manche Baumarten liefern ⇨ Obst. Das ⇨ Holz der Bäume wird zur Papierherstellung, als Brennmaterial oder für den Hausbau verwendet.

⇨ Lebensraum Wald, Papier

Planierraupe

Bagger

Betonmischer

die Baumaschine
Baumaschinen nennt man Geräte für den Bau von Häusern, Straßen, ➔ Brücken und ➔ Tunneln. Es gibt z. B. Bagger, Planierraupen, Schaufellader, Bohrer, Krane, Stampfer und Betonmischer.

➔ Beton

die Baumwolle
Baumwollpflanzen wachsen in warmen und tropischen Gebieten wie China, Indien und den USA. Wenn die walnussgroßen Fruchtkapseln reif sind, springen sie auf und die weißen Samenhaare quellen hervor. Aus den Baumwollfasern werden Fäden gesponnen, die zu Stoffen für Bekleidung (➔ Kleidung) verwebt werden. Die Baumwollsamen werden zu ➔ Öl gepresst oder dienen als Viehfutter.

Baumwollpflanze

Bauwerke
➔ Seite 24

die Befruchtung
Bei der Fortpflanzung von ➔ Menschen, Tieren und ➔ Pflanzen vereinigen sich eine weibliche und eine männliche Geschlechtszelle im Inneren des weiblichen Körpers. Diesen Vorgang nennt man Befruchtung. Eine männliche Samenzelle dringt dabei in eine weibliche Eizelle ein. Beide ➔ Zellen verschmelzen miteinander. Bei ➔ Säugetieren und Menschen wächst nun ein Embryo heran. So wird das Lebewesen ganz am Anfang seiner Entwicklung genannt. Es wächst im Laufe mehrerer ➔ Monate heran, bevor es geboren wird. Vögel (➔ Vogel) und ➔ Reptilien legen ➔ Eier, aus denen ihre Jungen schlüpfen. Nur manche Schlangen und Echsen brüten ihre Eier im Bauch aus und bringen lebende Junge zur Welt. Bei ➔ Amphibien und vielen ➔ Fischen werden die Eier im ➔ Wasser befruchtet. Die Weibchen legen ihre Eier im Wasser ab und die Männchen gießen ihren ➔ Samen darüber. Pflanzen vermehren sich durch Blütenstaub, der durch ➔ Wind, Wasser und ➔ Insekten verbreitet wird. An den Hinterbeinen der ➔ Bienen setzt sich Blütenstaub fest und wird von ihnen von Blüte zu Blüte transportiert. Der Blütenstaub wird auf die Narben der Blüten übertragen. So werden die Pflanzen befruchtet.

Befruchtung

➔ Baby, Blume, Schwangerschaft

die Behinderung

Behinderte sind ➔ Menschen mit schweren körperlichen, geistigen oder seelischen ➔ Krankheiten. Sie brauchen Hilfe und Unterstützung, um am Leben teilzunehmen. Sie können von ➔ Geburt an behindert sein, durch eine Krankheit oder einen Unfall. Viele körperbehinderte Menschen brauchen einen Rollstuhl. Körperlich und geistig behinderte Kinder besuchen häufig Sonderkindergärten und -schulen. Dort lernen sie je nach ihrer Behinderung alltägliche Dinge selbstständig zu tun. Viele erlernen dort auch einen ➔ Beruf. Menschen mit einer Behinderung haben es oft schwer, z. B. weil sie keine Treppen gehen können oder weil sie Hindernisse nicht hören oder sehen.

➔ Gebärdensprache

das Benzin

Benzin ist eine klare, brennbare Flüssigkeit. Benzin wird aus Rohöl hergestellt. Damit Benzin in Fahrzeugen verwendet werden kann, werden ihm Zusatzstoffe beigefügt. Es gibt z. B. bleifreies Benzin, Superbenzin oder Flugbenzin. Das Vorkommen von Rohöl auf der ➔ Erde ist begrenzt. Darum versucht man, Benzin durch andere Kraftstoffe zu ersetzen, z. B. durch Rapsöl oder Erdgas.

➔ Auto, Motor, Öl

der Berg

Ein Berg ist eine Erhebung in der ➔ Landschaft. Er ist meist Teil eines ➔ Gebirges. Mit 8846 Metern ist der Mount Everest in ➔ Asien der höchste Berg der Erde.

Bernstein

Bernstein ist versteinertes Harz von ➔ Nadelbäumen. Harz ist eine klebrige Flüssigkeit, die aus der Rinde tropft. Manchmal sind im Bernstein Einschlüsse von ➔ Insekten zu finden, die vor vielen Millionen ➔ Jahren gelebt haben.

In Harz eingeschlossenes Insekt

der Beruf

Mit einem Beruf verdienen Männer (➔ Mann) und ➔ Frauen das ➔ Geld, das sie für den Lebensunterhalt brauchen. Einige Berufe gibt es schon seit hunderten von ➔ Jahren, z. B. den Landwirt oder den Bäcker. Viele alte Berufe sind ausgestorben, weil ihre Waren oder Dienste heute nicht mehr gebraucht oder von ➔ Maschinen übernommen werden. So ist z. B. der Beruf des Wagners ausgestorben; er stellte Holzräder her. Andere alte Handwerksberufe werden auch heute noch gebraucht, beispielsweise Maurer, Köche oder Frisöre. Immer wichtiger werden so genannte Dienstleistungsberufe, in denen keine Waren hergestellt werden. Dazu gehören unter anderem Bankangestellte, Krankenschwestern und Hotelfachleute. Neue Berufe sind etwa durch die weite Verbreitung und Nutzung des ➔ Computers entstanden, z. B. Programmierer oder Webdesigner. Manche Berufe muss man an einer ➔ Universität studieren, z. B. wenn man Ärztin, Lehrer oder ➔ Richter werden möchte. Andere erlernt man während einer Lehre.

➔ Handwerk

Bauwerke

Menschen brauchen Schutz vor Regen, Kälte, Wind und Sonne. Deshalb leben sie in Häusern. Schon die ersten Menschen bauten schützende Behausungen aus Holz, Lehm und Ton. Die Römer waren große Baumeister: Sie bauten Wasserleitungen, die Aquädukte, und Badeanstalten mit Fußbodenheizung. Gebäude wurden auch errichtet zur Verehrung von Gottheiten oder als Grabmale. Große Burgen und Schlösser für Könige oder Kaiser waren ein Zeichen von Macht und Reichtum. Große Festungsanlagen waren notwendig zur Sicherung von Städten (Stadt) oder Grenzen. Viele Gebäude sind weltberühmte Wahrzeichen der Städte, in denen sie stehen, z. B. die Pyramiden in Gise bei Kairo.

Chinesische Mauer
Die Chinesische Mauer ist das größte Befestigungswerk der Erde. Sie wurde etwa 200 v. Chr. errichtet und bis ins 15. Jahrhundert hinein immer wieder erweitert. Heute erstreckt sie sich über etwa 6300 km. Die chinesische Mauer ist bis zu 10 m breit und hat Zinnen, Wachtürme und Tore.

Kölner Dom

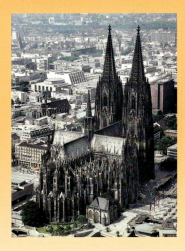

In vielen Städten Europas entstanden im Mittelalter große Kirchen, die auch Dom oder Kathedrale genannt werden. Ihr Bau konnte mehrere hundert Jahre dauern. Entweder reichte das Geld nicht aus oder es kamen Kriege dazwischen. Der Bau des Kölner Doms begann 1248 und wurde 1880 beendet. Der Kölner Dom stammt aus der Zeit der Gotik. Das ist ein Stil der mittelalterlichen Kunst. Gotische Bauwerke haben viele spitze Türme und schmale hohe Fenster. Die Kirchenfenster sind Mosaike aus vielen bunten Glassteinen. Der Kölner Dom ist eine der größten Kirchen der Welt. Den höchsten Kirchturm der Welt hat aber das gotische Ulmer Münster. Er ist 161,5 m hoch.

Pyramiden von Gise

Schloss Versailles
Der französische König Ludwig XIV. ließ im 17. Jahrhundert das prunkvolle Schloss Versailles bei Paris bauen. Er glaubte, dass er für Frankreich so wichtig sei, wie die Sonne für die Erde. Das Schloss sollte seine Macht zeigen. Der berühmte Spiegelsaal hat auf der einen Seite Fenster und auf der anderen Spiegel. Die Spiegel lassen den Raum größer wirken. Abends spiegelt sich darin tausendfach das ◉ Licht der ◉ Kerzen. Das Schloss Versailles war Vorbild für viele Schlösser in Europa, z. B. für Schloss Sanssouci in Potsdam.

Hochhäuser
In den Großstädten rund um die Erde stehen Hochhäuser („Wolkenkratzer"). Sie werden gebaut, weil es in den Städten wenige Flächen gibt, die man bebauen kann. Deshalb baut man in die Höhe. Ein festes ◉ Gestein als Untergrund ist für Wolkenkratzer wichtig. Sonst könnten sie wegen ihres Gewichtes in den Boden einsinken. Hochhäuser sind ◉ Erdbeben und starken Stürmen mehr ausgesetzt als flache Gebäude. Sie werden deshalb besonders stabil gebaut. Das 508 m hohe Taipeh Financial Center (kurz: Taipeh 101) in Taiwan ist seit 2003 das höchste Gebäude der Welt. Es hat 89 Stockwerke. In diesem Gebäude wurden 5239 km Telefonkabel und 100 km Wasserleitungen verlegt.

➔ Ägypten, Architektur, Griechenland, Religionen, Weltwunder

Hundertwasser-Haus
Wie ein Spielzeughaus sieht das bunte Hundertwasser-Haus in Wien aus: Da gibt es schiefe Fenster, farbige Wände, wellige Böden, Muster aus Spiegel und bunten Fliesen – und aus einem Fenster wächst sogar ein ◉ Baum heraus. Der Künstler Friedensreich Hundertwasser entwarf dieses ungewöhnliche Haus. Es wurde 1986 fertiggestellt.

Taipeh Financial Center

Berühmte Menschen

Anne Frank

Albert Einstein

Mutter Teresa

Manche ➔ Menschen sind berühmt, weil sie etwas besonders gut können, z. B. singen, malen oder Fußball spielen. Andere werden berühmt, weil sie etwas erfunden oder entdeckt haben oder sich für eine Sache oder andere Menschen besonders einsetzen.

Christoph Kolumbus (1451–1506)
Christoph Kolumbus war Seefahrer. Er segelte nach Westen, um einen neuen Seeweg nach Indien zu finden. 1492 landete er in Amerika. Weil er dachte, in Indien zu sein, nannte er die Menschen dort ➔ Indianer.

Martin Luther (1483–1546)
Der Mönch Martin Luther gründete eine neue christliche Glaubensrichtung, den Protestantismus. Luther war unzufrieden mit der katholischen ➔ Kirche. Seiner Meinung nach kümmerte sie sich zu sehr um Reichtum und Macht. Er forderte eine Erneuerung der Kirche. 1555 wurde der evangelische Glaube anerkannt.

Marie Curie (1867–1934)
Marie Curie war eine berühmte Physikerin und Chemikerin. Zusammen mit ihrem Mann Pierre untersuchte Marie Curie ➔ Uran und entdeckte die ➔ Radioaktivität dieses ➔ Gesteins. Dafür erhielten die Curies den Nobelpreis für Physik.

Anne Frank (1929–1945)
Anne Frank lebte mit ihrer ➔ Familie in Amsterdam. Weil sie Juden waren, mussten sie sich vor den Nationalsozialisten (➔ Nationalsozialismus) in einem Hinterhaus verstecken. Anne schrieb in ihr Tagebuch, was sie im Versteck erlebte. 1944 wurde die Familie Frank verraten und in Konzentrationslager gebracht. Dort starb Anne. Ihr Tagebuch wurde veröffentlicht und weltberühmt.

Albert Einstein (1879–1955)
Albert Einstein war Physiker und der berühmteste Wissenschaftler des 20. Jahrhunderts. Von ihm stammt die so genannte Relativitätstheorie, die das physikalische Weltbild grundlegend veränderte. Für seine Erkenntnisse wurde Einstein mit dem Nobelpreis für Physik ausgezeichnet.

Mutter Teresa (1910–1997)
Mutter Teresa hieß eigentlich Agnes Gonxha Bojaxhiu. Mit 18 ➔ Jahren wurde sie Nonne. In Kalkutta (Indien) gründete sie 1950 einen eigenen Orden. Seine Mitglieder kümmern sich um ➔ Waisen, Kranke und Sterbende. In Indien wurde Mutter Teresa auch als „Engel der Armen" verehrt.

➔ Entdecker, Erfinder, Kloster, Naturwissenschaften, Religionen

Kolumbus

Martin Luther

Marie Curie

Wie nennt man die männlichen Bienen?

der Beton

Beton ist ein dicker Brei aus Zement, Sand, ◦ Wasser und Kies. Beim Trocknen wird Beton hart; man verwendet ihn für den Bau von Häusern und Straßen. In Betonmischfahrzeugen wird Beton zur Baustelle gebracht oder direkt auf der Baustelle hergestellt. Für Hochhäuser oder ◦ Brücken wird der besonders feste Stahlbeton verwendet. Er besteht aus Beton, in den Stahlstangen eingebettet sind. Beton war schon für die ◦ Römer ein wichtiger Baustoff. Sie errichteten damit Wohnhäuser und große Gebäude, ◦ Aquädukte und Straßen.

→ Baumaschine

die Biene

Honigbienen leben in einem Bienenvolk, das 20 000 bis 60 000 Tiere umfasst. Die ◦ Königin legt täglich bis zu 3000 ◦ Eier. Nach drei ◦ Tagen schlüpfen daraus ◦ Larven, die sich nach einer ◦ Woche verpuppen. Etwa 10 bis 18 Tage später werden aus den Puppen junge Bienen. Die Arbeitsbienen haben viele Aufgaben: Sie bauen aus ◦ Wachs die Bienenwaben. In diese sechseckigen Zellen legt die Königin ihre Eier. Sie sammeln Nektar (Zuckersaft der Blüten) und Blütenpollen (Blütenstaub). In ihrem Honigmagen stellen sie daraus ◦ Honig her. Damit füttern sie die Larven und die Königin. Mit ihrem Giftstachel verteidigen sie das Bienenvolk. In einem Bienenvolk leben auch mehrere Hundert männliche Bienen, die Drohnen. Ihre Aufgabe ist die ◦ Befruchtung der Königin. Findet eine Arbeitsbiene eine ergiebige Futterstelle, teilt sie den anderen Arbeiterinnen durch tanzartige Flugbewegungen (Schwänzeltanz) den Ort und die Entfernung der Futterstelle mit. Eine Arbeitsbiene lebt etwa vier Wochen.

In einem Bienenstock

Klettfrucht

Klettverschluss

die Bionik
Die Bionik ist eine Wissenschaft. Das Wort Bionik setzt sich aus den Begriffen Biologie und ▶ Technik zusammen. Die Bionik nimmt Vorgänge in der ▶ Natur als Vorbild für viele nützliche Erfindungen. Dazu gehört z. B. der Klettverschluss an Jacken oder Schuhen. Vorbild waren die Früchte (▶ Frucht) der Klette. Ihre 200 Widerhaken verhaken sich im ▶ Fell von Tieren oder in der ▶ Kleidung von ▶ Menschen.

▶ Naturwissenschaften, Samen

das Blatt
Blätter sind wichtige Organe der ▶ Pflanzen. Der Farbstoff Chlorophyll gibt den Blättern ihre grüne ▶ Farbe. Im Herbst wird der Blattfarbstoff abgebaut und die Blätter von vielen Bäumen (▶ Baum) färben sich rot, braun und gelb. ▶ Wasser und Nährstoffe aus dem Boden werden über die ▶ Wurzeln der Pflanzen bis in die ▶ Adern der Blätter geleitet. Im Winter fallen die Blätter ab, weil die Bäume in der kalten Jahreszeit kein Wasser aus der ▶ Erde aufnehmen können. Mithilfe der ▶ Sonne wandelt das Chlorophyll Wasser und ▶ Kohlendioxid in Traubenzucker (▶ Zucker) um. Der Traubenzucker ernährt die Pflanzen. Bei diesem chemischen Vorgang, den man Fotosynthese nennt, entsteht ▶ Sauerstoff, den die Pflanzen an ihre Umgebung abgeben.

▶ Lebensraum Wald

die Blindenschrift
Mit der Blindenschrift können Blinde oder Sehbehinderte lesen und schreiben. Die Buchstaben sind erhabene Punkte, die man mit den Fingerspitzen ertastet. Nach ihrem ▶ Erfinder Louis Braille wird die ▶ Schrift auch „Brailleschrift" genannt.

Blindenschrift

die Blume
Eine Blume ist eine ▶ Pflanze, die Blüten trägt. Die Blüten enthalten die Geschlechtsorgane der Blumen. Sie werden schützend von den Kron- und den Kelchblättern

umgeben. Die Staubbeutel enthalten den Blütenstaub, auch Pollen genannt. Im Fruchtknoten befinden sich die Samenanlagen. Jeder Fruchtknoten endet oben in der klebrigen Narbe. Bei der Bestäubung muss Blütenstaub auf die Narbe einer Blüte gelangen. Dann erst findet die Befruchtung im Fruchtknoten statt. Neue Früchte (Frucht) mit Samen entwickeln sich. Einige Blüten können sich selbst bestäuben. Bei anderen bringen der Wind oder Insekten den Blütenstaub zur Narbe. Um Insekten anzulocken, haben viele Pflanzen farbenfrohe, duftende Blüten. Die meisten Blumen haben Wurzeln. Blumen, die schon am Ende des Winters blühen, haben Zwiebeln, z. B. Tulpen oder Krokusse.

die Brille

Brillen sind Sehhilfen. Wer kurzsichtig ist, sieht weit entfernte Dinge unscharf. Wer weitsichtig ist, kann nahe Dinge wie Buchstaben nicht gut sehen. Das Brillenglas funktioniert dann wie eine Linse und vergrößert die Buchstaben für eine weitsichtige Person. Taucherbrillen, Schweißerbrillen, Schwimmbrillen und Sonnenbrillen schützen das Auge.

die Brücke

1. Brücken sind Bauwerke, die eine Straße, Eisenbahngleise oder eine Wasserleitung über ein Hindernis führen. Es gibt feste und bewegliche Brücken. Zu den ältesten beweglichen Brücken zählt die Zugbrücke, die man in Burgen aus dem Mittelalter findet. Auch heute noch werden bewegliche Brücken, z. B. bei Hafeneinfahrten, gebaut. **2.** Auch die Kommandozentrale auf einem Schiff mit allen Steuer- und Navigationseinrichtungen wird Brücke genannt.

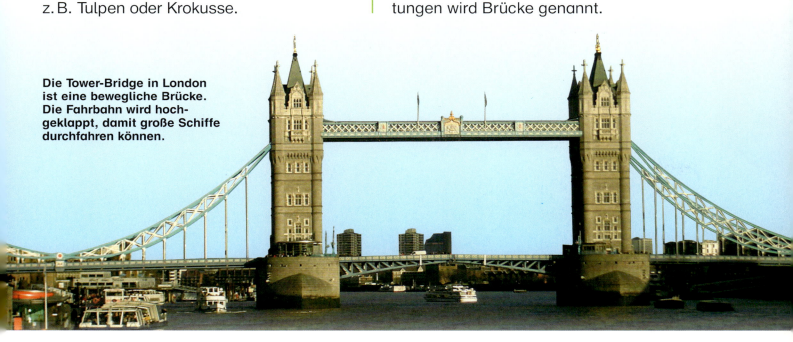

Die Tower-Bridge in London ist eine bewegliche Brücke. Die Fahrbahn wird hochgeklappt, damit große Schiffe durchfahren können.

das Buch

Geschichte des Buches

Bereits vor 5000 ⊙ Jahren ritzten die ⊙ Menschen Schriftzeichen in Tontafeln, um anderen etwas mitzuteilen. Die ⊙ Ägypter schrieben auf Papyrusrollen. Und vor etwa 2000 Jahren entstanden erste Bücher aus Pergament, getrockneter Tierhaut. Als man vor etwa 600 Jahren in ⊙ Europa das erste ⊙ Papier herstellte, mussten Bücher noch mühevoll von Hand abgeschrieben werden. Das taten Mönche im ⊙ Kloster, denn sie gehörten zu den wenigen Menschen, die damals lesen konnten. Sie schrieben oft jahrelang an einem Buch und verzierten es kunstvoll. Deshalb waren diese Bücher sehr wertvoll. Mitte des 15. Jahrhunderts erfand Johannes Gutenberg den Buchdruck mit beweglichen Buchstaben, die aus Blei gegossen wurden (Lettern). Zwar musste jeder Text immer noch Buchstabe für Buchstabe von Hand zusammengesetzt werden, aber mithilfe der Druckerpresse konnte man nun beliebig viele Kopien anfertigen. So entstanden immer mehr Bücher, die auch nicht mehr so teuer waren. Heute werden die Buchseiten am ⊙ Computer gestaltet und die Daten auf die Druckplatten übertragen.

Schriftrolle

Mönche schrieben Bücher ab.

Wie entsteht ein Buch?

Zuerst schreibt ein Autor einen Text. Entweder hatte er selbst die Idee dazu, oder er wurde von einem Verlag beauftragt, zu einem bestimmten Thema zu schreiben. Ein Verlag ist eine Firma, die Bücher oder Zeitschriften herstellt und verkauft. Dort arbeiten Lektoren und Redakteure, die die Texte der Autoren lesen und Verbesserungsvorschläge machen. Illustratoren zeichnen Bilder zu den Texten. Die einzel-

Eine Druckerpresse

Johann-Wolfgang von Goethe (links) und Friedrich Schiller (rechts)

nen Seiten werden dann von der Setzerei am Computer schön gestaltet. Zum Schluss werden alle Seiten gedruckt, zusammengeheftet und mit einem Umschlag versehen.

Bücher, Bücher, Bücher

Es gibt verschiedene Arten von Büchern: z. B. Gedichtbände mit vielen ➡ Gedichten, Nachschlagewerke oder Sachbücher, die über Themen wie Tiere oder ➡ Technik informieren. Bilderbücher sind vor allem für kleine Kinder gedacht. Geschichtenbücher enthalten kurze oder längere Erzählungen. Wenn eine Geschichte ein ganzes Buch füllt, ist es ein Roman.

Berühmte Autoren

In allen Ländern gibt es Autoren, die auf der ganzen Welt bekannt sind. Zu ihnen gehören auch die deutschen Dichter Johann Wolfgang von Goethe (1749–1832) und Friedrich Schiller (1759–1805). Sie schrieben Romane, Theaterstücke, Reiseberichte und Gedichte. Goethes berühmtestes Werk ist das Theaterstück „Faust", an dem er fast 60 Jahre lang immer wieder arbeitete. Bekannte Gedichte von ihm sind z. B. „Der Zauberlehrling" und „Der Erlkönig". Andere Autoren schreiben vor allem für Kinder, so wie die Schwedin Astrid Lindgren (1907–2002). Auch sie ist weltberühmt. Ihre Bücher wurden in über 70 ➡ Sprachen übersetzt und mehrfach mit Preisen ausgezeichnet. Zu ihren bekanntesten Helden zählen Pippi Langstrumpf, Ronja Räubertochter und Michel aus Lönneberga.

Bücherei

In einer Bücherei kann man sich Bücher, Zeitschriften, Spiele, Filme und ➡ CDs ausleihen. Für Kinder kostet das meist nichts. Viele Büchereien bieten auch gemütliche Schmökerecken, Computerarbeitsplätze mit Internetzugang und Veranstaltungen für Kinder an, wie z. B. Vorlesenachmittage oder Autorenlesungen.

In der Bücherei

➡ Comic, Fabel, Internet, Lexikon, Literatur, Märchen, Medien, Sage, Schrift, Sciencefiction, Wörterbuch

die CD

CD ist die Abkürzung für die englische Bezeichnung „Compact Disc". Auf einer CD können Zeichen, Bilder oder ↪ Musik gespeichert werden. Auf eine Musik-CD passen bis zu 99 Musikstücke mit einer Spielzeit von etwa 80 Minuten. Alle Informationen, egal ob Foto oder Musik, werden als winzig kleine Vertiefungen in die CD geprägt. Abgespielt werden sie im ↪ CD-Player. Es gibt verschiedene Arten von CDs: Auf einer „CD-R" kann man einmal Informationen speichern, auf einer „CD-RW" geht dies öfter. Die „CD-ROM" kann nur abgespielt werden. Eine ↪ DVD („Digital Versatile Disc") sieht aus wie eine CD; auf ihr können aber weitaus mehr Daten gespeichert werden, auch Filme. Abgespielt werden sie vom ↪ DVD-Player.

CD und CD-Laufwerk

➡ Computer

der CD-Player / DVD-Player

Der CD-Player ist das Gerät, mit dem man CDs abspielt; DVDs werden mit dem DVD-Player abgespielt. Ein Laserstrahl tastet die Vertiefungen auf den ↪ CDs oder DVDs ab und wandelt die gespeicherten Informationen in Zeichen, Bilder oder Töne um. In ↪ Computern sind DVD-Laufwerke eingebaut, mit denen sich CDs und DVDs abspielen lassen.

➡ Computer, Laser

der Comic

Comics sind Bildergeschichten. In Denk- oder Sprechblasen stehen die Texte, die die Comicfiguren sprechen. Mickymaus ist wohl die berühmteste Comicfigur der Welt. Der bekannteste europäische Comic ist „Asterix und Obelix". Eine neue Form des Comics stammt aus Japan, die „Mangas".

der Computer

➡ Seite 33

der Container

Container sind große Behälter, in denen Waren transportiert werden. Sie sind alle gleich groß und können aufeinandergestapelt werden. Sattelschlepper, Güterzüge, Flugzeuge und ↪ Schiffe bringen die Container in alle Welt. Auch die Sammelbehälter für Altglas, ↪ Papier und ↪ Kunststoff sind Container.

➡ Hafen, Recycling

der Cowboy

Cowboys waren Viehhirten in ↪ Nordamerika, die auf ihren ↪ Pferden große Rinderherden zu den Viehmärkten in den Großstädten trieben. Lasso und Brandeisen waren ihre wichtigsten Werkzeuge. Mit dem Lasso fingen sie Rinder ein. Mit dem Brandeisen wurde das Zeichen des Rinderzüchters in das ↪ Fell des Rindes gebrannt. Ihr Hut schützte die Cowboys vor ↪ Regen und ↪ Sonne. Beinschützer aus Leder wurden über der Hose getragen.

der Computer

Computer sind aus unserem Alltag nicht mehr wegzudenken. Ein Computer ist eine Art Rechenmaschine: Mit ihm kann man schreiben, rechnen, Texte und Bilder erstellen und bearbeiten, man kann E-Mails verschicken und empfangen, ⊙ Musik hören, Filme ansehen, Spiele spielen und in das ⊙ Internet gelangen. Man nennt den Computer auch „PC", das bedeutet „Personal Computer". Die elektronischen Informationen heißen „Daten".

Hardware

Die Geräte, die zu einem Computer gehören, bezeichnet man als „Hardware". Dazu zählen im Wesentlichen der Rechner, in dem die Computerprogramme arbeiten, der Bildschirm (Monitor) und die Tastatur, mit der man Buchstaben und ⊙ Zahlen eintippen kann. Mit der so genannten Maus kann man an verschiedene Stellen auf dem Bildschirm klicken. Mit dem Drucker druckt man Bilder und Texte aus.

Software

Die Programme, die auf dem Computer laufen, nennt man „Software". Ohne Software ist der Computer nur ein Gerät, das man ein- und ausschalten kann. Erst die Software sagt dem Computer, was er tun soll. Jeder Computer hat ein Betriebsprogramm, das den Computer steuert. Es sorgt dafür, dass der Computer sämtliche Befehle seines Anwenders versteht und ausführt. Will man schreiben, rechnen, Briefe verschicken, Musik hören oder zeichnen, braucht man entsprechende Arbeitsprogramme. Es gibt auch Spielprogramme, mit denen man alleine oder mit mehreren spielen kann.

Überall gibt es Computer

Viele ⊙ Menschen arbeiten mit einem Computer. In großen Industriebetrieben sind die Computerarbeitsplätze mit einem großen Rechner verbunden (vernetzt), der riesige Datenmengen speichern kann. Einen kleinen, tragbaren Computer nennt man „Laptop". Mit ihm kann man auch unterwegs arbeiten oder spielen. Auch Flugzeuge, Waschmaschinen, ⊙ Autos oder ⊙ Uhren werden von Computern gesteuert. Computergesteuert sind auch die PlayStation und die Kasse im Supermarkt. Das Lesegerät der Computerkasse liest den Strichcode ein. Mit dieser 13-stelligen EA-Nummer (Europäische Artikelnummer) kann der Computer feststellen, welcher Artikel es ist und wie viel er kostet.

Die ersten Rechenmaschinen

Einer der ersten Computer wurde 1946 in den USA gebaut. Er brauchte den Platz von etwa drei Klassenzimmern, wog so viel wie acht Lkw und benötigte so viel ⊙ Strom wie drei U-Bahn-Linien.

der Damm

Dämme werden gebaut, um Land vor Überschwemmungen zu schützen, z.B. an der Meeresküste. Mit einem Staudamm wird ein ⇒ Fluss aufgestaut. Hinter dem Staudamm bildet sich dann ein Stausee. Das ⇒ Wasser des Sees gelangt über Wasserleitungen in die Häuser; es wird auch gebraucht, um Felder zu bewässern. Staudämme können auch dazu genutzt werden, elektrischen ⇒ Strom zu gewinnen.

⇒ Energie

die Dampfmaschine

Wenn ⇒ Wasser kocht, verwandelt es sich in Wasserdampf. Wird Wasser in einem geschlossenen Behälter erhitzt, kann der entstehende Dampf nicht entweichen. Es entsteht ein großer Druck. Die erste Dampfmaschine aus dem ⇒ Jahr 1712 nutzte diesen Druck aus: In einem Kessel wurde Wasser erhitzt. Der aufsteigende Wasserdampf drückte einen Kolben (ein bewegliches Maschinenteil) in einem röhrenförmigen Körper (Zylinder) nach oben. Sobald der Dampf abkühlte und sich in Wasser verwandelte, bewegte sich der Kolben wieder nach unten. So wurden früher ⇒ Maschinen, ⇒ Eisenbahnen und ⇒ Schiffe angetrieben.

der Delfin

Delfine sind ⇒ Säugetiere, die den ⇒ Walen zugeordnet werden. Sie atmen mit der Lunge und die Weibchen säugen ihre Jungen. Delfine fressen kleine ⇒ Fische, Krebse und Tintenfische. Durch Pfiffe und Klicklaute verständigen sie sich untereinander. Mit Schallwellen, die von Beutetieren oder Hindernissen zurückgeworfen werden, orientieren sich Delfine im Meer. Mit 9 m Länge ist der Schwertwal (Orca) der größte Delfin. Delfine sind intelligente Tiere und sehr gelehrig.

⇒ Schall, Tierreich

Im Feuerraum der Dampflok wird Kohle verbrannt. Dadurch wird das Wasser im Kessel erhitzt. Wasserdampf steigt auf und wird zum Schieberkasten weitergeleitet. Dort treibt der Dampf über die Treibstangen die Räder (⇒ Rad) an. Durch den Schornstein entweichen die ⇒ Abgase.

Was gibt uns Energie?

Delfine

die Demokratie
Demokratie heißt „Herrschaft des Volkes". Die Bevölkerung eines Landes bestimmt die Regierung durch ●Wahlen. Das ●Volk wählt die Abgeordneten der verschiedenen Parteien, die es im Parlament vertreten. In ●Deutschland heißt das Parlament Bundestag, in ●Österreich Nationalrat, in der ●Schweiz Bundesversammlung. Die Regierung übernimmt die politische Führung eines Landes. In einer Demokratie haben alle ●Menschen die gleichen ●Rechte und Pflichten.
➔ Diktatur, Politik

die Demonstration
1. Bei einer Demonstration wollen ●Menschen auf Straßen oder Plätzen auf politische Probleme aufmerksam machen oder für bestimmte Anliegen eintreten. Auf Plakaten und über Lautsprecher äußern sie ihre Meinung. **2.** Bei einer Demonstration wird Zuschauern vorgeführt, wie etwas funktioniert, z. B. ein neuer Automotor.
➔ Diktatur

Deutschland
➔ Seite 36

die Diabetes
Diabetes ist eine ●Krankheit, die auch Zuckerkrankheit genannt wird. Für unsere Körperzellen ist ●Zucker der wichtigste Energielieferant. Das Insulin hilft, dass die ●Zellen den Zucker aufnehmen können. Fehlt einem ●Menschen Insulin oder hat er zu wenig davon, so bekommen seine Körperzellen nicht mehr genug ●Energie. Diabetiker müssen ●Medikamente einnehmen. ●Sport und eine gesunde Ernährung können auch helfen.
➔ Gesundheit und Ernährung, menschlicher Körper

der Dialekt
Ein Dialekt ist eine besondere Form einer ●Sprache. Obwohl überall in ●Deutschland, ●Österreich und auch in Teilen der ●Schweiz Deutsch gesprochen wird, klingt es nicht überall gleich. Buchstaben oder Wörter (●Wort) werden anders ausgesprochen oder es gibt unterschiedliche Bezeichnungen für eine Sache, z. B. Semmel, Schrippe oder Wecken für „Brötchen". Dialekte sind z. B. Bayerisch, Sächsisch, Fränkisch oder Alemannisch.

die Diktatur
In einer Diktatur bestimmt nicht das ●Volk, sondern ein Einzelner (Diktator) oder eine Partei. Oft gelangt ein Diktator mit ●Gewalt an die Macht. In einer Diktatur dürfen die ●Menschen ihre Meinung nicht frei äußern. Sie werden sonst eingesperrt oder sogar umgebracht. Sie haben kaum ●Rechte und keine freien ●Wahlen.
➔ Demokratie

Deutschland

Deutschland liegt mitten in ⟶Europa und hat neun Nachbarländer. Die Nordsee und die Ostsee bilden im Norden des Landes eine natürliche ⟶Grenze. Deutschland ist eine ⟶Demokratie und nach Russland das bevölkerungsreichste Land Europas.

Aus der jüngsten Geschichte
Als Deutschland 1945 den Zweiten ⟶Weltkrieg verloren hatte, kam es 1949 zur Gründung von zwei deutschen ⟶Staaten: die Bundesrepublik Deutschland (BRD) im Westen und die Deutsche Demokratische Republik (DDR) im Osten.

Der Reichstag in Berlin ist Sitz des Deutschen Bundestages.

Nach 40 ⟶Jahren öffnete die DDR 1989 ihre Grenzen und ein Jahr später folgte die ⟶Wiedervereinigung der beiden deutschen Staaten. Berlin wurde Hauptstadt. Deutschland besteht aus 16 Bundesländern. Die Städte (⟶Stadt) Berlin, Bremen und Hamburg sind eine Besonderheit, da sie zugleich auch Bundesländer sind.

Natur
Deutschland besitzt drei große ⟶Landschaften: das Tiefland im Norden, die Mittelgebirge und im Süden die ⟶Alpen. Das Norddeutsche Tiefland ist sehr flach. Landschaftlich einzigartig ist das ⟶Watt an der Nordseeküste. In der Nordsee liegen die nordfriesischen Inseln, wie z.B. Sylt, Föhr und Borkum, in der Ostsee die großen ostfriesischen Inseln Rügen und Usedom. Mecklenburg-Vorpommern im Nordosten ist sehr seenreich und ein Paradies für Vögel (⟶Vogel) wie Kraniche und Störche. Die Lüneburger ⟶Heide in Niedersachsen ist die größte Heidelandschaft. Im Landesinneren Deutschlands liegen die bewaldeten Mittelgebirge wie z.B. der Harz, der Thüringer Wald und das Erzgebirge. Der Feldberg (1493 m) im Schwarzwald ist der höchste Mittelgebirgsgipfel. In den Wäldern leben vor allem Hirsche, Rehe, Wildschweine und Füchse. Südlich der Schwäbischen und Fränkischen Alb beginnen das Alpenvorland und die Alpen. Im Süden Baden-Württembergs grenzt der Bodensee an

Die Zugspitze ist der höchste deutsche Berg.

Fläche: etwa 360 000 km²
Hauptstadt: Berlin, 3,4 Millionen Einwohner
Nationalfeiertag: 3. Oktober (Tag der deutschen Einheit)
Höchster Punkt: Zugspitze, 2962 m
Gesamtbevölkerung: etwa 82,5 Millionen

die Nachbarländer ⊙ Österreich und ⊙ Schweiz. Er ist einer der größten Seen Europas und ein wichtiger Trinkwasserspeicher. Längster deutscher ⊙ Fluss ist der Rhein (852 km).

➔ **Gebirge, Lebensraum Wald, Wasser**

Land und Leute

Ein Drittel der Bevölkerung lebt in großen Städten wie Berlin, Hamburg, Dresden, Köln, Stuttgart und München. Eine der am dichtesten besiedelten Regionen ist das Ruhrgebiet. Die Deutschen sprechen viele ⊙ Dialekte, wie z. B. Plattdeutsch, Hessisch, Schwäbisch oder Sächsisch. Schriftsprache ist das Hochdeutsch. Deutschland gilt in der Geschichte als das „Land der Dichter und Denker", denn die deutsche ⊙ Literatur (z. B. Goethe, Schiller) und ⊙ Musik (z. B. Bach, Beethoven, Wagner) hatten großen Einfluss.

Wirtschaft

Deutschland ist eines der führenden Industrieländer der Welt, obwohl es außer Kohle, Eisen und ⊙ Salz kaum Bodenschätze besitzt. Hergestellt werden z. B. ⊙ Autos, ⊙ Maschinen, elektrotechnische Geräte und chemische Produkte. Etwa die Hälfte der Gesamtfläche wird landwirtschaftlich genutzt. Deutschland ist aufgrund der Landschaften und Sehenswürdigkeiten, wie z. B. Schloss Neuschwanstein in Bayern, ein beliebtes Reiseland.

Der Flughafen in Frankfurt/Main ist der größte in Europa.

➔ **Industrie, Landwirtschaft, Wirtschaft**

die Diskriminierung

Diskriminierung bedeutet, dass manche ◦ Menschen benachteiligt oder schlechter behandelt werden als andere. Menschen werden z. B. wegen ihrer Hautfarbe, ihrer Herkunft, ◦ Religion oder ihrer politischen Meinung diskriminiert. Viele Leute haben ◦ Vorurteile. Sie denken z. B., dass die anderen gewalttätig oder dumm sind, auch wenn dies gar nicht stimmt.

die Diskussion

Bei einer Diskussion versuchen ◦ Menschen mit unterschiedlichen Meinungen sich gegenseitig von ihrem Standpunkt zu überzeugen. Anders als bei einem Streit beschimpfen sie sich nicht, sondern sie hören einander zu, fallen sich nicht ins ◦ Wort und melden sich, wenn sie etwas sagen wollen. Häufig gibt es einen Diskussionsleiter, der darauf achtet, dass alle zu Wort kommen und sich fair verhalten. Im Fernsehen kann man Diskussionen von Politikern sehen, z. B. vor oder nach ◦ Wahlen.

der Dolmetscher

Ein Dolmetscher übersetzt das, was jemand in einer fremden ◦ Sprache sagt, in eine andere Sprache. Dolmetscher werden z. B. gebraucht, wenn sich ◦ Menschen aus verschiedenen Ländern zu einem Vortrag oder einer Besprechung treffen. Politiker werden bei ihren Auslandsreisen von Dolmetschern begleitet. Jemand, der Bücher (◦ Buch) oder Aufsätze in andere Sprachen überträgt, nennt man Übersetzer.

das Doping

Manchmal nehmen Sportler besondere ◦ Medikamente, um ihre Leistung zu verbessern. Sie hoffen, noch schneller laufen oder noch weiter springen zu können. Das ist nicht fair und deshalb auch verboten. Außerdem ist es für die ◦ Gesundheit gefährlich. Im Urin oder Blut kann man feststellen, ob ein Sportler Dopingmittel genommen hat. Wenn ein Sportler sich gedopt hat, wird er disqualifiziert, d. h., er darf nicht mehr am Wettkampf teilnehmen oder eine Medaille wird ihm aberkannt.

➡ Sport

das Dorf

Ein Dorf ist kleiner als eine ◦ Stadt. Hier wohnen weniger ◦ Menschen. Früher lebten meist nur Bauern in den Dörfern. In den Dörfern standen oft nur ein paar ◦ Bauernhöfe. Heute gibt es in den Dörfern viel mehr Häuser und Dorfbewohner. Es gibt Einkaufsmöglichkeiten, einen Kindergarten, die Grundschule und Ärzte. Viele Dorfbewohner arbeiten außerhalb des Dorfes in einer Stadt oder im Industriegebiet.

➡ Industrie

die Droge

Drogen sind Mittel, die z. B. aufputschen, beruhigen oder ◦ Schmerzen lindern. Koffein im ◦ Kaffee, ◦ Tabak, ◦ Alkohol und Arzneimittel sind erlaubte Drogen. Rauschmittel wie Haschisch, Heroin, Kokain oder Ecstasy sind verboten. Wer sie kauft, verkauft oder verwendet, macht sich strafbar. Drogen sind gefährlich

für die ●Gesundheit und können süchtig machen. Wer zu viel von einer Droge zu sich nimmt, kann daran sterben.
➡ Sucht

der Dschungel
Dschungel ist eine andere Bezeichnung für die riesigen ●Regenwälder in ●Süd- und Mittelamerika, ●Afrika und ●Asien nördlich und südlich des ●Äquators. Das ●Klima im Dschungel ist feucht und warm.

die Düne
Dünen sind durch ●Wind angehäufte Sandhügel an ●Küsten oder in ●Wüsten. Sie können bis zu 200 m hoch werden. Manche Dünen werden durch den Wind weiter vorwärtsgeweht und zerstören dabei fruchtbaren Boden. Man nennt sie Wanderdünen. Durch Bepflanzung der Dünen wird das Wandern verhindert.

die Dürre
Wenn es längere ●Zeit nicht regnet und der Boden stark ausgetrocknet ist, spricht man von einer Dürre. Die Böden werden rissig und die ●Pflanzen vertrocknen. Tiere finden dann kaum noch Nahrung.

der Düsenantrieb
Düsenflugzeuge wie die Boing 747 haben ein Strahltriebwerk. Damit erreichen sie ●Geschwindigkeiten von fast 1000 km/h. Das Strahltriebwerk saugt ●Luft an. In der Brennkammer vermischt sie sich mit Brennstoff. Dabei entstehen heiße ●Gase, die in einem Strahl hinten herausschießen und das Flugzeug nach vorn stoßen.
➡ Luftfahrt

die DVD
DVD ist die Abkürzung für „Digital Video Disc" oder „Digital Versatile Disc". Sie sieht aus wie eine ●CD und wird auch von einem ●Laser gelesen. Anders als die CD können bei der DVD beide Seiten benutzt werden. Deshalb ist die DVD für digitale Filme und Videos geeignet.
➡ CD-Player/DVD-Player

das Dynamit
Dynamit ist ein Sprengstoffgemisch und wurde 1866 von Alfred Nobel erfunden. Es besteht in der Hauptsache aus Nitroglycerin, das schon bei leichteren Erschütterungen explodiert. Dynamit wurde früher im Eisenbahnbau und in Bergwerken gebraucht. Heute verwendet man Sprengstoff, der sicherer zu benutzen ist.

Verbrennungsgase
Luft
Brennkammer
Strahltriebwerk

Düne

die Ebbe und Flut

Ebbe und Flut werden auch „die Gezeiten" genannt. Sie sind regelmäßige Bewegungen des ⇒ Ozeans und werden vom ⇒ Mond ausgelöst. Der Mond zieht wie ein ⇒ Magnet die Wassermassen an. Wenn sich das ⇒ Wasser zurückzieht und an den ⇒ Küsten der Meeresboden („Wattenmeer") sichtbar wird, spricht man von Ebbe. Bei Flut steigt das Wasser wieder an und überflutet den Meeresboden. Ebbe und Flut dauern zusammen etwa 12 Stunden.

Ebbe

Flut

→ Watt

das Echo

Wenn wir etwas rufen, breitet sich der Ruf als Schallwellen in alle Richtungen aus. Treffen die Schallwellen auf ein Hindernis wie z. B. einen ⇒ Berg oder eine Tunnelwand, so werden sie wieder zurückgeworfen. Dann hören wir einige ⇒ Zeit später ein Echo. Das Hindernis muss mindestens 33 m entfernt sein, sonst kann das ⇒ Ohr nicht zwischen Ruf und dem Rückruf unterscheiden.

→ Schall

der Edelstein

Edelsteine sind in ⇒ Gesteinen eingeschlossene ⇒ Minerale. Sie sind besonders hart und haben verschiedene ⇒ Farben. Sie werden geschliffen, poliert und zu Schmuck verarbeitet. Der wertvollste Edelstein ist der Diamant.

das Ei

Ein Ei ist eine weibliche Geschlechtszelle (⇒ Zelle), die nach der ⇒ Befruchtung zu einer neuen ⇒ Pflanze oder einem neuen Lebewesen heranwächst. Wie jedes Vogelei ist das Hühnerei von einer harten Kalkschale umgeben und im Inneren befinden sich das Eiweiß und der Dotter. Wird das Ei befruchtet, entwickelt sich ein Küken. Eiweiß und Dotter dienen ihm als Nahrung. Ist das Küken ausgewachsen, bricht es mit seinem Schnabel die Kalkschale auf und schlüpft heraus. Bei den meisten ⇒ Säugetieren wachsen die befruchteten Eizellen im Körper der Mutter heran.

Eiweiß, Dotter, Kalkschale, Hagelschnur

das Eichhörnchen

Das Eichhörnchen ist ein Nagetier, das auf allen ⇒ Kontinenten vorkommt, nur nicht in ⇒ Australien. Das europäische Eichhörnchen lebt in Wäldern und Parkanlagen. Dort springt der geschickte Kletterer bis zu 3 m weit von einem ⇒ Baum zum anderen. Mit dem buschigen Schwanz hält es

Eichhörnchenkobel

das Gleichgewicht. In den Baumkronen baut das Eichhörnchen aus Zweigen und Laub sein Nest, den Kobel. Darin überwintert es auch. Das Eichhörnchen ernährt sich von Nüssen, Beeren und ➔ Samen. Im Herbst vergräbt es Nüsse und Eicheln als Vorrat für den langen Winter.

➔ **Lebensraum Wald, Winterschlaf**

der Eisberg

Eisberge sind von einem ➔ Gletscher oder vom Eis abgebrochene Teile, die in den ➔ Meeren am ➔ Süd- und ➔ Nordpol treiben. Große Eisberge werden von Pinguinen und Robben als Rastplatz benutzt. Für die Schifffahrt sind Eisberge gefährlich, da nur ein kleiner Teil davon aus dem ➔ Wasser ragt. 1912 sank das berühmte Passagierschiff „Titanic" nach einem Zusammenstoß mit einem Eisberg.

die Eisenbahn

Die ersten Eisenbahnen waren ➔ Dampfmaschinen auf Rädern (➔ Rad). Heute werden die Eisenbahnzüge elektrisch oder mit Dieselmotoren angetrieben. Die Züge transportieren Personen und Güter über ein weit verzweigtes Schienennetz. Da sie weniger ➔ Energie verbrauchen als ➔ Autos, Lastwagen oder Flugzeuge, entlasten sie die Umwelt. Der ICE ist der modernste Zug in ➔ Deutschland. Er fährt über 300 km/h. Die höchste Eisenbahnlinie ist der Andenexpress, der 4818 m über dem Meeresspiegel verkehrt. Die Transsibirische Eisenbahn („Transsib") ist die längste Bahnstrecke. Eine Fahrt von Moskau (Russland) nach Peking (China) dauert acht ➔ Tage.

➔ **Motor, Umweltschutz**

die Eiszeit

In den Eiszeiten bedeckten riesige Eisflächen große Teile der ➔ Erde. Jede Eiszeit dauerte mehrere tausend ➔ Jahre. Das ➔ Klima war sehr kalt, die ➔ Gletscher breiteten sich aus und der Meeresspiegel sank. Dadurch entstand eine Landbrücke zwischen ➔ Nordamerika und ➔ Asien, über die die Vorfahren der ➔ Indianer nach Nordamerika einwanderten. Tiere wie das Mammut oder das Wollnashorn passten sich mit ihrem dichten ➔ Fell den kalten Lebensbedingungen an. Im Eiszeitalter wechselten sich kältere und wärmere ➔ Zeiten ab. Die letzte Eiszeit endete vor 11 000 Jahren.

Eisberg

➔ **Erdzeitalter**

die Energie

Energie ist die bewegende Kraft auf der ◦Erde. In der Physik bedeutet Energie gespeicherte Arbeit. Das kann man mit Essen vergleichen: Wer gut gegessen hat, hat genug Kraft und Energie für seine Arbeit. Wir benötigen elektrische Energie, nämlich ◦Strom für den ◦Computer, Haushaltsgeräte oder das Radio.

Wasserkraftwerk

Energie aus Kraftwerken

Seit 150 ◦Jahren nutzen wir natürliche Energiequellen wie Kohle, ◦Gas oder ◦Öl. In Wärmekraftwerken werden diese ◦Rohstoffe verbrannt. Die Hitze des ◦Feuers bringt ◦Wasser zum Verdampfen. Der aufsteigende Wasserdampf treibt große Schaufelräder (◦Turbinen) an. Diese Bewegungsenergie wird mithilfe von ◦Generatoren in Strom umgewandelt. Erdöl ist dabei der bedeutendste Energielieferant. Die meisten Erdölfelder liegen unter ◦Wüsten, Urwäldern und unter dem Meeresboden. Durch diese Arten der Energiegewinnung wird die Umwelt belastet. Das Verbrennen von Öl, Kohle und Gas lässt ◦Abgase entstehen, die unserer Umwelt schaden. Man kann Energie auch in Atomkraftwerken erzeugen. Dabei werden keine Abgase frei, aber es entsteht radioaktiver Abfall, der sehr gefährlich ist. Energie sollte nie verschwendet werden. Wer Energiesparlampen benutzt und beim Zähneputzen das Wasser nicht laufen lässt, spart Energie.

→ **Abgase, Atom, Radioaktivität**

Erneuerbare Energie

Erdöl, Gas und Kohle werden irgendwann verbraucht sein. Deshalb werden zunehmend Energien genutzt, die sich selbst immer wieder erneuern: Das sind die

Die Windenergie wird im Windkraftwerk in elektrischen Strom umgewandelt.

Sonnenenergie, die Windenergie und die Wasserenergie. Moderne ⮞ Technik hilft bei ihrer Nutzung. Auf der Erde kommt alle Energie von der ⮞ Sonne. Sie erwärmt die Erde, lässt ⮞ Pflanzen wachsen und ist für das ⮞ Wetter verantwortlich. Die Sonne liefert in jeder Sekunde so viel Energie, wie alle ⮞ Menschen pro Jahr verbrauchen. Viele Energiekraftwerke nutzen die Energie der Sonne und wandeln sie in elektrische Energie um. Durch Sonnenkollektoren z. B. auf Hausdächern wird Wasser erhitzt. Solaranlagen wandeln die Sonnenenergie in elektrische Energie um. Bei einem Wasserkraftwerk werden Turbinen durch die Kraft von fließendem Wasser angetrieben. Windkraftwerke nutzen die Kraft des Windes. Der ⮞ Wind dreht die Rotorblätter. Die Rotorblätter setzen Generatoren in Bewegung und gewinnen so elektrische Energie.

Die Spiegel des Sonnenkraftwerks bündeln die Sonnenstrahlen. So entsteht Wärme, die zur Gewinnung von Strom genutzt wird.

Kohlekraftwerk ⮞ Damm

Ferdinand Magellan

der Entdecker

Viele Länder der ⇒ Erde wurden von Seefahrern entdeckt, die den Mut hatten, in unerforschte Gebiete aufzubrechen. Zu den großen Entdeckern gehören Christoph Kolumbus, der 1492 Amerika entdeckte, und Ferdinand Magellan, der 1522 den Seeweg um Amerika herum nach ⇒ Asien fand. Auch Forscher können Entdecker sein: Der Archäologe Howard Carter fand 1922 das Grab des ⇒ Pharao Tutanchamun.

⇨ Berühmte Menschen

Howard Carter

die Ente

Enten sind Wasservögel. Zwischen ihren Zehen haben sie Schwimmhäute. Damit können sie im ⇒ Wasser paddeln. Ihr Gefieder streichen sie mit Fett aus der Bürzeldrüse am Schwanz ein. Dadurch bleibt es wasserdicht und schützt sie vor kaltem Wasser. Man unterscheidet Schwimm- und Tauchenten. Die bekannteste heimische Schwimmente ist die Stockente. Sie sucht ihre Nahrung, indem sie den Kopf untertaucht und das Hinterteil in die Höhe reckt. Dabei siebt sie mit ihrem Schnabel ⇒ Samen und ⇒ Insekten aus dem Wasser. Dies nennt man auch Gründeln. Die männliche Ente, der Erpel, hat ein buntes Gefieder. Das Weibchen trägt eine braune Tarnfarbe. Damit bleibt sie beim Ausbrüten ihrer ⇒ Eier im ⇒ Schilf verborgen.

⇨ Feder, Tierreich, Vogel

das Entwicklungsland

Entwicklungsländer sind Länder, in denen es wenig ⇒ Industrie gibt und ein Großteil der ⇒ Menschen sehr arm ist. Viele haben keine Arbeit und nur wenige können lesen und schreiben. Es gibt zu wenig ⇒ Schulen und Krankenhäuser. Die meisten Entwicklungsländer gibt es in ⇒ Afrika, ⇒ Asien und ⇒ Südamerika.

das Erdbeben

Bei einem Erdbeben bewegt sich die Erdoberfläche. Die Beben entstehen, wenn sich die Erdplatten verschieben, aus denen die Erdkruste besteht. Diese

Was ist ein Tsunami?

Gesteinsplatten können plötzlich brechen oder sich ruckartig verschieben. Durch den Ruck entstehen Schockwellen, die sich durch das ⇒ Gestein ausbreiten. Mit einem Seismografen kann die Stärke der Schockwellen gemessen werden. Die Erdoberfläche kann aufbrechen. Die Stelle über dem Erdbebenherd nennt man Epizentrum. Bei Seebeben liegt der Erdbebenherd unter dem Meeresboden. Dabei entstehen Wellen mit über 30 m Höhe, so genannte Tsunamis, die schwere Überschwemmungen zur Folge haben können.

Die Schichten der Erde
Mantel, Erdkruste, Äußerer Kern, Innerer Kern

die Erde

1. Die Erde ist fast 5 Milliarden ⇒ Jahre alt. Die Erdkugel umgibt eine Gashülle, die ⇒ Sauerstoff enthält. 70 Prozent der Erdoberfläche sind mit ⇒ Wasser bedeckt. Wasser und Sauerstoff sind Voraussetzungen dafür, dass es Leben auf der Erde gibt. Die Erde ist aus vier Schichten aufgebaut. Die äußere Erdkruste ist 30 bis 60 km dick. Dann folgen der Erdmantel und der Erdkern. Im inneren Kern herrschen ⇒ Temperaturen von 7000 °C. Die Erde gehört zu den neun Planeten, die um die ⇒ Sonne kreisen. 2. Erde ist eine Schicht auf der Erdoberfläche, die das ⇒ Gestein der Erde bedeckt. Aus der Erde wachsen ⇒ Pflanzen und Bäume (⇒ Baum).

➔ **All, Atmosphäre, Jahreszeiten, Tag und Nacht**

das Erdzeitalter

Wissenschaftler teilen die ⇒ Geschichte der ⇒ Erde in vier Erdzeitalter ein.

1. Erdfrühzeit (Präkambrium):
vor 4000–570 Millionen ⇒ Jahren:

⇒ Bakterien und ⇒ Algen entstehen.

2. Erdaltertum (Paläozoikum):
vor 570–250 Millionen Jahren:

Erste Weichtiere (⇒ Quallen), Wirbeltiere (⇒ Fische) und ⇒ Insekten erscheinen. Auf dem sumpfigen Land wachsen ⇒ Farne. ⇒ Amphibien wechseln vom ⇒ Wasser auf das Land und entwickeln sich zu ⇒ Reptilien.

3. Erdmittelalter (Mesozoikum):
vor 250–65 Millionen Jahren:

Die ersten ⇒ Säugetiere und ⇒ Saurier leben auf der Erde. Wassertiere wie Ammoniten leben im warmen ⇒ Meer. Auf der Erde herrscht tropisches ⇒ Klima. Die Saurier sterben aus.

4. Erdneuzeit (Neozoikum):
vor 65 Millionen Jahren bis heute:

Vögel und Säugetiere entwickeln sich weiter. ⇒ Nadel- und ⇒ Laubbäume breiten sich aus. Affen und menschenähnliche Wesen tauchen auf. ⇒ Eiszeiten beherrschen die Erde. Vor etwa 4 Millionen Jahren taucht der erste ⇒ Mensch auf (der Australopithecus).

➔ **Fossilien, Vogel**

der Erfinder
Täglich nutzen wir die großartigen Ideen von Erfindern, z. B. wenn wir das ⇨ Licht einschalten oder den Reißverschluss schließen. Viele Erfinder sind berühmt geworden: Alexander Graham Bell mit dem ersten ⇨ Telefon (1876) und Thomas A. Edison mit der Entwicklung der Glühlampe (1879).

⇨ Berühmte Menschen

die Erste Hilfe
Beim ⇨ Roten Kreuz kann man in Kursen lernen, wie man Erste Hilfe leisten und dadurch verletzten ⇨ Menschen helfen kann. Bei schlimmen Verletzungen sollte man mit einem Notruf den Rettungsdienst oder die ⇨ Feuerwehr alarmieren. In allen ⇨ Staaten der ⇨ Europäischen Union sowie in der ⇨ Schweiz gilt die Notrufnummer 112.

die Eule
Eulen sind Waldbewohner und gehören zu den Greifvögeln. Sie begeben sich in der Dämmerung und nachts auf die Jagd. Lautlos schweben sie durch die ⇨ Luft. Mit ihren scharfen ⇨ Augen entdecken sie sogar bei Dunkelheit Mäuse, kleine Vögel (⇨ Vogel) oder ⇨ Insekten, von denen sie sich ernähren. Die größte Eule ist der Uhu. Er kann über 70 cm groß werden. Zu den bei uns heimischen Eulenarten gehören z. B. die Waldohreule und die Schleiereule.

⇨ Lebensraum Wald

Europa
⇨ Seite 47

Seit wann gibt es den Euro?

Die Flagge der Europäischen Union ziert ein Kreis aus 12 Sternen. Die Zahl 12 steht für Einheit, der Kreis für Verbundenheit.

die Europäische Union
Die Europäische Union (abgekürzt: EU) ist ein Zusammenschluss der meisten europäischen Länder. Die EU besteht seit dem 1. November 1993. Damals gehörten zwölf ⇨ Staaten, darunter auch ⇨ Deutschland, zur EU. Heute sind es 25 Staaten. Sie verfolgen gemeinsame politische Ziele und wollen dafür sorgen, dass die ⇨ Menschen in ⇨ Europa in ⇨ Frieden und Wohlstand leben können. Auch in Fragen des ⇨ Umweltschutzes und der ⇨ Wirtschaft arbeiten diese Länder zusammen. Seit 1999 gibt es eine gemeinsame Währung, den Euro. Zur EU gehören: Belgien, Dänemark, Deutschland, Estland, Finnland, Frankreich, Griechenland, Großbritannien, Irland, Italien, Luxemburg, Niederlande, Lettland, Litauen, Malta, ⇨ Österreich, Polen, Portugal, Schweden, die Slowakische Republik, Slowenien, Spanien, die Tschechische Republik, Ungarn und der griechische Teil Zyperns. Weitere Länder werden in den nächsten ⇨ Jahren neue Mitglieder der EU werden.

⇨ Geld

Europa

Europa ist der zweitkleinste ▶Kontinent. Es grenzt im Osten an ▶Asien. Russland und die Türkei liegen teilweise auf dem europäischen und dem asiatischen Kontinent.

Fläche: etwa 10,5 Millionen km²
Höchster Punkt: Elbrus (Südrussland), 5642 m
Größter See: Ladogasee (Russland)
Längster Fluss: Wolga, 3530 km
Zahl der Staaten: 45
Größte Stadt: Moskau (Russland), etwa 13,2 Millionen Einwohner
Gesamtbevölkerung: etwa 740 Millionen

Rothirsch

Regionen

Im Norden wird Europa durch die Skandinavische Halbinsel (Norwegen, Schweden, Finnland) und die Insel Island begrenzt. Im Westen Europas liegen Frankreich und im Atlantischen ▶Ozean die Britischen Inseln. Spanien und Portugal bilden im Südwesten die Iberische Halbinsel. Im Süden trennt das Mittelmeer Europa von ▶Afrika. Die südlichen Länder haben das wärmste ▶Klima Europas. Zu Südosteuropa gehören die Länder der Balkanhalbinsel wie Griechenland und Bulgarien. Und im Osten reicht Europa bis zum Ural- und Kaukasusgebirge und umfasst auch den westlichen Teil Russlands.

Land und Leute

Das gemäßigte Klima, die fruchtbaren Böden und die Bodenschätze bieten den meisten ▶Menschen in Europa gute Lebensbedingungen. Die ▶Industrie ist in vielen europäischen Ländern sehr stark. Fast alle Kinder besuchen eine ▶Schule. Es gibt aber auch ärmere Länder wie Albanien, Rumänien und Russland, wo manche Kinder ▶obdachlos sind. Das Leben in den europäischen Ländern ist sehr unterschiedlich – so werden allein über 60 verschiedene ▶Sprachen gesprochen. Die meisten Europäer sind Christen, nur in der Türkei und in Albanien gehört die Mehrheit der Bevölkerung dem Islam an. Die westlichen Länder Europas haben sich schon länger zur ▶Europäischen Union zusammengeschlossen.

▶ Deutschland, Österreich, Religionen, Schweiz

Die Entwicklung des Menschen

die Evolution

Evolution bedeutet, dass sich Lebewesen von ➡ Generation zu Generation verändern und sich weiterentwickeln, um sich ihrer Umwelt anzupassen. Wie die ➡ Pflanzen und Tiere früher ausgesehen haben, kann man an ➡ Fossilien erkennen. Wissenschaftler gehen davon aus, dass alle heutigen Tier- und Pflanzenarten aus Lebewesen, die nur aus einer ➡ Zelle bestanden, entstanden sind. Man nimmt an, dass sich der ➡ Mensch vor Millionen von ➡ Jahren aus einem menschenaffenähnlichen Waldbewohner entwickelt hat.

➡ Erdzeitalter

die Expedition

Eine Expedition ist eine Reise von Forschern und ➡ Entdeckern in unbekannte Gebiete. ➡ Menschen, Tiere und ➡ Pflanzen werden gesucht und ➡ Landkarten der Gebiete gezeichnet. Der bemannte Flug zum ➡ Mond 1968 war eine der aufwändigsten Expeditionen.

➡ Raumfahrt

das Experiment

Ein Experiment ist ein Versuch. Mit einem Experiment kann man etwas ausprobieren. Man kann z. B. untersuchen, was geschieht, wenn ein Glas über eine ➡ Kerze gestülpt wird. Manchmal hat man schon eine Vermutung, was geschehen könnte. Wissenschaftler nennen diese Vermutung „Hypothese". Kommt das erwartete Ergebnis heraus, dann wird die Vermutung oder die Hypothese bestätigt. Oft ist es aber auch so, dass ein anderes Ergebnis eintritt. Dann ist die Hypothese widerlegt und man kann weitere Experimente machen.

Feuerwerk an Silvester

die Explosion

Die farbenprächtigsten Explosionen sind Feuerwerke. In den Feuerwerksraketen befinden sich dieselben Stoffe wie in Wunderkerzen. Diese Stoffe verbrennen sehr schnell, wenn ein Funke sie erreicht. Durch die plötzliche Verbrennung entstehen heiße ➡ Gase. Für diese Gase und die glühenden Teilchen ist in der Rakete nicht mehr genügend Platz. Darum zerplatzt die Rakete mit einem lauten Knall. In der Nähe von Feuerwerkskörpern ist es sehr gefährlich: Durch den lauten Knall kann das Trommelfell im ➡ Ohr geschädigt werden. Außerdem kann man sich an den glühenden Teilchen verbrennen.

Welche sind die Grundfarben?

die Fabel
Fabeln sind Geschichten, in denen Tiere sich wie ⇒ Menschen verhalten. Manchen Tieren werden menschliche Eigenschaften zugeschrieben: z. B. der listige Fuchs, der dumme Esel, der sture Ziegenbock. Der Leser soll daraus lernen, wie man sich z. B. klug, fair oder freundlich verhält.
⇒ Literatur

das Fahrrad
Das erste Fahrrad aus dem ⇒ Jahr 1817 war eine Laufmaschine. Später bekam das Fahrrad Pedale, die das Hinterrad über eine Kette antreiben. Es gibt Stadt- oder Cityräder, Trekkingräder, Mountainbikes, Rennräder und sogar Liegeräder. Ein Fahrrad für zwei Personen nennt man Tandem. Jeder Radfahrer muss sich an die Verkehrsregeln halten und darauf achten, dass das Fahrrad verkehrssicher ist: Es braucht Bremsen für Vorder- und Hinterrad, eine Klingel, ⇒ Licht, Speichenreflektoren, einen weißen Rückstrahler vorn, einen roten Rückstrahler hinten und Rückstrahler an den Pedalen.
⇒ Verkehrsregeln

die Familie
In einer Familie leben verschiedene ⇒ Generationen zusammen. Heute sind das meist Eltern und Kinder. Früher lebten Großeltern, Eltern, Kinder und manchmal auch Urgroßeltern in Großfamilien zusammen. In manchen Familien gibt es nur ein Elternteil, z. B. wenn sich die Eltern getrennt haben. Wenn Vater oder Mutter einen neuen Partner finden, der auch Kinder hat, leben Kinder aus zwei verschiedenen Familien als Geschwister in der neuen Familie.

die Farbe
Die Farben Rot, Blau und Gelb bezeichnet man als Primärfarben oder Grundfarben. Aus ihnen können alle anderen Farben gemischt werden. So wird aus Rot und Blau Lila, aus Rot und Gelb Orange und aus Gelb und Blau Grün. Die Grundfarben selbst lassen sich nicht durch Mischen herstellen. Wenn man die Grundfarben miteinander mischt, erhält man Schwarz.
⇒ Kunst, Licht

der Farn

Farne gehören zu den ältesten ⇒Pflanzen, die es auf der ⇒Erde gibt. Weltweit gibt es etwa 10 000 Farnarten. Farne wachsen an schattigen, feuchten Stellen. Deshalb gibt es die meisten Farne im tropischen ⇒Regenwald. Palmfarne können dort mehrere Meter hoch werden. Farne bilden keine Blüten, sondern vermehren sich durch Sporen. Dies sind winzige Keimzellen an der Blattunterseite, die wie Körnchen aussehen.

Farn

die Feder

Alle Vögel (⇒Vogel) haben ein Federkleid. Federn bestehen wie die ⇒Haare und Fingernägel des ⇒Menschen aus Horn. Den Vogeljungen wachsen zuerst die wärmenden und weichen Daunenfedern. Später bilden sich die festen Deckfedern. Mit den Schwungfedern an den Flügeln fliegt der Vogel. Ein- oder zweimal im ⇒Jahr erneuert er sein Federkleid. Diesen Federwechsel nennt man die Mauser.

Federn

der Feiertag

Viele Feiertage wie z. B. Ostern, Weihnachten und Pfingsten, Allerheiligen, Christi Himmelfahrt und Fronleichnam haben eine religiöse Bedeutung. Mit den Nationalfeiertagen wird an ein besonderes Ereignis in der ⇒Geschichte eines Landes erinnert. In ⇒Deutschland wird beispielsweise am 3. Oktober der ⇒Wiedervereinigung gedacht (Tag der Deutschen Einheit). In ⇒Österreich ist der 26. Oktober als Nationalfeiertag festgelegt. Die ⇒Schweiz begeht ihre Bundesfeier am 1. August.

⇨ Religionen

das Fell

Das Haarkleid der ⇒Säugetiere wird auch Fell genannt. Tiere schützen sich mit ihrem Fell vor Kälte und Nässe. Tiere wie z. B. der Leopard werden wegen ihrer Felle gejagt, obwohl das verboten ist. Sie sind deshalb vom Aussterben bedroht.

⇨ Haare

das Fernglas

Ein Fernglas vergrößert weit entfernte Gegenstände. Dadurch erscheinen sie näher. Es besteht aus zwei kurzen Fernrohren. Man kann mit beiden ⇒Augen gleichzeitig hindurchschauen. Im Objektiv am unteren Ende des Fernglases entsteht ein kleines Bild von dem Tier oder Gegenstand, das du betrachten willst. Das Objektiv ist eine gewölbte ⇒Linse aus Glas. Genau vor deinem Auge liegt eine weitere Linse. Das ist das Okular. Es vergrößert das Bild wie eine ⇒Lupe.

⇨ Licht

Okular
Objektiv

das Feuer

Feuer entsteht durch eine Verbrennung. Ein Feuer kann nur brennen, wenn ⇒Luft, brennbares Material und eine hohe

Wie wird ein Feuer gelöscht?

Waldbrände werden oft aus der Luft gelöscht. Zum Löschen werden Wasser oder chemische Löschmittel eingesetzt.

→ Temperatur vorhanden sind. Früher nutzten die → Menschen das Feuer für Wärme und → Licht, zum Kochen, als Schutz vor wilden Tieren sowie zum Schmelzen von Eisen und Brennen von Tongefäßen. Heute wird das Feuer in vielen Bereichen durch → Strom ersetzt: Gekocht wird auf dem Elektroherd, hell wird es durch das elektrische Licht.

➡ **Feuerwehr, Sauerstoff**

die Feuerwehr
Bei einem Feueralarm rückt die Feuerwehr mit einem Löschzug aus. Der Löschzug besteht aus einem Mannschaftswagen, einem Tanklöschfahrzeug mit großem Wassertank und einem Hubrettungsfahrzeug mit Drehleiter. Mit → Wasser wird die → Temperatur des brennenden Materials abgekühlt. Schaum oder Sand unterbrechen die Luftzufuhr und das → Feuer erstickt. Brennbares Material wird weg-

geräumt. Nicht nur bei Bränden kommt die Feuerwehr zum Einsatz. Sie hilft auch bei Unfällen, Überschwemmungen, Sturmschäden, Umweltkatastrophen und sie rettet → Menschen und Tiere in Not.

der Fingerabdruck
Den eigenen Fingerabdruck kann man sehen, wenn man z. B. seinen Daumen erst auf ein Stempelkissen und danach auf → Papier drückt. Der Fingerabdruck ist bei jedem → Menschen einzigartig. Deshalb wurde ein Fingerabdruck früher auch als Unterschrift benutzt. Fingerabdrücke an einem Tatort helfen der → Polizei bei der Aufklärung von Verbrechen.

Fingerabdruck

der Fisch
Fische sind die ältesten Wirbeltiere der → Erde. Sie leben im Süßwasser (→ Flüsse, Seen) und im Salzwasser (→ Meere). Man unterscheidet Friedfische, die sich von → Plankton ernähren, und Raubfische, die andere Tiere jagen. Knorpelfische haben ein Skelett aus Knorpel; zu ihnen zählen → Haie und Rochen. Die meisten Fische sind Knochenfische. Sie haben ein Knochenskelett und ihre Haut ist mit → Schuppen bedeckt. Aus dem → Wasser nehmen Fische mit ihren Kiemen → Sauerstoff zum Atmen auf. Die meisten Fische legen → Eier, aus denen → Larven schlüpfen, die sich zu Fischen entwickeln. → Wale und → Delfine sind → Säugetiere.

➡ **Befruchtung, Nahrungskette, Tierreich**

die Flagge

Eine Flagge oder Fahne wird von Ländern, Städten (→ Stadt), Sportmannschaften und Organisationen wie dem → Roten Kreuz verwendet. Eine Flagge ist meist ein rechteckiges, bunt bedrucktes Stofftuch, das an Stangen oder Schiffsmasten gehisst (aufgehängt) wird.

der Flaschenzug

Flaschenzug

Ein Flaschenzug ist ein Gerät, mit dem man schwere Lasten heben kann. Dazu wird die Last, die man heben möchte, an einem Seil befestigt. Das Seil läuft über zwei Rollen: Eine befindet sich direkt über der Last, die andere oben. Am Seil wird die Last nach oben gezogen.

der Flughafen

Es gibt Verkehrsflughäfen für Passagier- und Transportflugzeuge (engl. Airport, gesprochen: Ärport) und Militärflughäfen (engl. Airbase, gesprochen: Ärbäs). Im Kontrollturm (Tower, gesprochen: Tauer) werden die startenden und landenden Flugzeuge von den Fluglotsen überwacht. Die Start- und Landebahnen sind 2 bis 4 km lang und werden nur in den Hauptwindrichtungen Norden und Süden angelegt. Es gibt mehrere Terminals (gesprochen: Törminäls). Das sind Hallen, in denen Fluggäste ankommen oder auf ihren Abflug warten. Vor dem Abflug gibt man am Flugschalter in der Abflughalle sein Gepäck auf und checkt ein. Dazu zeigt man seinen Flugschein (Ticket) vor. Das Gepäck wird mit dem Förderwagen zum Flugzeug gebracht. Bevor die Fluggäste an Bord gehen dürfen, werden sie und das Handgepäck nach Waffen durchsucht. Die Passagiere werden mit Omnibussen zu den Flugzeugen gebracht oder sie betreten über eine bewegliche Fluggastbrücke das Flugzeug.

→ Luftfahrt

Start- und Landebahn, Fluggastbrücke, Tower, Vorfeld, Flughafen-Terminal

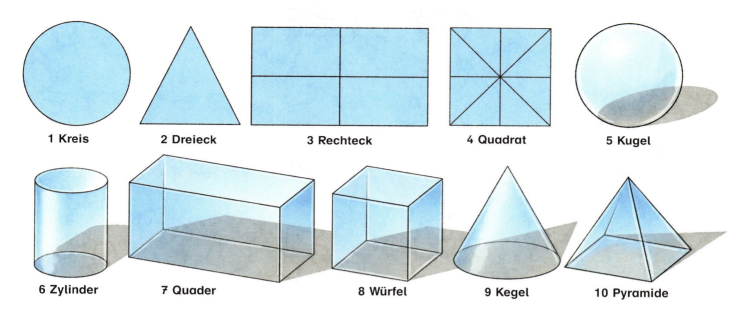

der Fluss

Ein Fluss ist ein fließendes ⇒ Gewässer. Sein ⇒ Wasser kommt aus einer ⇒ Quelle, von Zuflüssen und von ⇒ Niederschlägen (⇒ Regen, ⇒ Schnee). Meist mündet der Fluss in einen anderen Fluss, einen See oder in das ⇒ Meer. Ein Fluss fließt in einem Flussbett. Es wird vom Flussufer seitlich begrenzt. Flüsse sind wichtige Verkehrswege für den Schiffsverkehr. Staudämme an Flüssen dienen der Stromerzeugung.

⇒ **Damm, Energie, Kanal, Schiff**

die Formen und die Körper

Geometrische Formen sind eben, d. h. flach. Man kann sie zeichnen. **1.** Ein Kreis ist rund und hat einen Mittelpunkt. Jeder Punkt der Kreislinie ist vom Mittelpunkt gleich weit entfernt. Die Entfernung vom Mittelpunkt zur Kreislinie wird Radius genannt. **2.** Ein Dreieck hat drei Seiten und drei Ecken. Wenn alle Seiten eines Dreiecks gleich lang sind, nennt man es gleichseitiges Dreieck. **3.** Ein Rechteck ist ein Viereck. Wenn man es in der Mitte faltet, liegen immer zwei Ecken aufeinander. **4.** Ein Quadrat ist ein besonderes Rechteck, bei dem alle Seiten gleich lang sind. Man kann es längs, quer oder diagonal falten. Immer liegen zwei Ecken genau aufeinander. Geometrische Körper sind nicht flach, sondern dreidimensional. Man kann sie z. B. aus Knete herstellen. **5.** Eine Kugel ist wie ein Ball. Sie hat weder Ecken noch Kanten und besteht aus einer einzigen Fläche. **6.** Der Zylinder ähnelt einer Rolle. Er hat keine Ecken, aber drei Flächen. Die beiden Flächen an den Seiten sind rund, die dritte Fläche ist ein Rechteck. **7.** Ein Quader hat die Form eines Paketes und kann länglich sein. Er hat acht Ecken, zwölf Kanten und sechs Flächen. **8.** Ein Würfel ist ein besonderer Quader. Er hat genau wie der Quader acht Ecken, zwölf Kanten und sechs Flächen, aber die Flächen sind quadratisch. Deshalb sind alle Kanten bei ihm gleich lang. **9.** Der Kegel hat eine kreisförmige Grundfläche. Die zweite Fläche ist ein Halbkreis, der zu einer spitzen Tüte gefaltet ist. Der Kegel hat damit zwei Flächen, eine Ecke und eine Kante. **10.** Die Grundfläche der ⇒ Pyramide ist ein Quadrat. Die vier Seitenflächen sind Dreiecke. Damit hat die Pyramide fünf Flächen, fünf Ecken und acht Kanten.

das Fossil

Fossilien sind die versteinerten Überreste oder Abdrücke von Tieren und ⮞ Pflanzen, die vor langer ⮞ Zeit gelebt haben. Man findet sie in ⮞ Gesteinen. Fossilien geben Auskunft über die Entwicklung des Lebens auf der ⮞ Erde. Viele Fossilien sind frühere Meeresbewohner, wie z. B. Ammoniten oder ⮞ Saurier. Wenn ein Tier starb, sank es auf den Boden und seine Weichteile (Innereien und Muskeln) verwesen (1). Zähne (⮞ Zahn), Knochen oder Schalen wurden von Sand und Schlick bedeckt (2). Sie wurden im Laufe von Millionen von ⮞ Jahren zu ⮞ Stein (3). ⮞ Wind und ⮞ Regen trugen das Gestein ab und das Fossil kam zum Vorschein (4). Andere Fossilien sind in ⮞ Bernstein eingeschlossene Pflanzen und ⮞ Insekten oder gefrorene Überreste von Mammuts.

⮕ **Erdzeitalter, Evolution, Tierreich**

die Frau

Frauen und Männer (⮞ Mann) unterscheiden sich durch ihre Geschlechtsorgane voneinander. Bei Mädchen und Frauen liegen die inneren Geschlechtsorgane geschützt

im Unterleib. Das sind die Gebärmutter, die Eierstöcke und die Eileiter. Jeden ⮞ Monat reift im Eierstock ein ⮞ Ei. Es wandert durch den Eileiter in die Gebärmutter. Wird es nicht befruchtet, wird die Eizelle mit etwas Blut ausgeschieden. Das nennt man auch Menstruation oder Periode. Die äußeren Geschlechtsmerkmale sind die Schamlippen. In der ⮞ Pubertät entwickeln sich Brüste und Schambehaarung.

⮕ **Befruchtung, Schwangerschaft, Sexualität**

die Freiheit

Freiheit bedeutet, dass jeder entscheiden kann, was er tun möchte und von niemand zu etwas gezwungen wird. Die Freiheit des einen kann aber die Freiheit eines anderen einschränken. Wenn z. B. einer laut ⮞ Musik hören möchte, stört er vielleicht seinen Nachbarn beim Schlafen. Damit das Zusammenleben funktioniert, muss jeder ein bisschen Freiheit aufgeben und auf andere Rücksicht nehmen. ⮞ Gesetze sorgen dafür, dass alle ⮞ Menschen gleich viel Freiheit besitzen.

der Frieden
Frieden herrscht, wenn sich die ⮕ Menschen vertragen. Zwischen Ländern ist Frieden, wenn sie keinen ⮕ Krieg gegeneinander führen.

der Frosch und die Kröte
Frösche und Kröten gehören zu den ⮕ Amphibien. Sie ernähren sich von ⮕ Insekten, Würmern und ⮕ Schnecken. Frösche haben lange, kräftige Hinterbeine, mit denen sie sich vom Boden abstoßen. Kröten dagegen haben kurze Beine. Sie springen kaum, sondern laufen auf allen vieren. Kröten haben eine warzige Haut. Zur Fortpflanzung suchen Kröten und Frösche das ⮕ Wasser auf. Dort legen die Weibchen die befruchteten ⮕ Eier als Klumpen oder Laichschnüre ab. Nach einigen ⮕ Tagen schlüpfen daraus Kaulquappen, die einen langen Ruderschwanz haben und wie die ⮕ Fische mit Kiemen atmen. Nach und nach entwickeln sich Vorder- und Hinterbeine und der Schwanz und die Kiemen bilden sich zurück. An Land atmen die Tiere mit Lungen.

⮕ Befruchtung, Larve, Tierreich

die Frucht
Aus dem Fruchtknoten einer Blüte entwickelt sich nach der ⮕ Befruchtung die Frucht. Sie enthält die ⮕ Samen der ⮕ Pflanze. Es gibt unterschiedliche Fruchtsorten: Obst, Nüsse, oder Hülsenfrüchte (z. B. Erbsen und Bohnen).

⮕ Blume

Was entsteht, wenn Wasser gefriert?

das Gas

Alles auf der ●Erde ist entweder in festem, flüssigem oder gasförmigem Zustand. ●Sauerstoff ist z.B. ein Gas. ●Luft ist ein Gemisch aus mehreren Gasen. Bei Gasen sind die einzelnen Teilchen nur schwach miteinander verbunden und bewegen sich frei im Raum. ●Wasser kann alle drei Zustände annehmen: Gefrorenes Wasser ist fest (Eis). Bei Zimmertemperatur ist Wasser flüssig und wenn man es kocht, so steigt es als Gas auf. Man sagt auch: Es verdampft.

Gebärdensprache

die Gebärdensprache

Die Gebärdensprache ist eine Fingersprache. Mit ihr können sich Gehörlose verständigen. Für jeden Buchstaben gibt es eine Handhaltung oder Fingerstellung. Manche Wörter (●Wort) oder Silben werden außerdem lautlos gesprochen.

➡ **Behinderung, Sprache**

das Gebirge

Gebirge sind zusammenhängende Gebiete mit ●Bergen, Hochflächen und Tälern (●Tal). Sie bestehen aus Gesteinsschichten, die vor Millionen von ●Jahren durch starken Druck aus dem Inneren der ●Erde in die Höhe gefaltet wurden. Der Himalaja in ●Asien ist das mächtigste und höchste Gebirge der Erde. In ●Europa sind die ●Alpen das größte Hochgebirge.

➡ **Gestein, Pyrenäen**

die Geburt

Etwa vier ●Wochen vor der Geburt dreht sich das ●Baby in seine Geburtsstellung. Es liegt dann mit dem Kopf nach unten im Becken der Mutter. Kurz vor der Geburt spürt die Mutter ein Ziehen im Bauch. Das sind die Wehen. Dabei ziehen sich die Muskeln der Gebärmutter zusammen. Die Fruchtblase, die das Kind im Mutterleib umgibt, platzt. Die Wehen werden immer stärker und schieben das Baby mit dem Kopf voran durch die Scheide der Mutter. Nach der Geburt wird die Nabelschnur durchtrennt. Durch sie wurde das Baby im Mutterleib mit ●Sauerstoff und Nährstoffen versorgt.

➡ **Frau, Schwangerschaft, Sexualität**

So liegt ein Baby kurz vor der Geburt im Bauch der Mutter.

das Gedicht

Gedichte drücken Gefühle und Gedanken der Dichter aus. Oft reimen sich die Wörter (→ Wort) am Ende der Zeilen. Wenn man ein Gedicht laut liest, hört man den Klang und den Rhythmus der Wörter. Die Silben werden abwechselnd betont und unbetont gesprochen. Gedichte gehören zu den ältesten Formen der → Literatur.

→ Buch, Reim, Vers

> **Die Ameisen**
>
> In Hamburg lebten zwei Ameisen,
> die wollten nach Australien reisen.
> Bei Altona auf der Chaussee
> da taten ihnen die Beine weh,
> und da verzichteten sie weise
> dann auf den letzten Teil der Reise.
>
> Joachim Ringelnatz

das Gehirn

Das Gehirn befindet sich im Kopf. Es ist das „Kontrollzentrum" unseres Körpers. Über die Nerven ist es mit allen Organen und Körperteilen verbunden. So kann es alle Bewegungen, die Atmung, das Gleichgewicht und das Sprechen steuern. Mit dem Gehirn denken, träumen und erinnern wir uns. Außerdem verarbeitet es unsere Sinneseindrücke, also alles, was wir sehen, riechen, schmecken, hören oder fühlen.

→ Menschlicher Körper, Sinne, Traum

das Geld

→ Seite 58

das Gemüse

→ Pflanzen, deren Blätter (→ Blatt), → Wurzeln, Früchte (→ Frucht), → Zwiebeln oder Stiele man essen kann, nennt man Gemüse. Dazu gehören z. B. Blumenkohl, Gurken oder Zwiebeln. Auch manche Früchte werden als Gemüse bezeichnet, z. B. Tomaten oder Paprika. Sie sind ein wichtiges Nahrungsmittel für den → Menschen, da sie viele Vitamine liefern.

→ Gesundheit und Ernährung

das Geld

Erste Münzen

Wie das Geld entstand

Früher brauchten die ◦ Menschen kein Geld. Sie jagten Tiere, bauten ◦ Getreide an und nähten ihre ◦ Kleidung selbst. Nach und nach begannen die Menschen, sich die Arbeit zu teilen. Verschiedene ◦ Berufe entstanden. Ihre Waren tauschten die Menschen untereinander: z. B. Fleisch gegen Getreide, ◦ Felle gegen Tontöpfe. Der Tauschhandel war aber oft unpraktisch, wenn z. B. jemand ein Schaf wollte, aber nur eine Kuh zum Tauschen hatte, die viel mehr wert war als das Schaf. Man brauchte also ein Tauschmittel, das je nach Wert des Gekauften in kleineren oder größeren Mengen übergeben werden konnte. Lange verwendete man z. B. ◦ Muscheln, Getreide oder ◦ Salz als Tauschmittel. Die ersten Münzen wurden vor mehr als 2600 ◦ Jahren hergestellt. Und vor über 1000 Jahren entstanden in China schon die ersten Geldscheine.

Früher wurden Muscheln getauscht.

Währung

Als Währung bezeichnet man das Geld, das in einem bestimmten Land benutzt wird. Zurzeit gibt es etwa 160 verschiedene Währungen auf der Welt. Zu den wichtigsten gehören der amerikanische Dollar, der japanische Yen, der Schweizer Franken und der Euro. Der Wechselkurs legt fest, wie viel Dollar man z. B. für einen Euro bekommt.

Euro

Euro

Der Euro ist seit Anfang 2002 die gemeinsame Währung von zwölf ◦ Staaten der ◦ Europäischen Union: Belgien, ◦ Deutschland, Finnland, Frankreich, Griechenland, Irland, Italien, Luxemburg, Niederlande, ◦ Österreich, Portugal und Spanien. Die Einheitswährung wurde eingeführt, um den ◦ Handel zwischen diesen Ländern zu vereinfachen. Wenn z. B. eine deutsche Firma eine ◦ Maschine in Österreich

Euroscheine und -münzen

kauft, muss sie ihr Geld (ursprünglich Deutsche Mark) nun nicht mehr in die österreichische Währung (ursprünglich Schilling) wechseln, sondern bezahlt gleich in Euro. Die Geldscheine und die Vorderseiten der Münzen sehen in allen Euroländern gleich aus. Die Rückseiten der Münzen gestaltete jedes Land selbst.

Bis 2002 gab es in Europa über 40 Währungen.

Bank

Eine Bank verwaltet und verleiht Geld. Fast jeder Mensch hat ein Konto. Geldbeträge können auf das Konto eingezahlt (z. B. der Lohn) oder vom Konto ausgezahlt (z. B. die Miete) werden. Das kann per Überweisung geschehen, das heißt das Geld wird dem Konto gutgeschrieben oder abgebucht. Man kann aber auch Bargeld am Bankschalter oder einem Geldautomaten abholen. Die Bank verleiht auch Geld an Menschen, die gerade mehr Geld brauchen als sie haben, weil sie z. B. ein Haus kaufen wollen. Für das ausgeliehene Geld, auch Kredit oder Darlehen genannt, muss man der Bank eine Leihgebühr bezahlen. Das sind die Zinsen. Ein Kredit muss innerhalb einer bestimmten ⊙ Zeit an die Bank zurückgezahlt werden.

Ohne Geld bezahlen?

In vielen Geschäften kann man heute auch bargeldlos mit einer EC-Karte oder Kreditkarte bezahlen. Ein Kartenlesegerät übermittelt alle wichtigen Informationen wie Kaufpreis, Kontonummer des Käufers usw., an den ⊙ Computer der Bank. Damit niemand mit einer fremden Karte einkaufen kann, gibt man zur Sicherheit seine persönliche Geheimnummer (PIN) ein oder bestätigt den Kauf mit seiner Unterschrift. Die Bank überweist dann den Kaufpreis vom Konto des Käufers auf das Konto des Ladenbesitzers.

➥ Armut, Markt, Rente, Wirtschaft, Zoll

Verschiedene Münzen
In einigen Redewendungen verwendet man noch die Namen von Münzen, die früher im Umlauf waren.

„Auf Heller und Pfennig bezahlen":
Heller geht zurück auf den „Haller pfennic", der in der Stadt Schwäbisch Hall geprägt wurde. Bedeutung der Redewendung: einen Betrag ohne Abzug zurückzahlen.

„Den letzten Groschen aus der Tasche ziehen":
In Tours (Frankreich) prägte man im Mittelalter eine Münze, die „gros Tournois" hieß. Übersetzt bedeutet das „die große Münze aus Tours". Aus dem Wort „gros" wurde „grosch". Bedeutung: das letzte Geld ausgeben, das man hat.

„Jede Mark umdrehen":
Silber wurde mit einem Stempel versehen, der Marke. Mark war die Bezeichnung für eine Silbermünze. Bedeutung: sparen müssen.

die Generation

Als eine Generation bezeichnet man eine Gruppe von ↪ Menschen, die etwa gleich alt sind: die Kinder, die Eltern und die Großeltern. Weil jede Generation andere Interessen und Vorstellungen hat, kann es zwischen den Generationen zum Streit kommen. Vor allem in der ↪ Pubertät sind viele Jugendliche anderer Meinung als ihre Eltern.

↪ Familie

der Generator

Ein Generator ist eine ↪ Maschine, die ↪ Strom erzeugt. Sie verwandelt Bewegung in elektrische ↪ Energie. Der bekannteste Generator ist der Fahrraddynamo. Wenn der Fahrradreifen sich bewegt, dreht er das Laufrädchen des Dynamos und einen ↪ Magnet im Inneren des Dynamos. Bewegt sich ein Magnet über eine Drahtspule, so wird Strom erzeugt. Eine angeschlossene Lampe kann leuchten. Große Generatoren erzeugen in Wasser- oder Windkraftwerken so viel Strom, dass eine ↪ Stadt damit versorgt werden kann.

die Geografie

Das ↪ Wort Geografie bedeutet übersetzt Erdbeschreibung oder Erdkunde. Die Geografie erforscht und beschreibt die ↪ Erde. Sie untersucht das ↪ Wetter, Länder, Flüsse (↪ Fluss), Seen und ↪ Meere, ↪ Landschaften und ↪ Gebirge. Geografie beschäftigt sich auch damit, wie durch ↪ Landwirtschaft und ↪ Industrie die Erdoberfläche verändert wird. Außerdem beobachtet sie die Entwicklung der Weltbevölkerung.

das Gericht

1. Ein Gericht klärt, ob jemand eine Straftat begangen und gegen ↪ Gesetze verstoßen hat. Der ↪ Richter fällt ein Urteil und setzt die Strafe fest. Der Angeklagte wird von einem ↪ Rechtsanwalt verteidigt.
2. Gericht ist auch ein anderes ↪ Wort für eine bestimmte Mahlzeit.

die Germanen

Das ↪ Volk der Germanen bestand aus vielen verschiedenen Stämmen: die Franken, Alemannen, Sachsen, Goten, ↪ Wikinger, Normannen und Vandalen. Sie lebten vor etwa 3500 ↪ Jahren in ganz ↪ Europa und sogar in Nordafrika. Die Germanen waren Bauern und trieben ↪ Handel. Sie führten aber auch ↪ Kriege gegen die ↪ Römer. Die Germanen verehrten viele Götter. Einige unserer Wochentage sind nach germanischen Göttern benannt. Der Donnerstag hat seinen ↪ Namen von Thor oder Donar, dem Gott des Donners. Der Freitag wurde nach Freyja, Göttin der ↪ Liebe, benannt.

↪ Geschichte, Woche

Geschichte
→ Seite 62

Geschützte Tiere und Pflanzen

Fledermaus

Viele Tier- und Pflanzenarten sind heute durch die Umweltverschmutzung und die Abholzung der Wälder ausgestorben. In ○ Deutschland sind derzeit über 1000 Tierarten vom Aussterben bedroht. Vom Aussterben bedrohte ○ Pflanzen und Tiere werden deshalb unter Naturschutz gestellt. Das bedeutet, dass man geschützte Tiere, wie z. B. Hirschkäfer, Fledermäuse, Hornissen und die Rote Waldameise, nicht fangen, verletzen oder töten darf. Der Enzian,

Hirschkäfer die Silberdistel und viele Orchideenarten sind bedrohte Pflanzen, die nicht gepflückt, beschädigt **Silberdistel** oder ausgegraben werden dürfen. Eine „Rote Liste" führt alle gefährdeten Tiere und Pflanzen auf. Beinahe alle Länder der Welt sind dem Washingtoner Artenschutzabkommen (CITES) beigetreten. Darin wird der ○ Handel mit gefährdeten Tieren und Pflanzen verboten. So darf man bei Reisen z. B. keine Schildkrötenpanzer oder Elfenbein als Andenken kaufen.

→ Tierschutz, Umweltschutz

die Geschwindigkeit

Wer bei einem Wettlauf gewinnt, war schneller als die anderen Läufer und hatte damit eine höhere Geschwindigkeit. Die Geschwindigkeit gibt an, wie lange jemand für eine bestimmte Strecke braucht. Wenn ein Wanderer sagt, dass er 6 km/h schafft, dann bedeutet dies, dass er 6 Kilometer in einer Stunde (lat. hora) geht. Wenn sich die Geschwindigkeit erhöht, nennt man das Beschleunigung.

die Gesellschaft

1. Alle ○ Menschen eines Landes bilden zusammen die Gesellschaft. Sie leben alle in der gleichen staatlichen Ordnung und für alle gelten die gleichen ○ Gesetze. In einer multikulturellen Gesellschaft leben Menschen verschiedener Kulturen zusammen. **2.** Der Begriff Gesellschaft wird auch für Organisationen benutzt, die ein bestimmtes Ziel verfolgen. So gibt es Gesellschaften, die den ○ Sport oder die ○ Kunst fördern wollen. Andere Gesellschaften unterstützen Menschen in Not.

3300 m/min
228 m/min
100 m/min
108 m/min
3 cm/min

die Geschichte

Urkunde

Geschichte beschäftigt sich damit, wie die ➜ Menschen früher lebten und was in der Vergangenheit geschah. Die Wissenschaftler, die sich damit befassen, nennt man Historiker. Die Erforschung der letzten 100 ➜ Jahre ist vergleichsweise einfach. Es gibt Fotos und Filme aus dieser ➜ Zeit und man kann Menschen befragen, die damals schon gelebt haben. Man nennt sie „Zeitzeugen". Für die Zeit davor gibt es nur schriftliche Aufzeichnungen wie Briefe oder Urkunden. Auch Gegenstände wie z. B. Geschirr, Werkzeug oder ➜ Kleidung geben Auskunft über das Leben früher. Reste alter Gebäude verraten, wie man früher wohnte.

Zeitrechnung
Unsere Zeitrechnung beginnt mit dem Jahr null. Das ist das Geburtsjahr von Jesus Christus. Die Jahre danach werden fortlaufend gezählt. Das Jahr 2007 findet also 2007 Jahre nach Christi Geburt statt. Wir schreiben deshalb 2007 n. Chr. (nach Christus). Die Zeit vor Christi Geburt wird rückwärts gezählt. Ein Gebäude aus dem Jahr 500 v. Chr. (vor Christus) ist also älter als ein Gebäude aus dem Jahr 300 v. Chr. Manche Völker (➜ Volk) oder ➜ Religionen wie z. B. der Islam verwenden andere Zeitrechnungen. Die Geschichte der Menschheit wird in große Abschnitte eingeteilt: Urgeschichte, Altertum, ➜ Mittelalter, Neuzeit und Zeitgeschichte.

Faustkeil aus Stein

Speerspitze aus Eisen

Urgeschichte
Die Urgeschichte beginnt mit den ersten Menschen vor zehntausenden von Jahren. Die Erfindung der ➜ Schrift vor etwa 5000 Jahren leitete in ➜ Europa und ➜ Asien die Frühgeschichte ein. Die Menschen lernten allmählich, ihre Werkzeuge aus ➜ Metall wie Bronze oder Eisen statt aus ➜ Stein herzustellen.

Altertum
Die Zeit des Altertums begann vor etwa 3000 Jahren. Griechenland (➜ Griechen) und das Römische Reich (➜ Römer) waren die wichtigsten ➜ Staaten. Große Gebäude wurden gebaut, wie die Tempel in Griechenland oder das Kolosseum, eine ➜ Arena in Rom. Die ersten Bücher (➜ Buch) wurden geschrieben. Griechenland wurde berühmt für seine Denker und Künstler. Dieser Zeitabschnitt wird auch Antike genannt.

Das Kolosseum in Rom

Mittelalter

Mittelalterliche Wappen

Das Mittelalter umfasst einen Zeitraum von etwa 1000 Jahren und begann mit dem Ende des Römischen Reiches im Jahr 476 n. Chr. Es war die Zeit der Ritter und Burgen. Häufig gab es ◉ Kriege, Hungersnöte und Seuchen wie die Pest.

Neuzeit und Zeitgeschichte

Zu Beginn der Neuzeit fuhren die Menschen noch mit der Kutsche, heute fliegen sie ins ◉ All. In der Neuzeit erkämpften sich die Bürger in vielen Ländern mehr ◉ Rechte. Durch die Erfindung von ◉ Maschinen entstanden viele Fabriken. Viele Menschen zogen vom Land in die Städte (◉ Stadt), um dort zu arbeiten. Allmählich entstanden die Großstädte. Das 20. Jahrhundert ist geprägt von den beiden ◉ Weltkriegen und ihren Auswirkungen, aber auch durch wichtige Erfindungen und technischen Fortschritt. Unsere Gegenwart nennt man Zeitgeschichte.

➔ Ägypten, Entdecker, Erfinder, Germanen, Kelten, Raumfahrt, Steinzeit, Wikinger

Urgeschichte 40 000 v. Chr.
- **Steinzeit**
- **Bronze- und Eisenzeit** — Die Menschen stellen Gegenstände aus Metall her.

Antike 1200 – 500 v. Chr.
- **Ägypten** Um 5000 v. Chr.
- **Griechen**
- **Christi Geburt 0**
- **Römer**
- **Kelten**
- **Germanen**
- **Wikinger**

Mittelalter 500 – 1500 n. Chr.
Das Mittelalter ist die Zeit der Ritter und Burgen. Viele Klöster werden gegründet.

Neuzeit 1500 – heute

15. Jahrhundert — Erfindung des Buchdrucks

16. Jahrhundert — Die Kirche teilt sich in eine katholische und eine protestantische Kirche. Seefahrer wie Kolumbus entdecken unbekannte Länder.

17. Jahrhundert — Viele Menschen wandern nach Nordamerika aus.

Viele technische Erfindungen erleichtern die Arbeit in Fabriken und Landwirtschaft.

18. Jahrhundert — Neue Ideen wie Gleichheit, Freiheit und Gleichberechtigung breiten sich aus.

19. Jahrhundert — Die Dampfmaschine ist der Grundstein für Erfindungen wie Eisenbahn und Automobil.

20. Jahrhundert — Erster Weltkrieg (1914–1918)

Siedler und Goldgräber ziehen in den Westen Amerikas.

Anfang des 20. Jahrhunderts erkämpfen sich die Frauen in verschiedenen europäischen Ländern das Wahlrecht. Bis dahin durften nur Männer wählen.

Zweiter Weltkrieg (1939–1945)

Die Mondlandung (1969) ist ein wichtiger Schritt bei der Erforschung des Alls.

Wiedervereinigung der beiden deutschen Staaten (1990)

Attentat auf das World Trade Center in New York (2001)

das Gesetz

1. Gesetze sind Regeln für das Zusammenleben der ◦ Menschen. Sie werden von der Regierung vorgeschlagen. Das Parlament verabschiedet sie. Die ◦ Polizei achtet darauf, dass sie eingehalten werden. Die wichtigsten Gesetze stehen im Grundgesetz. Dort ist z. B. festgeschrieben, dass alle Menschen gleich sind und niemand benachteiligt oder bevorzugt werden darf. **2.** In der ◦ Natur gibt es feste Regeln, die der Mensch nicht ändern kann. Man nennt sie Naturgesetze.

→ Politik

das Gestein

Gestein besteht aus flüssigen oder festen Teilchen von ◦ Mineralen. Sie bilden die Erdkruste. Auch Sand und Kies zählen zu den Gesteinen. Wenn die Gesteinsschichten der Erdkruste in die Höhe gedrückt werden, entstehen ◦ Gebirge. Geologen untersuchen Gesteine, um zu erfahren, wie die ◦ Erde aufgebaut ist und wie sie sich entwickelt hat. Dazu bestimmen Geologen auch das ◦ Alter von ◦ Fossilien, die in Gesteinen eingeschlossen sind.

→ Erde

Gesundheit und Ernährung
→ Seite 66

das Getreide

Getreide ist seit tausenden von ◦ Jahren das wichtigste Nahrungsmittel der ◦ Menschen. Bereits vor 8000 Jahren haben die Menschen der ◦ Steinzeit auf Äckern Getreide angepflanzt. Getreidekörner sind die ◦ Samen von Gräsern. Einige Getreidearten wie ◦ Reis oder Hirse werden als ganze Körner gegessen. Andere, wie z. B. Weizen oder Roggen, werden zu Mehl gemahlen. Daraus werden Brote und Nudeln hergestellt. Gerste wird an Schweine verfüttert oder für das Brauen von Bier verwendet. Hafer dient als Pferdefutter und seine Körner werden auch zu Haferflocken gepresst. In ◦ Asien ist Reis das Grundnahrungsmittel. ◦ Mais wird vor allem in Mittel- und ◦ Südamerika angebaut. Für ◦ Afrika ist Hirse die wichtigste Getreidepflanze.

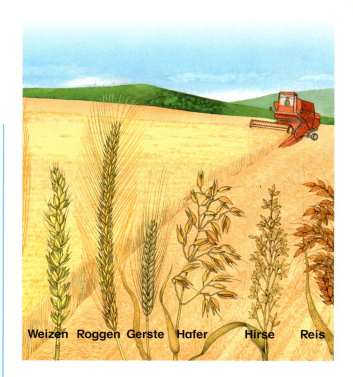
Weizen Roggen Gerste Hafer Hirse Reis

die Gewalt

Als Gewalt bezeichnet man Handlungen, mit denen einer Person oder einer Sache Schaden zugefügt werden soll. Außer der körperlichen Gewalt wie Schlagen oder Treten, gibt es auch eine seelische Gewalt. Dabei werden z. B. durch Auslachen, Beschimpfen oder jemanden wie ◦ Luft behandeln die Gefühle eines ◦ Menschen verletzt.

Was sind fließende Gewässer?

das Gewässer
Gewässer sind Ansammlungen von ● Wasser auf und unter der Erdoberfläche. Es gibt stehende Gewässer (z. B. Teich, Weiher, See) und fließende Gewässer (z. B. ● Quelle, Bach, ● Fluss). Zu den unterirdischen Gewässern zählen Grundwasser und Wasser in ● Höhlen.

das Gewissen
Unser Gewissen sagt uns, ob das, was wir tun, richtig oder falsch, gut oder schlecht ist. Wenn man etwas tut, obwohl man weiß, dass es eigentlich falsch ist, hat man ein schlechtes Gewissen.

das Gewitter
Ein Gewitter entsteht, wenn kalte und warme ● Luft in der ● Atmosphäre aufeinandertreffen. In den hoch aufgetürmten ● Wolken bewegen sich Wassertröpfchen und Eisteilchen sehr schnell auf und ab. Dabei entsteht Elektrizität, die sich mit einem Blitz entlädt. Blitze erhitzen die Luft so stark (30 000 °C), dass sie sich explosionsartig ausdehnt. Dies hört man als Donner. Da sich der ● Schall langsamer fortbewegt als das ● Licht, hört man den Donner erst, nachdem der Blitz zu sehen war. Die ● Geschwindigkeit des Schalls beträgt etwa 300 m in der Sekunde. Wenn zwischen Blitz und Donner also drei Sekunden ● Zeit vergehen, ist das Gewitter noch etwa 900 m entfernt.

➡ Strom

das Gewürz
Gewürze braucht man beim Kochen. Sie machen das Essen sowie Getränke schmackhafter. Die meisten Gewürze werden aus ● Pflanzen hergestellt. Man verwendet Früchte (● Frucht) (Paprika), ● Samen (Senf), Knospen (Nelken), Rinde (Zimt), ● Wurzeln (Ingwer), ● Zwiebeln und Blätter (● Blatt) (Minze). Die Gewürze fördern die Verdauung.

Gewitter

Gesundheit und Ernährung

Unser Körper braucht Bewegung, Hygiene und gesunde Ernährung. Bewegung macht munter. Wenn man müde ist, hilft es oft schon, sich zu recken und zu strecken. Bewegung hilft auch gegen Übergewicht.

Hygiene
Hygiene bedeutet Körperpflege. Dazu gehören das Waschen von Körper und ◆ Haaren, die Hautpflege, aber auch die Pflege der Finger- und Fußnägel und das Putzen der Zähne (◆ Zahn).

Ernährung und Trinken
Wenn wir essen und trinken, nehmen wir Nährstoffe auf. Sie sind in den Nahrungsmitteln enthalten. Unser Körper wandelt sie in ◆ Energie um. Die Lebensmittelpyramide zeigt, von welchen ◆ Lebensmitteln man mehr oder weniger essen sollte. Frisches ◆ Obst, ◆ Gemüse oder Vollkornprodukte versorgen uns mit Ballaststoffen. Die sind pflanzlich und unverdaulich, d. h. unser Körper scheidet sie wieder aus. Sie machen satt und fördern die Darmtätigkeit. So sorgen Ballaststoffe für eine gute ◆ Verdauung. Obst und Gemüse enthalten Vitamine. Unser Körper besteht zu mehr als der Hälfte aus ◆ Wasser. Da wir durch Schwitzen und Atmung ständig Wasser verlieren, müssen wir viel trinken. Am besten trinkt man Mineralwasser, Kräuter- oder Früchtetee.

Fette, Kohlenhydrate und Eiweiß
Fette und Kohlenhydrate geben dem Körper Kraft und Wärme. Gesunde Kohlenhydrate sind in Getreideprodukten und ◆ Kartoffeln enthalten. Wir brauchen auch Fette, z. B. pflanzliche Fette aus Nüssen oder Olivenöl. In Kuchen, Wurst und Fastfood (Hamburger und Pommes frites) ist oft viel Fett versteckt. Besonders in Milchprodukten, Fleisch, ◆ Fisch und ◆ Eiern sind Eiweiße enthalten. Eiweiße sind Baustoffe. Sie bilden Knochen und Knorpel neu und helfen beim Wachsen.

➔ **Getreide, Öl**

Lebensmittelpyramide

der Geysir

Ein Geysir ist eine heiße ➜ Quelle. Wie ein Springbrunnen stößt er in meist regelmäßigen Abständen heißes ➜ Wasser und Dampf aus. Das Wasser der Geysire stammt aus Grundwasser, das in der Tiefe von vulkanischer Wärme erhitzt wird. Das Wasser beginnt zu kochen. Es entsteht Wasserdampf, der mit hohem Druck explosionsartig in die Höhe geschleudert wird. Geysire, die bis zu 40 m hohe Fontänen ausstoßen können, gibt es hauptsächlich in vulkanischen Gebieten auf Island, in Neuseeland oder den USA.

Geysir

➔ Explosion, Vulkan

das Gift

Gifte schaden ➜ Menschen, Tieren und ➜ Pflanzen. Sie können über den Mund, die ➜ Nase oder über Verletzungen in der Haut in den Körper gelangen. Oft fühlt sich die Person dann unwohl. Einige Gifte können aber auch betäuben oder sogar zum ➜ Tod führen. Manche Gifte können in geringen Mengen heilen und sind in ➜ Medikamenten enthalten. Auch viele Haushaltsreiniger und einige ➜ Pilze enthalten Gifte. Ob etwas giftig ist, keine Wirkung hat oder heilt, hängt von der Menge des enthaltenen Stoffes ab.

das Glas

Glas ist ein durchsichtiger Werkstoff, den ➜ Menschen schon seit 5000 ➜ Jahren herstellen. Man schmilzt bei etwa 1500 °C eine Mischung aus Quarzsand, Soda und Kalk. Die abgekühlte Schmelze kann man verarbeiten: Sie kann zu Fensterglas gewalzt oder zu Vasen und Gläsern gegossen werden. Manche Gläser werden von einem Glasbläser an einem langen Rohr geblasen. ➜ Brillen oder ➜ Ferngläser werden mit geschliffenem Glas hergestellt. Glas kann wiederverwertet werden, weil man es einschmelzen kann.

➔ Recycling

die Gleichberechtigung

Gleichberechtigung bedeutet, dass alle ➜ Menschen die gleichen ➜ Rechte haben. Früher durften ➜ Frauen nur wenige ➜ Berufe ausüben und nicht wählen. Vor etwa 60 ➜ Jahren wurde die Gleichberechtigung von ➜ Mann und ➜ Frau im ➜ Gesetz festgeschrieben. Auch die Gleichstellung von allen Menschen durch das Gesetz nennt man Gleichberechtigung. In Südafrika sind Schwarze und Weiße erst seit wenigen Jahren gleichberechtigt. Vorher hatten die Weißen Sonderrechte, die die Schwarzen benachteiligten. Den Kampf um Gleichberechtigung nennt man Emanzipation.

➔ Afrika, Wahl

Wie heißt das Steingeröll eines Gletschers?

der Gletscher

Gletscher sind Eismassen, die hoch oben in ◐ Gebirgen entstehen. ◐ Schnee drückt die darunterliegenden Schneeschichten so stark zusammen, dass sie zu Eis werden. Dieses Eis bewegt sich langsam bergab und bildet eine Gletscherzunge. Das Gletschereis kann je nach Temperatur zwischen 200 m oder 6 km pro ◐ Jahr fließen. Bei der Bewegung bilden sich Gletscherspalten. Ein Gletscher kann auch ◐ Berge abschleifen oder sich in Täler (◐ Tal) eingraben. Steingeröll, das ein Gletscher mit sich führt und ablagert, wird Moräne genannt. Am Ende der Gletscherzunge tritt Schmelzwasser als Gletscherbach aus. Während der ◐ Eiszeit bedeckten viele Gletscher Teile der ◐ Erde. Durch die Erwärmung der Erde schmelzen viele Gletscher ab.

der Globus

1. Ein Globus hat die Form einer Kugel und ist eine verkleinerte Nachbildung der ◐ Erde oder eines anderen Himmelskörpers. Auf Erdgloben kann man die ◐ Kontinente und ◐ Meere in der richtigen Lage und im richtigen Größenverhältnis abbilden. **2.** Globus ist auch eine Bezeichnung für unsere Erde.

▸ All

die Glühlampe

Eine Glühlampe ist eine künstliche Lichtquelle. In ihr befindet sich ein spiralförmiger Glühdraht aus Wolfram. Er ist innen am Gewinde befestigt und wird über die Fassung mit dem elektrischen ◐ Strom verbunden. Wenn der elektrische Strom fließt, wird der Draht heiß und beginnt zu glühen. Damit er nicht verbrennt, muss der Glaskörper um ihn herum luftleer sein. Weil der Draht erhitzt wird, wird die Glühlampe heiß.

▸ Licht

die Grammatik

Grammatik ist die Lehre vom Aufbau der ◐ Sprache. Regeln geben z. B. an, wie Wörter (◐ Wort) richtig zu Sätzen (◐ Satz) zusammengefügt werden und wie man die Formen eines ◐ Verbs bildet.

die Grenze

Eine Grenze ist eine gedachte Linie, die Länder, Städte (◐ Stadt), Gemeinden oder Grundstücke voneinander trennt. An der Grenze zwischen zwei Ländern muss man oft seinen Ausweis vorzeigen. Waren, die man über die Grenze mitnehmen möchte, müssen beim ◐ Zoll angemeldet werden.

die Griechen

Auf dem Gebiet des heutigen Griechenlands lebten die ◐ Menschen vor etwa 3000 Jahren in verschiedenen Städten (◐ Stadt), wie z. B. Athen und Sparta. Jede Stadt hatte ihre eigene Regierung, ihre eigenen ◐ Gesetze und Götter. Die Städte

Zeit	Gewicht	Länge	Rauminhalt
Jahr	Tonne (t)	Kilometer (km)	Meterwürfel
Tag	Kilogramm (kg)	Meter (m)	Dezimeterwürfel = Liter (l)
Stunde (h)	Gramm (g)	Dezimeter (dm)	Zentimeterwürfel = Milliliter (ml)
Minute (min)	1 t = 1000 kg	Zentimeter (cm)	1 Meterwürfel = 1000 l
Sekunde (s)	1 kg = 1000 g	Millimeter (mm)	1 l = 1000 ml
1 Jahr = 365 Tage		1 km = 1000 m	
1 Tag = 24 h		1 m = 10 dm	
1 h = 60 min		1 dm = 10 cm	
1 min = 60 s		1 cm = 10 mm	

waren oft miteinander verfeindet und führten ▶ Kriege gegeneinander. In Athen entstand vor 2500 ▶ Jahren die erste ▶ Demokratie. Die politischen ▶ Rechte galten aber nur für Männer (▶ Mann) aus Athen, die älter als 30 Jahre waren. ▶ Frauen und ▶ Sklaven (unfreie Menschen) hatten keine Rechte. Die Griechen befassten sich mit ▶ Literatur, Philosophie und Wissenschaft. Viele berühmte Denker, wie z. B. Aristoteles, Sokrates und Plato, waren Griechen. Dichtung, ▶ Theater und ▶ Kunst spielten eine wichtige Rolle. Alle vier Jahre fanden die ▶ Olympischen Spiele statt. Die Griechen verehrten viele verschiedene Götter, denen sie prächtige Tempel bauten. Über die griechischen Götter gibt es viele Geschichten, die man Mythen nennt. Der oberste Gott hieß Zeus. Nach seiner Tochter Athene, der Göttin der Weisheit, wurde die Stadt Athen benannt. Im Jahr 197 v. Chr. eroberten die ▶ Römer Griechenland.

▶ **Geschichte, Politik, Religionen**

Olympische Spiele im alten Griechenland

die Größen und Maßeinheiten
Maße und Gewichte benötigt man, um herauszufinden, wie schwer, groß, voll, lang oder breit etwas ist. Zu den Maßeinheiten gehören auch ▶ Zeit und ▶ Temperatur.

der Grundriss
Ein Grundriss ist das Bild einer Wohnung oder eines Hauses. Alle Zimmer sind darin eingezeichnet. Man sieht sie von oben. Wer umzieht, braucht oft den Grundriss der neuen Wohnung. Man kann dann ausprobieren, wie die Möbel dort stehen sollen.

Grundriss

▶ **Architektur**

das Gummi
Gummi wird aus dem milchigen Saft des Kautschukbaumes hergestellt. Die Rinde des Kautschukbaumes wird angeschnitten und der Milchsaft in Schalen aufgefangen. Er wird zu Gummi weiterverarbeitet. Meist wird Gummi aus ▶ Öl oder Kohle hergestellt. Aus Gummi werden z. B. Schuhsohlen, Reifen oder Gummibälle gemacht.

das Haar

Haare gehören wie Finger- und Fußnägel zur Haut und bestehen aus Horn. Es gibt sie nicht nur auf dem Kopf, sondern am ganzen Körper. Bei einer Gänsehaut stellen sich die Härchen am Körper auf. Nur die Handflächen und Fußsohlen haben keine Haare. Vor allem die Kopfhaare schützen uns vor Hitze und Kälte. Junge ➔ Menschen haben etwa 100 000 Haare auf dem Kopf. Tiere werden durch ihr ➔ Fell zusätzlich vor Nässe und Kälte geschützt. Außerdem können Tiere sich damit tarnen.

der Hafen

Ein Hafen ist ein Wasserbecken, an dem ➔ Schiffe ankern oder anlegen können. Früher wurden Häfen in Meeresbuchten oder Flussmündungen angelegt, wo die Schiffe vor Sturm, Hochwasser, Eis und hohen Wellen geschützt waren. Moderne Häfen sind meist künstlich angelegt. Der Hafen braucht ein Becken, das tief genug für große Schiffe sein muss. In den großen Handelshäfen werden Waren und Güter an- und abtransportiert. Die Ufer sind befestigt, damit Schiffe anlegen können. Es gibt Straßen, Gleise, Kräne und Lagerhäuser. Bevor sehr große Schiffe in einen Hafen einlaufen, müssen sie oft den eigenen Antrieb ausschalten. Sonst machen sie zu große Wellen und gefährden damit kleinere Schiffe. Diese großen Schiffe werden dann von kleinen Schleppern in den Hafen gezogen. In den Docks werden Schiffe repariert.

➔ Handel

der Hai

Haie sind ➔ Fische, die ein Skelett aus Knorpeln haben. Ihre Haut ist nicht mit ➔ Schuppen, sondern von winzigen Zähnchen bedeckt. Haie sind Meeresbewohner und ernähren sich von kleineren Fischen. Ihre spitzen Zähne (➔ Zahn) stehen in mehreren Reihen hintereinander. Insgesamt gibt es etwa 250 Haifischarten. Mit einer Länge von 18 m ist der Walhai der größte Hai. Er ernährt sich nur von ➔ Plankton. Der Katzenhai wird nur 80 cm

Hafen

Karibischer Riffhai

groß. Haie wie Menschenhaie, Blauhaie, Hammerhaie und der Weiße Hai können auch dem ▶ Menschen gefährlich werden.

▶ Meer, Tierreich

der Handel

Handel ist der Austausch von Waren oder von ▶ Geld und Waren. Wenn ein Bauer z. B. große Mengen ▶ Kartoffeln anbaut, kann er sie an den Großhandel verkaufen. Der Großhandel kauft Waren in großen Mengen und verkauft sie an den Einzelhandel. Der Einzelhandel heißt so, weil er die Waren an den einzelnen Verbraucher, also den Kunden, verkauft.

▶ Wirtschaft

das Handwerk

Handwerk bedeutet Handarbeit. Mit Händen und Werkzeugen werden Waren angefertigt. Handwerksberufe sind z. B. Bäcker, Schlosser, Zimmermann, Metzger (Fleischer) oder Frisör. Um einen Handwerksberuf zu erlernen, muss man eine Ausbildung (Lehre) machen. Nach der Abschlussprüfung ist man Geselle. Nach einigen Gesellenjahren und dem Besuch der Meisterschule kann man die Meisterprüfung ablegen.

▶ Beruf, Schule

das Haustier

Vor etwa 10 000 ▶ Jahren zähmten die ▶ Menschen der ▶ Steinzeit Wildtiere wie ▶ Hunde, Rinder und Schweine. Haustiere leben im oder am Haus und werden zu verschiedenen Zwecken gehalten. Nutztiere wie Rinder, Schweine oder Geflügeltiere (z. B. Puten, Hühner) werden wegen ihres Fleisches gemästet. Aber auch andere Tierprodukte wie ▶ Milch, ▶ Eier, ▶ Wolle, ▶ Federn, ▶ Honig und Leder nutzt der Mensch. Früher waren ▶ Pferde und Ochsen Arbeitstiere, die bei der Feldarbeit eingesetzt wurden. In einigen Ländern sind Kamele, Esel und Schlittenhunde Zugtiere. Pferde werden noch zu Sportzwecken wie Dressur- oder Springreiten und Pferderennen gezüchtet. Viele Menschen halten sich z. B. ▶ Katzen, Hunde, Meerschweinchen, Kaninchen oder Wellensittiche.

der Hebel

Hebel helfen schwere Lasten anzuheben. Ein Hebel ist eine Stange, die sich um einen Punkt oder eine ▶ Achse drehen lässt. Je länger der Hebel ist, desto weniger Kraft wird benötigt, um eine Last anzuheben. Wippe, Zange, Nussknacker oder Flaschenöffner sind Hebel.

Hebel

Der Stein kann bewegt werden, indem man die Stange nach unten drückt.

Wie nennt man die Schrift der alten Ägypter?

die Heide

Die Heide ist eine baumlose ➔ Landschaft. Die meisten Heidelandschaften sind entstanden, weil im ➔ Mittelalter große Wälder abgeholzt wurden. Die dadurch gewonnenen Flächen wurden als Viehweiden genutzt. Auf einer Heide wachsen Heidekraut, Wacholder oder Kiefern. Bekannte deutsche Heidelandschaften sind z. B. die Lüneburger Heide in Niedersachsen oder die Schorfheide in Brandenburg.

➔ **Deutschland**

die Heimat

Heimat ist dort, wo man geboren ist oder wo man sich zu Hause fühlt. Das kann ein Land, eine ➔ Stadt, ein ➔ Dorf, ein Platz oder ein bestimmtes Haus sein. Für viele ➔ Menschen ist ihre Heimat dort, wo vertraute Menschen leben, z. B. die ➔ Familie oder sehr gute Freunde. Wenn man an einem anderen Ort ist und sich dort nicht so wohl fühlt, bekommt man Heimweh.

die Heilpflanze

Heilpflanzen enthalten Wirkstoffe, die ➔ Krankheiten lindern oder heilen können. Die heilenden Stoffe können in den Blättern, (➔ Blatt) ➔ Samen, Blüten, Stängeln oder ➔ Wurzeln enthalten sein. Heilpflanzen wie Kamille, Salbei oder Ringelblume werden z. B. zu ➔ Tee, Salben oder Pillen verarbeitet. Heilwirkungen haben auch ➔ Gewürze

Kamille

wie Kümmel und Anis. Heilpflanzen wie Fingerhut, Eisenhut oder Efeu darf man nur auf ärztlichen Rat einnehmen.

➔ **Medikament**

die Heizung

Früher wärmten die ➔ Menschen ihre Behausungen mit Feuerstellen, später mit offenen Kaminen und Öfen. Moderne Häuser werden mit einer Zentralheizung beheizt. Ein großer Öl- oder Gasbrenner im Keller erhitzt ➔ Wasser. Eine ➔ Pumpe verteilt das heiße Wasser durch die Heizungsrohre bis in die Heizkörper. Sie erwärmen sich und geben die Wärme an den Raum ab. An den Heizkörpern befinden sich Thermostate, mit denen man die ➔ Temperatur im Raum regeln kann.

➔ **Feuer, Öl, Strom**

Heizung

Kaltes Wasser

Heißes Wasser

Brenner

die Hieroglyphen

Hieroglyphen

Das ◆Wort Hieroglyphen stammt aus dem Griechischen und bedeutet „heilige Schriftzeichen". Man bezeichnet damit vor allem die ◆Schrift der alten Ägypter. Manche Zeichen stehen für einen Buchstaben, so wie in unserem ◆Alphabet, andere Zeichen stehen für ein ganzes Wort.

➔ Ägypten, Griechen

der Himmel

1. Der Himmel wird auch Himmelsgewölbe oder Firmament genannt. Wenn man im Freien steht und den Himmel betrachtet, sieht er wie eine riesige Halbkugel aus, die sich über der ◆Erde wölbt. Durch das einfallende Sonnenlicht erhält der Himmel seine blaue ◆Farbe. Der Horizont ist der Punkt, an dem Himmel und Erde scheinbar zusammenstoßen. **2.** In vielen ◆Religionen wird der Himmel als das Reich Gottes angesehen.

die Himmelsrichtung

Es gibt vier Himmelsrichtungen: Norden, Süden, Osten und Westen. Nach dem Stand der ◆Sonne können sie bestimmt werden. So kann man sich das merken: Im Osten geht die Sonne auf. Im Süden nimmt sie ihren Lauf. Im Westen will sie untergehn. Im Norden ist sie nicht zu sehn. Zur Bestimmung der Himmelsrichtung benutzt man einen ◆Kompass.

die Höhle

Höhlen sind große unterirdische Hohlräume oder Gänge. Sie entstehen, wenn Regenwasser durch Kalkstein in die ◆Erde sickert. Im Laufe der ◆Zeit löst das ◆Wasser den Kalkstein auf. Dabei bilden sich unter der Erde Höhlen mit Flüssen (◆Fluss) und Seen. Wenn Kalkwasser von der Höhlendecke tropft, entstehen Tropfsteine. Diese werden Stalaktiten genannt, wenn sie wie Zapfen von der Decke herabhängen. Stalagmiten sind Säulen, die vom Boden nach oben wachsen. Höhlen dienten den ◆Menschen der ◆Steinzeit als Wohnstätten. In dieser Zeit entstanden auch Felsbilder, die ersten Werke der ◆Kunst.

das Holz

Jahresringe

Wenn Sträucher und Bäume (◆Baum) wachsen, entsteht unter ihrer Rinde Holz. Holz ist ein wichtiger ◆Rohstoff, den man z. B. zur Papierherstellung, für den Haus- und Möbelbau oder als Brennstoff verwendet. Man unterscheidet das Weichholz der ◆Nadelbäume und das Hartholz der ◆Laubbäume. Bei einem gefällten Baum kann man dessen Jahresringe erkennen. Ein heller und ein dunkler Ring zeigen das Wachstum eines ◆Jahres an.

➔ Papier, Lebensraum Wald

Wie werden junge Hunde genannt?

die Homosexualität
Das griechische ⇨ Wort „homo" bedeutet gleich. Homosexualität ist die ⇨ Liebe zwischen zwei ⇨ Menschen des gleichen Geschlechts. Männer (⇨ Mann), die Männer lieben, nennen sich selbst Schwule. ⇨ Frauen, die Frauen lieben, nennen sich Lesben. Die Liebe zwischen Menschen unterschiedlichen Geschlechts nennt man Heterosexualität.
➡ Sexualität

der Honig
Honig ist der dickflüssige Süßstoff, der aus Nektar und Pollen von ⇨ Bienen hergestellt wird. Ein Bienenvolk kann mehrere Kilogramm Honig im ⇨ Jahr erzeugen. Im Honigmagen einer Biene werden Nektar und Pollen zu Honig verarbeitet und danach in den Vorratswaben des Bienenstocks abgelagert. Der Imker, ein Bienenzüchter, schleudert dann mit einer Honigschleuder den Honig aus den Waben. Er versorgt die Bienen dafür mit Zuckersirup.

der Hund
Hunde gehören zur ⇨ Familie der ⇨ Raubtiere. Zu den hundeartigen Raubtieren zählen auch Wölfe, Füchse, Schakale und Kojoten. Vor mehr als 10 000 ⇨ Jahren wurden Wölfe von den ⇨ Menschen der ⇨ Steinzeit gezähmt. Hunde sind wahrscheinlich die ältesten ⇨ Haustiere. Weltweit gibt es heute etwa 500 Hunderassen, deren Vorfahr der Wolf ist. Zweimal im Jahr bringen die Hündinnen bis zu zehn Junge (Welpen) zur Welt. Die männlichen Hunde werden Rüden genannt. Hunde können sehr gut hören und riechen. Darum werden einige von ihnen für bestimmte Aufgaben gezüchtet oder ausgebildet. So gibt es z. B. Blindenhunde, Wachhunde, Jagdhunde oder Suchhunde, die ⇨ Drogen und verschüttete Menschen aufspüren.
➡ Tierreich

der Hunger
Mit Hunger signalisiert uns unser Körper, dass er ⇨ Energie braucht. Wenn man dem Körper nicht durch Essen Nährstoffe und Energie liefert, holt er sich die Energie aus den Fettreserven des Körpers. Dadurch verliert man an Gewicht. Man kann viele ⇨ Tage ohne Nahrung überleben, aber man wird immer schwächer und verhungert, wenn die Fettreserven aufgebraucht sind.
➡ Gesundheit und Ernährung, menschlicher Körper

der Hydrant
Ein Hydrant ist wie ein großer Wasserhahn. Er ist verbunden mit dem Wasserleitungssystem einer Gemeinde oder ⇨ Stadt. Die ⇨ Feuerwehr oder die Straßenreinigung kann mit Schläuchen daraus ⇨ Wasser entnehmen. Viele Hydranten stehen gut sichtbar an Straßen oder Plätzen. Bei anderen ist nur ihr Deckel in der Straße sichtbar. Rot umrandete Schilder an Hauswänden weisen auf sie hin. Die ⇨ Zahlen darauf geben den Abstand zwischen dem Schild und dem Hydranten an.

Hydrant

der Igel

Der Igel ist ein ◦ Säugetier und gehört zur ◦ Familie der Insektenfresser. Statt ◦ Haaren hat der Igel harte Stacheln. Bei der ◦ Geburt sind die Igeljungen blind und ihre Stacheln noch ganz weich. Der Igel lebt in Wäldern, Gärten und Hecken. Nachts frisst er ◦ Insekten, Mäuse, ◦ Schnecken, Vogeleier und Früchte (◦ Frucht). Bei Gefahr rollt sich der Igel zu einer stacheligen Kugel zusammen. Im Herbst muss sich der Igel ein Fettpolster anfressen, bevor er im Winter in den ◦ Winterschlaf fällt. 15 verschiedene Igelarten gibt es in ◦ Europa, ◦ Asien und ◦ Afrika.

→ Ei, Tierreich

Igel

das Iglu

Ein Iglu ist eine runde Schneehütte, wie die ◦ Inuit sie früher bauten. Für ein Iglu schnitt man Blöcke aus hartem ◦ Schnee und schrägte sie ab. Die Blöcke wurden dann wie Ziegelsteine zu einem gewölbten Bau zusammengesetzt. Oben ließ man früher eine Öffnung frei, damit der Rauch des ◦ Feuers abziehen konnte. Heute leben aber alle Inuit in Häusern. Übrigens kann man der Iglu oder das Iglu sagen.

Iglu

das Immunsystem

Das Immunsystem ist das Abwehrsystem unseres Körpers. In der ◦ Luft sind ◦ Bakterien und Viren (◦ Virus), die über unsere Haut oder durch ◦ Lebensmittel in den Körper gelangen. Sie können uns krank machen. Werden diese Krankheitserreger von den Schleimschichten in ◦ Nase, Mund, Rachen und Darm nicht aufgehalten, übernimmt das Immunsystem ihre Abwehr. Weiße Blutkörperchen bilden Abwehrstoffe (Antikörper), die mit den Krankheitserregern Klumpen bilden. Diese Klumpen werden dann von so genannten Fresszellen abgetötet.

→ Aids, Allergie, Gesundheit und Ernährung, Krankheit, menschlicher Körper

die Impfung

Impfungen schützen ◦ Menschen und Tiere vor ◦ Krankheiten. Unser ◦ Immunsystem kann sich nicht gegen alle Krankheitserreger wehren. Man kann sich z. B. gegen Pocken, Keuchhusten, Masern, Mumps oder die Grippe impfen lassen. Bei Schutzimpfungen werden winzige Mengen von abgeschwächten Krankheitserregern gespritzt. Der Körper bildet Abwehrstoffe (Antikörper) gegen diese Krankheit, ohne dass man an ihr erkrankt. Unser Immunsystem merkt sich die Krankheitserreger und legt einen Vorrat an Abwehrstoffen an. Gelangen diese Krankheitserreger später in den Körper, erkennt das Immunsystem sie wieder. Es bildet so schnell Antikörper, dass die Krankheit nicht ausbricht.

die Indianer

Totempfahl der Haida

Indianer – auch Indios genannt – sind die Ureinwohner Amerikas. Sie leben dort seit fast 30 000 ▸ Jahren. Es gab über 500 Stämme mit meist eigener ▸ Sprache und unterschiedlichen Bräuchen.

Die Indianerstämme

In Mittelamerika entwickelten sich die Hochkulturen der Maya und Azteken, in ▸ Südamerika die der Inka. Im äußersten Norden leben die ▸ Inuit. Die bekanntesten Indianer ▸ Nordamerikas sind die Prärieindianer. Sie folgten den großen Bisonherden in der ▸ Prärie. Zu ihnen gehörten Stämme wie die Crow, Sioux und Apachen. Die Puebloindianer, wie die Navajo oder Hopi, lebten als Bauern im Südwesten. Sie bauten Stein- oder Lehmhäuser. Die Irokesen und Algonkin waren in den Waldgebieten zu Hause. Sie wohnten in festen Hütten, den Wigwams. An der Nordwestküste lebten Stämme wie die Haida und Nootka.

Tipis der Prärieindianer

Sie stellten Totempfähle mit den ▸ Wappen der jeweiligen ▸ Familie auf.

Geschichte

Ihren ▸ Namen erhielten die Indianer von den Europäern. Als Kolumbus 1492 Amerika entdeckte, glaubte er, in Indien gelandet zu sein, und nannte deswegen die ▸ Menschen dort Indianer. Die Ausbreitung der Siedler aus ▸ Europa veränderte das Leben der Indianer: Die Europäer beanspruchten Land für ihre Farmen, bauten eine Eisenbahnlinie und schossen die Bisonherden ab. Dadurch verloren die Prärieindianer ihre Lebensgrundlage. Sie versuchten ihr Land zu verteidigen. Schließlich wies man ihnen Gebiete zu. In diese Reservate mussten alle Indianer umziehen. Ihre Sprachen und Feste wurden ihnen verboten. Noch heute lebt ein großer Teil der Indianer in Reservaten. Sie pflegen aber wieder ihre Traditionen und alten Sprachen.

Wie nennt man die Augen der Insekten?

die Industrie

In Industriebetrieben werden mithilfe von ⊙ Maschinen Waren oder ⊙ Rohstoffe hergestellt, z.B. ⊙ Autos, ⊙ Kleidung oder Spielzeug. Bei der Herstellung werden Rohstoffe gewonnen (z.B. Erdöl) oder verarbeitet (z.B. wird aus Erdöl Plastik hergestellt). Jeder Arbeiter führt eine ganz bestimmte Tätigkeit aus. In der Autoindustrie werden z.B. am Fließband von einem Arbeiter die Scheinwerfer des Autos montiert, ein anderer baut die Bremsleitung ein. Industriegebiete entstehen, wo es günstige Bedingungen für die Herstellung und den Vertrieb von Waren gibt: z.B. eine Autobahn, einen ⊙ Hafen oder Rohstoffe.
⇨ Öl

das Insekt

Insekten sind die größte Gruppe im ⊙ Tierreich. Man kennt fast eine Million Insektenarten, es können aber noch viel mehr sein. Zu den Insekten gehören z.B. ⊙ Ameisen, ⊙ Bienen, ⊙ Schmetterlinge, Käfer und Fliegen. Der Körper der Insekten besteht aus einem Panzer aus Chitin. Er gliedert sich in drei Teile: Kopf, Brust und Hinterleib. An der Brust befinden sich drei Beinpaare. Viele Insekten besitzen zwei Flügelpaare und können fliegen. Am Kopf haben sie ⊙ Augen, Fühler und Mundwerkzeuge, mit denen sie fressen. Die großen Augen der Insekten nennt man auch Fassettenaugen, weil sie aus vielen einzelnen Augen bestehen. Insekten legen ⊙ Eier, aus denen Maden, Raupen oder ⊙ Larven schlüpfen. Die Maden und Raupen verpuppen sich. Aus der Puppe entsteht dann das fertige Insekt. Viele Insektenarten leben in ⊙ Staaten zusammen, z.B. die Ameisen.

Fassettenaugen bestehen aus tausenden von Einzelaugen.

der Instinkt

Das Verhalten von Tieren ist ihnen angeboren. Die Verhaltensweisen, die man nicht erlernen muss, nennt man Instinkt. Bei Gefahr sticht eine ⊙ Biene und der ⊙ Igel rollt sich instinktiv zusammen; Vögel (⊙ Vogel) wissen durch den Instinkt, wann sie Nester bauen müssen. Ein ⊙ Baby greift instinktiv zu, wenn man einen Finger an sein Händchen hält. Die angeborenen Instinkte werden in der Kindheit noch trainiert. Eine junge ⊙ Katze jagt zwar instinktiv eine Maus, um sie fangen zu können, muss sie aber noch oft üben.

Was ist ein Kajak?

die Intelligenz

Mit Intelligenz wird die Fähigkeit bezeichnet, Zusammenhänge zu erkennen und Probleme zu lösen. Intelligent ist, wer vernünftig handelt, Wissen leicht behält und schnell verstehen und denken kann. Während der ◦ Mensch seinen Verstand einsetzt, verhalten sich Tiere nach dem ◦ Instinkt.

das Internet

Das Internet besteht aus vielen Computernetzen rund um den Erdball, die miteinander verbunden sind. Wenn ein ◦ Computer über ein Modem an das Telefonnetz angeschlossen ist, kann man im Internet surfen und zu fast jedem Thema Informationen finden. Man kann von Websites Spiele, Programme, Bilder oder ◦ Musik herunterladen. Außerdem kann man z. B. elektronische Briefe (E-Mails) verschicken oder Bankgeschäfte erledigen.

→ Telefon

die Inuit

Inuit ist der richtige ◦ Name der Eskimos. Für die Inuit ist „Eskimo" (Rohfleischesser) ein Schimpfwort und sollte deshalb nicht benutzt werden. Die Inuit leben in Alaska, Kanada, Sibirien und Grönland. Sie haben sich ganz auf das Leben in ◦ Schnee und Kälte eingestellt. Früher bewohnten sie während der Jagd ◦ Iglus. Ihre Waffen und Werkzeuge stellten sie aus Knochen und Treibholz her. Aus Walrippen und Häuten bauten sie Boote, so genannte Kajaks, und mit ihren Hundeschlitten konnten sie weite Strecken zurücklegen. Heute wohnen die Inuit in Häusern und haben ◦ Strom und Fernseher. Sie leben zum Großteil immer noch von der Jagd, verwenden aber nun Gewehre und Motorschlitten. Die Inuit haben viel von ihrer ursprünglichen Lebensweise aufgegeben. Sie versuchen aber, ihre alten Bräuche zu bewahren.

→ Nordamerika

Die Inuit

das Jahr

Die ⊃ Erde braucht ein Jahr für ihren Lauf um die ⊃ Sonne. Ganz genau sind es 365 ⊃ Tage und etwa sechs Stunden. Da ein Kalenderjahr aber nur 365 ⊃ Tage dauert, wird alle vier Jahre ein Schaltjahr in den ⊃ Kalender aufgenommen. In jedem Jahr, dessen Jahreszahl durch vier teilbar ist, kommt der 29. Februar als Schalttag dazu. Ein Schaltjahr hat also 366 Tage. Ein Jahr besteht aus 12 ⊃ Monaten und den vier ⊃ Jahreszeiten.

Die Jahreszeiten (Frühling 20. März, Sommer 21. Juni, Herbst 23. September, Winter 22. Dezember)

die Jahresfeste

Alle ⊃ Religionen haben regelmäßig wiederkehrende Festtage. Sie werden mit festlichen Gottesdiensten gefeiert. Die ältesten christlichen Festtage sind der Sonntag, Ostern und Pfingsten. Später wurde auch Epiphanias (Heilige Drei ⊃ Könige), Weihnachten und Christi Himmelfahrt gefeiert. An diesen ⊃ Tagen haben die Geschäfte geschlossen, es findet kein Unterricht in der ⊃ Schule statt und die meisten ⊃ Menschen arbeiten nicht.

→ Feiertag

die Jahreszeiten

Die vier Jahreszeiten Frühling, Sommer, Herbst und Winter entstehen durch die unterschiedlich starke Strahlung der ⊃ Sonne auf die ⊃ Erde und die Dauer von ⊃ Tag und Nacht. Im Sommer ist der ⊃ Nordpol der Sonne am stärksten zugeneigt und auf der Nordhalbkugel, wo ⊃ Europa liegt, herrscht Sommer. Die Sonne steht hoch am ⊃ Himmel und die Tage sind länger und wärmer. Im Herbst werden die Tage kühler und kürzer. Ab Dezember ist der ⊃ Südpol der Sonne zugeneigt. Dann ist bei uns Winter. Die Sonne steht tief am Himmel und die Tage sind sehr kurz und kalt. Am Nord- und Südpol gibt es nur zwei Jahreszeiten: Sommer und Winter.

der Jogurt

Jogurt ist ein gesundes Nahrungsmittel, das aus ⊃ Milch hergestellt wird. Damit die Milch dick und säuerlich wird, gibt man so genannte Milchsäurebakterien zu. Es gibt ungesüßten Naturjogurt und Jogurts in den verschiedensten Geschmacksrichtungen. Man kann auch das Jogurt sagen.

→ Bakterien

der Journalist

Journalisten berichten darüber, was in einer ⊃ Stadt, einem Land oder auf der Welt passiert. Sie arbeiten für das Fernsehen, das Radio, für Zeitschriften oder Zeitungen. Sie führen Gespräche z. B. mit Sportlern, Künstlern oder Politikern und schreiben über wichtige Ereignisse.

→ Medien

das Kabel
Kabel sind Leitungen für elektrischen ➲ Strom. Die Leitungen bestehen aus mehreren Drähten aus ➲ Metall. Diese sind zum Schutz mit einer Schicht aus ➲ Kunststoff ummantelt.

der Kaffee
Kaffee wird aus Kaffeebohnen gewonnen. Sie wachsen in den roten Früchten (➲ Frucht) des Kaffeestrauches. Er wächst in ➲ Afrika, ➲ Asien und ➲ Südamerika. Nach dem Pflücken werden die Bohnen getrocknet, geröstet und gemahlen. Das Pulver wird mit heißem ➲ Wasser überbrüht und gibt seinen Geschmack an das Wasser ab.

Kaffeestrauch

der Kakao
Der Kakaobaum wächst in warmen Ländern wie ➲ Südamerika und ➲ Afrika. An seinem Stamm blühen das ganze ➲ Jahr über Blüten. Aus ihnen wachsen große Kakaoschoten heran. In jeder Schote befinden sich etwa 40 Kakaobohnen. Die Schoten werden gepflückt, zerteilt und getrocknet. Nach dem Trocknen werden die Kakaobohnen herausgeschält. Durch Gären und Trocknen erhalten die Bohnen ihren Geschmack. In Schokoladefabriken werden die Bohnen geröstet, geschält und gemahlen. Übrig bleibt das Kakaopulver, das zu ➲ Schokolade oder zu Kakaogetränken weiterverarbeitet wird.

Kakaobaum

der Kaktus, die Kakteen
Diese stacheligen ➲ Pflanzen wachsen in ➲ Wüsten und ➲ Steppen. Sie können in dem trockenen ➲ Klima überleben, weil sie in ihrem Stamm ➲ Wasser speichern. Kakteen haben keine Blätter (➲ Blatt), sondern Dornen, die sie vor Tieren schützen.

der Kalender
Ein Kalender gibt die Einteilung des ➲ Jahres in ➲ Tage, ➲ Wochen und ➲ Monate an. Alle vier Jahre wird ein weiterer Tag in den Kalender aufgenommen (29. Februar): Man nennt ihn Schalttag und das Jahr Schaltjahr.

die Kamera
Mit einer Kamera (Fotoapparat) kann man Fotos, mit einer Filmkamera Filme aufnehmen. Durch den Sucher kann man den Bildausschnitt sehen, der später auf dem Foto abgebildet ist. Durch das Objektiv wird ein Bild aufgenommen. Wird der Auslöser gedrückt, öffnet sich der Verschluss des Objektivs und Lichtstrahlen gelangen in die Kamera. Sie belichten den Negativfilm in der Kamera. Der Film wird später entwickelt. Von den Bildern werden Abzüge auf ➲ Papier hergestellt. Bei Digitalkameras wird das Bild in Millionen von kleinen Bildpunkten aufgelöst. Auf dem Mini-Bildschirm auf der Kamera kann man das Foto sofort nach der Aufnahme ansehen, speichern oder löschen.

Woher stammen die Kartoffeln?

Die Bilder können in den Speicher eines ⊙ Computers übertragen und ausgedruckt werden. Filmkameras funktionieren wie Fotokameras. Pro Sekunde werden 24 Einzelbilder aufgenommen.

der Kanal
1. Ein Kanal ist ein künstlicher Wasserlauf für den Schiffsverkehr, z. B. der Nord-Ostsee-Kanal in ⊙ Deutschland. Große Kanäle verbinden ⊙ Meere miteinander. Der Panamakanal z. B. verbindet Pazifik und Atlantik. **2.** Abwässerkanäle führen Schmutz- und Regenwässer ab. **3.** Die ⊙ Kabel, die man zur Übertragung von elektronischen Nachrichten benötigt, werden ebenfalls als Kanäle bezeichnet.

→ **Schiff, Wasser**

die Kartoffel
Die Spanier brachten die Kartoffel im 16. Jh. von ⊙ Südamerika nach ⊙ Europa. Alle Teile der Kartoffelpflanze, die über der ⊙ Erde wachsen, sind giftig. Wir essen nur die Knollen. Sie wachsen unter der Erde. Kartoffeln werden nur gekocht gegessen, z. B. als Salzkartoffeln, Pommes frites oder Kartoffelbrei.

Kartoffel

der Käse
Käse ist ein Nahrungsmittel aus der ⊙ Milch von Kühen, Ziegen oder Schafen. Bei der Herstellung von Käse werden besondere ⊙ Bakterien in die Milch gegeben, damit sie gerinnt und sich festigt. Dadurch gewinnt man die flüssige Molke und den Käsebruch. Dieser wird abgeschöpft und in Formen gepresst. Je nach Käsesorte gibt man ⊙ Salz, ⊙ Gewürze oder Schimmelpilze dazu. Es gibt Hartkäse (Emmentaler), Weichkäse (Camembert), Schimmelkäse (Gorgonzola) und Frischkäse.

der Katalysator
Der Katalysator (Kat) ist ein Gerät im ⊙ Auto. Er sorgt dafür, dass die schädlichen ⊙ Abgase schnell verbrannt und nicht an die ⊙ Luft abgegeben werden.

die Katastrophe
Schreckliche Ereignisse mit schlimmen Folgen nennt man Katastrophen. ⊙ Menschen und Tiere werden verletzt oder getötet, Gebäude und ⊙ Landschaften zerstört. Es gibt Naturkatastrophen wie ⊙ Erdbeben, Überschwemmungen, Flutwellen (Tsunamis) oder Vulkanausbrüche.

→ **Vulkan**

die Katze
Katzen sind ⊙ Säugetiere und gehören zur ⊙ Familie der ⊙ Raubtiere. Man unterscheidet Großkatzen,

Katze

z. B. Löwen, Tiger oder Leoparden, und Kleinkatzen, z. B. Luchse und Wildkatzen. Alle Katzen sind hervorragende Jäger mit einem sehr guten Seh-, Hör- und Tastvermögen. Mit ihren langen Schwänzen halten sie beim Klettern und Springen das Gleichgewicht.

→ **Tierreich**

die Kelten
Die Kelten siedelten vor etwa 3000 ⇒ Jahren in Gebieten, die heute in Großbritannien, Frankreich, ⇒ Deutschland, Norditalien und Spanien liegen. Die ⇒ Römer nannten dieses ⇒ Volk Gallier. Die Kelten waren in viele Stämme aufgeteilt, die zwar die gleiche ⇒ Sprache, die gleichen Bräuche und die gleiche ⇒ Religion hatten, aber untereinander ständig ⇒ Krieg führten. Die Kelten waren Bauern und Schmiede. Sie verwendeten Eisen zur Herstellung von Werkzeugen, Waffen und Wagenrädern.

⇒ **Geschichte**

die Kerze
Eine Kerze ist ein Beleuchtungsmittel aus ⇒ Wachs mit einem Docht. Zündet man den Docht der Kerze an, beginnt er zu brennen. Das Wachs um ihn herum wird warm und flüssig. Es wird in den Docht gesogen und verbrennt dort. Beim Verbrennen entstehen Rußteilchen. Die Kerzenflamme leuchtet, weil die Rußteilchen beim Verbrennen glühen.

⇒ **Abgase**

die Kirche
1. Die Kirche ist das Gebäude, in dem sich Christen zum Gottesdienst versammeln und beten. Taufe, ⇒ Kommunion, ⇒ Konfirmation oder Hochzeit werden ebenfalls in einer Kirche gefeiert. Meistens haben Kirchen einen hohen Glockenturm. Große Kirchen nennt man Dom, Kathedrale oder Münster. 2. Als Kirche bezeichnet man eine Gemeinschaft von Gläubigen, z. B. die katholische oder die evangelische Kirche.

⇒ **Bauwerke, Religionen**

die Kläranlage
Verbrauchtes ⇒ Wasser wird in der Kläranlage in mehreren Arbeitsschritten gereinigt. Zuerst entfernen Rechen den groben Schmutz, wie z. B. ⇒ Papier, ⇒ Holz oder Dosen. Im Absetzbecken sinken Sand und schwere Schmutzteilchen auf den Boden und werden entfernt. Im Belebungsbecken „fressen" ⇒ Bakterien mithilfe von ⇒ Sauerstoff Schmutzteilchen, die im Wasser gelöst sind, z. B. Urin oder ⇒ Zucker. Chemikalien sorgen dafür, dass die giftigen Stoffe aus dem Wasser entfernt werden. Am Schluss wird das Wasser gefiltert; erst dann gelangt es wieder in die ⇒ Natur. Zurück bleibt Klärschlamm.

die Kleidung
Mit Kleidung schützen wir uns vor Kälte, Nässe, ⇒ Wind und ⇒ Sonne. In manchen Ländern ⇒ Afrikas oder ⇒ Asiens tragen die ⇒ Menschen andere Kleidung als wir, z. B. lange Gewänder oder Schleier. Früher haben sich auch bei uns die Menschen anders gekleidet. ⇒ Frauen trugen z. B. keine Hosen. Bekleidung wird aus Stoffen hergestellt. Sie bestehen aus natürlichen Fasern, wie ⇒ Wolle, ⇒ Seide und ⇒ Baumwolle, oder aus Kunstfasern wie z. B. Fleece (gesprochen: Flies).

Die Klimazonen der Erde

das Klima

Unter Klima versteht man alle Erscheinungen des ➲ Wetters, die über längere ➲ Zeit in einem Gebiet der ➲ Erde herrschen: Dazu zählen ➲ Temperatur, ➲ Niederschläge, ➲ Wind, ➲ Wolken und Luftfeuchtigkeit. Auf der Erde gibt es verschiedene Klimazonen. An den Polen ist es immer sehr kalt, während es am ➲ Äquator heiß und trocken ist. In ➲ Europa ist das Klima gemäßigt: Die Sommer sind nicht übermäßig heiß und die Winter nicht besonders kalt. In anderen Klimazonen ist es im Winter kalt, im Sommer sehr heiß.

das Kloster

Die Bezeichnung Kloster stammt vom lateinischen ➲ Wort „claustrum". Das bedeutet „abgeschlossener Ort". Es gibt Klöster für ➲ Männer oder für ➲ Frauen. Ordensmänner heißen Mönche, Ordensfrauen nennt man Nonnen. Meist tragen sie eine besondere ➲ Kleidung, die so genannte Ordenstracht. Klöster gibt es in verschiedenen ➲ Religionen: im Buddhismus, im Christentum und im Islam.

das Kohlendioxid

Kohlendioxid (genauer: Kohlenstoffdioxid) ist ein geruch- und farbloses ➲ Gas, das in der ➲ Luft vorhanden ist. Kohlendioxid entsteht z. B. bei der Verbrennung von Gas oder ➲ Öl. ➲ Pflanzen nehmen Kohlenstoffdioxid aus der Luft auf und wandeln es mithilfe von Sonnenlicht in lebenswichtige Nährstoffe um.
➲ Blatt

die Kohlensäure

Kohlensäure ist eine schwache Säure. Sie kommt nur in ➲ Wasser gelöst vor. Kohlensäure entsteht, wenn man ➲ Kohlendioxid mit Wasser verbindet. Mineralwasser oder Sprudel enthalten Kohlensäure; sie ist künstlich zugesetzt.

Wofür braucht man einen Kompass?

die Kommunikation
Den Austausch von Informationen nennt man Kommunikation. Man kann sich einem oder vielen ❿ Menschen mit ❿ Worten, Tönen, Bildern, Schriftzeichen oder Bewegungen verständlich machen. Taube oder stumme Menschen verständigen sich mit der ❿ Gebärdensprache. Stimmungen und Gefühle drücken wir mit Bewegungen aus. Das nennt man Körpersprache.
➡ **Medien**

die Kommunion
Die Kommunion ist Bestandteil einer katholischen Messe. Kommunion kommt aus der lateinischen ❿ Sprache und bedeutet „Gemeinschaft". Die Katholiken denken in der Kommunion an das letzte Abendmahl Jesu mit seinen Jüngern und empfangen das heilige Brot. Ihre Erstkommunion feiern Kinder etwa mit acht ❿ Jahren.
➡ **Religionen**

der Kompass

Magnetnadel
Kompass

Der Kompass ist ein Instrument zur Bestimmung der ❿ Himmelsrichtungen, z. B. auf dem ❿ Meer oder in der ❿ Wüste. Bei einem Magnetkompass dreht sich eine frei bewegliche Eisennadel über der Windrose. Auf der Windrose sind die Himmelsrichtungen eingezeichnet. Die Spitze der Magnetnadel zeigt immer nach Norden, weil sie durch das Magnetfeld am ❿ Nordpol angezogen wird.
➡ **Magnet**

das Kondom
Ein Kondom ist eine Hülle aus dünnem ❿ Gummi. Sie wird vor dem Geschlechtsverkehr über den Penis gezogen. Mit dem Kondom wird verhindert, dass ❿ Samen in die Scheide der ❿ Frau gelangen und ein ❿ Ei befruchten. Kondome schützen vor ansteckenden ❿ Krankheiten.
➡ **Aids, Befruchtung, Fortpflanzung, Mann, Sexualität**

die Konfirmation
In der evangelischen ❿ Kirche feiern junge Christen im ❿ Alter von 14 ❿ Jahren Konfirmation. Mit diesem Fest werden sie in die Gemeinde der Erwachsenen aufgenommen. Die jungen Christen bekennen ihren Glauben und dürfen das erste Mal am Abendmahl teilnehmen.
➡ **Religionen**

der König
Vom ❿ Mittelalter bis ins 20. Jh. war der ❿ König der Herrscher eines Landes. Er war das Oberhaupt der Regierung, erließ ❿ Gesetze und war der oberste ❿ Richter. Nach dem ❿ Tod eines Königs wurde meist der älteste Sohn sein Nachfolger. Einige Königreiche gibt es heute noch, z. B. in Dänemark, Großbritannien und den Niederlanden. Die Könige oder Königinnen sind Staatsoberhäupter. Sie vertreten z. B. ihre Länder bei Staatsbesuchen im Ausland.
➡ **Politik**

der Kontinent
Kontinente oder Erdteile sind große zusammenhängende Landteile der ❿ Erde. Sie liegen auf den Platten der Erdkruste. Die

Kontinente der Erde sind ●Europa, ●Asien, ●Afrika, ●Nordamerika und ●Südamerika, ●Australien und die Antarktis. Vor etwa 300 Millionen ●Jahren gab es auf der Erde nur einen Kontinent: den Urkontinent Pangäa. Vor etwa 250 Millionen Jahren teilte sich Pangäa in die zwei Landmassen Laurasia und Gondwana. Im Lauf der Jahrmillionen bildeten sich daraus die Kontinente. Sie befinden sich auch heute noch in Bewegung. Der Abstand zwischen Amerika und Europa vergrößert sich pro Jahr um bis zu 4 cm.

➡ **Erdbeben, Südpol**

Pangäa

Laurasia und Gondwana

Die Kontinente entstehen

Die Kontinente heute

die Krankheit

Oft kündigt Fieber eine Krankheit an. Dann muss man sich ausruhen oder zum Arzt gehen und ●Medikamente einnehmen. Einige Krankheiten können nur im Krankenhaus behandelt werden. Es gibt Krankheiten wie z.B. ●Aids, die nicht geheilt werden können. Krankheiten wie Masern, Röteln, Scharlach oder Windpocken kommen fast nur bei Kindern vor und werden deshalb auch Kinderkrankheiten genannt. Gegen manche Krankheiten kann man sich durch eine ●Impfung schützen.

➡ **Gesundheit und Ernährung**

die Kräuter

Kräuter sind ●Pflanzen, die als ●Gewürze in der Küche oder als ●Heilpflanzen in der ●Medizin verwendet werden.

der Krieg

Ein Krieg ist ein Streit, der mit Waffen ausgetragen wird. Er ist das Gegenteil von ●Frieden. Meist bekriegen sich dabei zwei Länder. Bei einem Bürgerkrieg kämpfen die ●Menschen in einem Land gegeneinander.

➡ **Geschichte, Weltkrieg**

der Kristall

Kristalle sind Gesteinsformen der ●Minerale. Sie haben glatte Flächen und gleichmäßige Kanten. Viele Schmucksteine sind besonders schöne und große Kristalle, z.B. Bergkristalle.

die Kunst

➡ **Seite 86**

der Kunststoff

Kunststoff oder Plastik ist ein Material, das hauptsächlich aus ●Öl und Kohle hergestellt wird. Kunststoff kann biegsam sein und zu Folien oder Garnen verarbeitet werden. Kunststoffe sind Nylon, Perlon, Styropor, PVC oder Polyester.

die Küste

Eine Küste ist die ●Grenze zwischen ●Meer und Land. An sandigen Flachküsten kann man baden. An Steilküsten schlagen die Wellen an die Felsen. Sie verändern ständig das Aussehen der Küste, indem Sand und Steingeröll weggewaschen oder angeschwemmt werden.

die Kunst

Kunst ist der Oberbegriff für Gemälde, Zeichnungen, Fotografien, Filme, Musikstücke oder ⇨ Bauwerke. Schon die ⇨ Menschen der ⇨ Steinzeit schufen vor über 15 000 ⇨ Jahren Höhlenmalereien. Zu den Künsten gehören z. B. Malerei, Bildhauerei, ⇨ Musik, ⇨ Architektur, ⇨ Literatur, ⇨ Tanz, und ⇨ Theater.

Das berühmteste Porträt ist die „Mona Lisa" von Leonardo da Vinci. Das Bild hängt im Louvre in Paris.

Malerei
Bei der Malerei trägt der Künstler mit einem Hilfsmittel (z. B. Pinsel, Spachtel oder Finger) ⇨ Farben auf einen Untergrund wie ⇨ Papier, ⇨ Holz oder Leinwand auf. Es gibt verschiedene Arten von Bildern: das Porträt (Bild einer Person), die Landschaftsmalerei, das Stillleben (kunstvolle Anordnung von ⇨ Blumen oder ⇨ Obst) und die abstrakte Malerei (⇨ Formen und Linien).

Bildhauerei
Bildhauer schaffen Figuren oder Gegenstände aus Ton, ⇨ Stein, Holz oder ⇨ Metall. Man nennt sie auch Skulpturen oder Plastiken.

Kunststile
Jeder Künstler hat seine eigene „Handschrift". Man sagt auch: Der Künstler hat seinen eigenen Stil. Es gibt in der ⇨ Geschichte der Kunst viele verschiedene Stilrichtungen. Manche Künstler eines bestimmten Zeitabschnitts können einen ähnlichen Stil haben: etwa weil sie die gleiche Maltechnik verwenden oder den Stil eines anderen Künstlers übernehmen und weiterentwickeln. Trotzdem sehen ihre Bilder natürlich nicht gleich aus. Zeiträume, in denen mehrere Künstler einen ähnlichen Stil haben, nennt man Epochen. Wichtige Epochen der modernen Kunst sind z. B. der Impressionismus, der Expressionismus und die abstrakte Malerei.

Claude Monet malte in vielen Bildern seinen Garten im Stil des Impressionismus.

Impressionismus (etwa 1860–1890)
Die Impressionisten wollten mit ihren Bildern ausdrücken, was sie sahen und dabei fühlten. Die Farben wurden in kräftigen Tupfern und Strichen aufgetragen. Die Künstler achteten dabei besonders auf das Spiel

Niki de Saint Phalle schuf fröhlich-beschwingte Frauenfiguren, die „Nanas".

von ● Licht und Farben in der ● Natur und malten ihre Bilder meist im Freien. Das war damals etwas ganz Neues. Die französischen Maler Claude Monet, Auguste Renoir und Paul Cézanne gehören zu den berühmtesten Impressionisten.

Franz Marcs Bild „Kühe" ist ein Meisterwerk des Expressionismus.

Expressionismus (etwa 1905–1925)
Das ● Wort „Expression" bedeutet Ausdruck. Die Expressionisten drückten in ihren Bildern ihre Gefühle und Stimmungen aus. Sie malten die Natur und Gegenstände nicht mehr so, wie sie in Wirklichkeit aussehen, sondern in wilden Formen. Sie verwendeten grelle Farben. Die bedeutendsten Expressionisten waren z. B. die deutschen Maler Franz Marc und August Macke.

Abstrakte Malerei (etwa Anfang 20. Jahrhundert)
Auf abstrakten Bildern sind keine Gegenstände oder Menschen, sondern nur noch Farben, Formen und Linien zu sehen. Sie sollen Gefühle wecken – und jeder Betrachter kann selbst entscheiden, was er auf dem Bild sieht. Wassily Kandinsky und Paul Klee gehören zu den bekanntesten Vertretern der abstrakten Malerei.

In dem Gemälde „Komposition Nr. 7" will Wassily Kandinsky Gefühle ausdrücken.

Ein besonderer Künstler
Es gab und gibt viele Künstler, die ihren ganz eigenen Stil entwickelten und damit unverwechselbare Kunstwerke schufen. Dazu gehört z. B. der holländische Maler Vincent van Gogh (1853–1890). Er gilt als einer der ersten modernen Maler, der sich in keine Epoche einordnen lässt. Van Gogh lebte in Südfrankreich, weil ihm die Farben und das Licht dort so gut gefielen. Er war ein einsamer, kranker und armer Mann. Einige ● Zeit lebte er wegen geistiger Verwirrung in einer Heilanstalt. Zu seinen Lebzeiten verkaufte er nur wenige Bilder. Trotzdem blieb er bei seinem Stil. Heute gehören seine Bilder zu den teuersten der Welt.

Vincent van Gogh malte Landschaften und Gebäude wie die Kirche von Auvers-sur-Oise mit kräftigen Pinselstrichen.

Labyrinth

das Labyrinth
1. In einem Labyrinth ist es schwer, den richtigen Weg zu finden. Es besteht aus vielen Gängen. Man verirrt sich leicht, denn die Gänge kreuzen sich immer wieder. Ein Labyrinth kann ein Gebäude, ein Irrgarten oder ein gemaltes Bild sein. 2. Ein Teil im Inneren des ◦ Ohres wird so genannt.

die Landkarte
Auf einer Landkarte ist die Erdoberfläche wie aus großer Höhe gezeichnet. Flüsse (◦ Fluss) sind als blaue Linien eingezeichnet, Straßen und Schienen als schwarze Linien, Städte (◦ Stadt) und Dörfer (◦ Dorf) als rote Flecken. Für Burgen oder ◦ Kirchen gibt es meist besondere Zeichen. Die ◦ Landschaft ist auf einer Landkarte sehr stark verkleinert abgebildet. Ein Maßstab wie z. B. 1:100 000 bedeutet, dass 1 cm auf der Karte 100 000 cm (= 1 km) in der ◦ Natur entsprechen. Landkarten werden zur Orientierung in einer fremden Umgebung benötigt.

Landkarte

die Landschaft
Eine Landschaft ist ein bestimmtes Gebiet auf der ◦ Erde. Es gibt verschiedene Landschaftsformen, z. B. die ◦ Küste, ◦ Berge oder ◦ Wüsten. Das Aussehen einer Landschaft wird von der ◦ Natur bestimmt, z. B. durch ◦ Klima oder ◦ Gewässer. Der ◦ Mensch prägt Landschaften durch Abholzen von Wäldern oder Trockenlegen von ◦ Mooren.

➡ **Heide, Lebensraum Wald, Prärie, Steppe**

die Landwirtschaft
Landwirtschaft ist die Nutzung des Bodens für den Anbau von ◦ Pflanzen oder die Haltung von Tieren. Schon die ◦ Menschen der ◦ Steinzeit betrieben Ackerbau und hielten Tiere. Auf ◦ Bauernhöfen werden Nahrungsmittel wie ◦ Obst, ◦ Gemüse, ◦ Getreide oder Fleisch erzeugt. Viele Bauernhöfe sind heute Großbetriebe, die sich spezialisiert haben, z. B. auf Milchwirtschaft, Schweinezucht oder auf den Anbau von Getreide. Durch den Einsatz von modernen ◦ Maschinen und Geräten können immer größere Felder bewirtschaftet werden. Dünger und Pflanzenschutzmittel erhöhen die Ernteerträge. Weil ihr Einsatz aber die Umwelt belastet, verzichten viele Bauern darauf und betreiben ihre Landwirtschaft ökologisch.

➡ **Umweltschutz**

der Lärm
Als Lärm bezeichnen wir störende, laute Geräusche. Zu viel Lärm kann krank machen. Er kann zu Schwerhörigkeit, Kopfschmerzen, Schlaflosigkeit oder

Nervosität führen. Bei Arbeiten an lauten ›Maschinen sollte deshalb ein Gehörschutz getragen werden.

die Larve

Maikäferlarve

Maikäfer

Viele Tiere verändern bei der Entwicklung zum erwachsenen Tier ihr Aussehen, z. B. ›Insekten oder Frösche (›Frosch). Eine Larve ist eine Zwischenform bei der Entwicklung. Sie schlüpfen aus den ›Eiern, die die Weibchen nach der Paarung ablegen. Die Larven der ›Schmetterlinge sind die Raupen. Bei den Maikäfern heißen sie Engerlinge und bei den Fliegen Maden. Die Larven verpuppen sich nach einer gewissen ›Zeit und werden starr und trocken. In der Puppenhülle verwandelt sich die Larve in das erwachsene Tier. Die Kaulquappen der Frösche sind auch Larven. Die Verwandlung einer Larve zum erwachsenen Tier nennt man Metamorphose.

 Tierreich

der Laser

Ein Laserstrahl besteht aus ›Licht. Der Laserstrahl ist so stark gebündelt, dass man damit sogar ›Metall zerteilen kann. Laser werden in ›CD-Playern eingesetzt. Dort tasten sie die Vertiefungen der ›CD ab. In der ›Medizin werden Laser bei Operationen genutzt. Mit einem Laserstrahl kann man besonders genau schneiden oder Blutgefäße verschließen. Bei der Scannerkasse im Supermarkt liest ein Laserstrahl den Preis auf der Ware ab.

der Laubbaum

Laubbäume haben im Gegensatz zu ›Nadelbäumen breite flache Blätter (›Blatt). An der Form ihrer Blätter kann man die unterschiedlichen Laubbäume bestimmen: z. B. sind die Blätter der Kastanie gelappt, die der Buche rund. Ihre Rinde, Knospen, Blüten und Früchte (›Frucht) sind unterschiedlich. Zu den Früchten gehören z. B. Kastanien (Rosskastanie), Eicheln (Eiche) oder Bucheckern (Buche). Im Herbst stellen sich die Laubbäume auf den Winter um. Nährstoffe und ›Wasser werden in den ›Wurzeln und Ästen gespeichert. Die Blätter sterben ab. Aus den Knospen treiben im nächsten Frühling die neuen Blätter.

Eiche

Rosskastanie

Buche

die Lawine

Wenn große Schneemassen durch Neuschnee, ›Wind oder warme ›Temperaturen an einem Berghang ins Rutschen kommen, entsteht eine Lawine. Lawinen reißen ›Steine und ›Bäume mit sich und können Häuser zerstören. Es gibt auch Schlamm-, Geröll- und Steinlawinen.

Schnee

Wie lautet die Mehrzahl von Lexikon?

das Lebensmittel

Alles was wir roh oder gekocht essen können, nennt man Lebensmittel. Getränke zählen auch dazu. Zu den Grundnahrungsmitteln gehören z. B. ↪ Kartoffeln, Nudeln, ↪ Gemüse oder Brot. Sie geben dem Körper ↪ Energie, weil sie viele Nährstoffe (Eiweiß, Fett, Kohlenhydrate, Vitamine und Ballaststoffe) enthalten. Süßigkeiten, ↪ Kaffee, ↪ Tee oder ↪ Zucker sind Genussmittel.

↪ Gesundheit und Ernährung

der Lebensraum

Ein Lebensraum ist die „Wohnung" vieler verschiedener Tiere und ↪ Pflanzen. Die Lebewesen, die einen Lebensraum besiedeln, nennt man Lebensgemeinschaft. Zu den verschiedenen Lebensräumen zählen z. B. ↪ Gebirge, ↪ Gewässer oder ↪ Wüsten. Die Tiere und Pflanzen sind sehr gut an die Lebensbedingungen angepasst: Sie können Kälte oder Hitze überstehen oder kommen mit wenig Nahrung aus. In ihrem Lebensraum pflanzen sie sich fort und ziehen ihre Jungen auf.

↪ Lebensraum Wald

der Lebensraum Wald

↪ Seite 92

das Lernen

Alles, was wir wissen oder können, haben wir irgendwann gelernt. ↪ Babys lernen zu krabbeln und zu laufen. Kleinkinder erlernen die Bedeutung von einzelnen Wörtern (↪ Wort) und beginnen zu sprechen. Später lernen Kinder u. a. Schreiben, Lesen und Rechnen. Lernen hört nie auf und es umfasst alle Bereiche des Lebens.

das Lexikon

In einem Lexikon (Mehrzahl: Lexika) werden Begriffe erklärt. Damit man einen Begriff schnell finden kann, sind die Begriffe nach dem ↪ Alphabet geordnet. Es gibt Lexika zu bestimmten Themen, wie z. B. ein Tierlexikon. Ein Lexikon mit vielen Bänden nennt man Enzyklopädie.

das Licht

Licht besteht aus Strahlen, die man sehen kann. ↪ Glühlampen oder die ↪ Sonne erzeugen Licht. Obwohl das Sonnenlicht

Lebensraum Teich: Eisvogel, Fischadler, Graureiher, Rohrweihe, Biber, Haubentaucher, Knickente, Wasserläufer, Libelle, Wasserfrosch, Laubfrosch, Bisamratte, Blesshuhn, Karpfen, Hecht, Gelbrandkäfer, Elritze, Teichmuschel

weiß aussieht, enthält es die ⊕ Farben des
⊕ Regenbogens. Licht bewegt sich mit
der größten ⊕ Geschwindigkeit fort, die
überhaupt möglich ist. Es braucht für die
150 Millionen km große Entfernung zwischen Sonne und ⊕ Erde nur etwa 8 min.

die Liebe
Liebe ist ein Gefühl, das man ⊕ Menschen gegenüber empfindet, die einem
viel bedeuten und mit denen man gern
zusammen ist. Man wünscht sich, dass
es ihnen gut geht und würde fast alles für
sie tun. Menschen, die man liebt, möchte
man streicheln und mit ihnen schmusen.

➡ **Familie, Sexualität, Homosexualität**

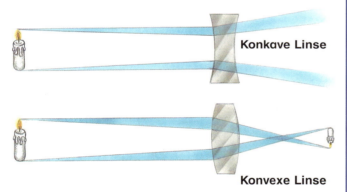

Konkave Linse

Konvexe Linse

die Linse
Linsen lassen Dinge größer oder kleiner
erscheinen. Sie sind meist aus ⊕ Glas
oder ⊕ Kunststoff, denn sie müssen lichtdurchlässig sein. ⊕ Lupen, ⊕ Kameras,
⊕ Ferngläser, ⊕ Brillen und ⊕ Mikroskope
enthalten Linsen. Mit der Linse im ⊕ Auge
können wir sehen. Nach innen gewölbte
Linsen streuen ⊕ Licht und verkleinern
Gegenstände (konkave Linse). Nach
außen gewölbte Linsen sammeln das
Licht und vergrößern Gegenstände
(konvexe Linse).

die Literatur
Literatur ist der Oberbegriff für alle Arten
von Texten, z. B. für Briefe oder Zeitungsartikel. Unter Literatur versteht man aber
vor allem ⊕ Gedichte, Theaterstücke und
Romane. Romane sind ausführliche
Erzählungen, in denen ein Erzähler oder
eine Hauptperson von einem Ereignis
berichtet.

➡ **Buch, Fabel, Märchen, Sage, Theater**

das Lot
Ein Lot ist ein Faden, an dem
ein Gewicht befestigt ist. Das
Gewicht ist kegelförmig und
zeigt mit der Spitze nach
unten. Maurer benötigen ein
Lot, damit sie gerade (senkrechte) Mauern bauen können.

Lot

die Luft
Die Luft ist eine Mischung aus verschiedenen ⊕ Gasen. Wenn der ⊕ Wind weht,
kann man die Luft spüren. Luft hat auch
ein Gewicht. Das ist der Luftdruck, der
mit dem ⊕ Barometer gemessen wird. Auf
sehr hohen ⊕ Bergen nimmt der Luftdruck
ab, das heißt die Luft wird dünner.

die Luftfahrt
➡ **Seite 94**

die Lupe
Ein Vergrößerungsglas nennt man auch
Lupe. Mithilfe der ⊕ Linse in der Lupe
kann man klein gedruckte ⊕ Schrift vergrößert lesen oder ⊕ Pflanzen und Tiere
genauer betrachten.

der Lebensraum Wald

Flächen mit dicht stehenden Bäumen (➲ Baum) und anderen ➲ Pflanzen nennt man Wald. In diesem wichtigen ➲ Lebensraum leben auch viele Tiere. Etwa ein Drittel der Erdoberfläche ist mit Wäldern bedeckt, vor 10 000 ➲ Jahren war es noch mehr als die Hälfte.

Verschiedene Wälder

In den feuchtwarmen ➲ Tropen wächst der üppige ➲ Regenwald. Die kühleren, nörd-lichen Gebiete von ➲ Nordamerika, ➲ Europa und ➲ Asien sind mit Nadelwäldern bedeckt. Regenwald und Nadelwald bedecken große Teile der ➲ Erde. Laubwald findet sich in den gemäßigten Klimaregionen Amerikas, Europas und Asiens. Bei uns gibt es Laubwälder oder Laubmischwälder, die mit ➲ Nadelbäumen durchmischt sind. Sie wurden aufgeforstet, das heißt von Menschenhand gepflanzt. In der Forstwirtschaft hegt und pflegt der Förster die Bäume, deren ➲ Holz später als ➲ Rohstoff verkauft wird. Dabei dürfen aber nicht mehr Bäume gefällt werden, als wieder nachwachsen.

➲ Klima, Laubbaum

Regenwald

Nadelwald

Laubwald

Mischwald

Wälder sind wichtig

Wälder reinigen und verbessern die ➲ Luft, da die Blätter (➲ Blatt) der Bäume ➲ Kohlendioxid in ➲ Sauerstoff umwandeln. ➲ Moose speichern Feuchtigkeit und verhindern, dass das Regenwasser zu schnell versickert und an anderer Stelle zu Überschwemmungen führt. Die ➲ Wurzeln der Bäume festigen den Boden. In ➲ Gebirgen werden Wälder zum Schutz vor ➲ Lawinen angelegt. Wälder dämpfen auch ➲ Lärm. Schließlich sind Wälder auch ein Ort der Ruhe und Erholung für den ➲ Menschen und Lebensraum vieler Tiere.

Stockwerke des Waldes

Der Wald gleicht einem Haus mit mehreren Stockwerken. In der Bodenschicht sind die Wurzeln verankert. Im Waldboden leben zahlreiche ➲ Bakterien, die Pflanzen- und Tierreste verwerten. Dabei entstehen Nährstoffe, die die Pflanzen über ihre Wurzeln aufnehmen. Tiere wie ⇨ Regenwurm, Maus, Dachs und Fuchs haben im Erdreich ihre unterirdischen Wohnungen. Moose, ⇨ Pilze und totes Laub bilden die Moosschicht. Hier fühlen sich ⇨ Ameisen, Kröten und Käfer wohl. In der Strauch- bzw. Krautschicht findet man neben Waldsträuchern wie Heidelbeeren und Brombeeren auch ⇨ Farne, Gräser, Waldblumen und junge Bäumchen. Davon ernähren sich Reh, Rothirsch und ⇨ Insekten. Die Baum- oder Kronenschicht besteht aus den Baumkronen der ⇨ Laub- und Nadelbäume.

Gefahren für den Wald
Viele Wälder sind krank. Seit einigen Jahren kann man beobachten, dass die Nadeln und Blätter der Bäume braun werden und abfallen. Im Laufe der ⇨ Zeit stirbt der ganze Baum, da seine Wurzeln geschädigt sind. Der Grund dafür ist der ⇨ saure Regen. Kranke Bäume sind anfälliger für Schädlinge wie den Borkenkäfer, die den Baum weiter schwächen. Eine weitere Gefahr sind Waldbrände, die vor allem bei großer Trockenheit in wärmeren Gebieten entstehen. Ein großer Waldbrand zerstört den in vielen Jahren gewachsenen Baumbestand und Tiere verlieren ihren Lebensraum. Durch Abholzung und Brandrodung sind die Regenwälder stark bedroht, was sich auch auf unser ⇨ Klima auswirkt.

⇨ Nahrungskette, Tierreich, Tierspuren, Umweltschutz, Wohnungen der Tiere

die Luftfahrt

Der Traum vom Fliegen
Schon immer träumten die ⇨ Menschen vom Fliegen. Leonardo da Vinci zeichnete schon vor über 500 ⇨ Jahren Pläne für ein Fluggerät. Die ersten Flüge waren aber erst Anfang des 20. Jh. möglich. Der erste motorisierte Flug gelang 1901 Gustav Weiskopf und 1903 den Brüdern Wright.

Zeppelin

Ballons und Luftschiffe
Ballons fahren mit dem ⇨ Wind. Am Ballon hängt der Passagierkorb. Vor dem Start wird die ⇨ Luft im Ballon so lange mit einem Brenner erhitzt, bis sich der Ballon aufrichtet und aufsteigt. Der Ballon hebt ab, weil warme Luft leichter ist als kalte. Wenn der Fahrer landen will, drosselt er die Hitzezufuhr. Luftschiffe sind zigarrenförmige Luftfahrzeuge. Sie werden nach ihrem ⇨ Erfinder Graf Zeppelin auch Zeppeline genannt. Der Körper des Luftschiffes ist mit ⇨ Gas gefüllt. Das leichte Gas lässt es in der Luft schweben. Unterhalb des Luftschiffkörpers befinden sich eine Gondel mit der Fahrgastkabine, die ⇨ Motoren und Propeller. Das Luftschiff wird vom Kapitän gesteuert.

So fliegt ein Flugzeug
Viele Flugzeuge werden durch das Düsentriebwerk angetrieben. Im Triebwerk wird Luft mit Brennstoff vermischt. Das Gemisch entzündet sich. Die dabei entstehenden Gase strömen explosionsartig aus dem Triebwerk aus und stoßen das Flugzeug dadurch nach vorn. Die Kraft, die das Flugzeug antreibt, nennt man Vortrieb oder Schub. Im Flug strömt die Luft schneller über die leicht gekrümmte Oberseite der Tragflächen als über ihre Unterseite. Unter dem Flügel bildet sich ein Druck, der das Flugzeug aufsteigen lässt. Diese Kraft ist der Auftrieb. An den Tragflächen und am Leitwerk befinden sich die beweglichen Ruder und die Landeklappen. Wenn der Pilot die Richtung ändern will, bewegt er die Ruder. Das Flugzeug legt sich schräg, fliegt eine Kurve, sinkt oder steigt.

⇨ Düsenantrieb

Das erste motorisierte Flugzeug der Brüder Wright (1903)

Verschiedene Fluggeräte

Segelflugzeuge sind sehr leicht und haben große Tragflächen. Da sie keinen Motor haben, können sie nicht selbstständig starten. Sie werden mit einer Seilwinde oder einem Motorflugzeug in die Höhe gezogen. Sie gleiten mithilfe des Windes und der Strömungen der warmen Luft. Propellerflugzeuge haben vorne oder an den Tragflächen Propeller. Wenn sie sich drehen, treiben sie das Flugzeug an. Hubschrauber (auch Helikopter) können wie Libellen senkrecht steigen oder sinken, auf der Stelle schweben und nach allen Seiten fliegen. Die Tragflächen eines Hubschraubers sind die Rotorblätter, die durch den Motor bewegt werden. Durch ihre Drehung entsteht Auftrieb. Hubschrauber benötigen keine Landebahn, denn sie können fast überall landen. In den großen Düsenjets können hunderte von Passagieren über große Strecken befördert werden. Die Boeing 747 war der erste große Jumbojet. Der Airbus A380 ist das größte Passagierflugzeug. Er ist etwa 73 m lang und hat eine Spannweite von rund 80 m. Die Höchstgeschwindigkeit liegt bei 945 km/h. Er kann 15 000 km ohne Unterbrechung fliegen. Bis zu 853 Passagiere finden darin Platz.

Hubschrauber

Airbus A380

Boeing 747-400

Cockpit   Oberdeck   Mitteldeck   Gepäckraum   19,41 m

Frachtraum   Triebwerke

68,63 m

der Magnet

Magnet

Ein Magnet zieht Nägel, Büroklammern und andere Dinge aus ➜ Metall, wie z. B. Eisen oder Nickel, an. Um ihn herum ist ein unsichtbares Magnetfeld, das an den zwei Enden des Magnets besonders stark ist. Sie werden Nord- und Südpol genannt. Hält man gleiche Pole aneinander, so stoßen sie sich ab. Ungleiche Pole ziehen sich an. Die ➜ Erde selbst ist ein Riesenmagnet. Ihre Magnetpole liegen in der Nähe des ➜ Nordpols und des ➜ Südpols. Das nutzt ein ➜ Kompass aus: Die Kompassnadel richtet sich auf die magnetischen Pole der Erde, also in Nord-Süd-Richtung aus.

der Mais

Mais ist ein ➜ Getreide, das bereits vor etwa 7000 ➜ Jahren in Mexiko angebaut wurde. Die ➜ Pflanze wird bis zu 2,5 m hoch und hat männliche und weibliche Blüten. Aus den weiblichen Blüten bilden sich die Maiskolben. Sie sitzen direkt am kräftigen Stängel und sind von Blättern (➜ Blatt) umhüllt. An den Kolben reifen die gelben Früchte (Maiskörner) heran. In ➜ Südamerika und Teilen von ➜ Afrika ist der Mais ein wichtiges Nahrungsmittel. In ➜ Europa wird Mais hauptsächlich als Viehfutter angebaut. Aus bestimmten Maissorten kann man Cornflakes und Popcorn machen.

der Manager

(gesprochen: Mänädscher) **1.** Manager sind leitende Angestellte in einer Firma. Sie treffen wichtige Entscheidungen und sind verantwortlich für die Erfolge der Firma. Als Vorgesetzte müssen sie die ihnen unterstellten Mitarbeiter führen. **2.** Auch berühmte Sportler, Musiker und andere Künstler haben oft einen Manager. Er kümmert sich z. B. um Verträge (➜ Vertrag), Termine und die ➜ Werbung.

der Mann

Ein Mann ist ein erwachsener ➜ Mensch männlichen Geschlechts. Von außen sind seine Geschlechtsorgane zu sehen: der Penis (Glied) und der Hodensack. In den Hoden reifen mehrere Millionen Samenzellen (Spermien) heran. Spermien und Samenflüssigkeit verlassen den Körper durch den Samenleiter im Penis. Dies geschieht z. B. beim Geschlechtsverkehr. Ab der ➜ Pubertät kann es bei Jungen auch im ➜ Schlaf zu einem Samenerguss kommen.

➜ Frau, Sexualität

Samenleiter

Hodensack

Penis

Was fressen Marienkäfer?

das Märchen

Märchen sind Fantasiegeschichten, in denen wundersame Sachen geschehen. In ihnen kommen Wesen wie Feen, Hexen, Zwerge, Riesen oder Drachen vor. Märchen werden überall auf der Welt erzählt. Sie gehören zu den ältesten Formen der ↪ Literatur. Volksmärchen wurden zunächst nur mündlich überliefert. Die Brüder Jacob und Wilhelm Grimm schrieben vor über 200 ↪ Jahren viele deutsche Märchen zum ersten Mal auf. Zu ihnen gehören Märchen wie z. B. Hänsel und Gretel, Dornröschen oder Aschenputtel. Viele dieser Märchen beginnen mit den ↪ Worten „Es war einmal…" und enden mit dem ↪ Satz: „Und wenn sie nicht gestorben sind, dann leben sie noch heute."

der Marienkäfer

Marienkäfer

Der Marienkäfer ist ein auf der ganzen Welt lebendes ↪ Insekt. In ↪ Europa gibt es über 100 verschiedene Arten. Am bekanntesten ist bei uns der Siebenpunkt-Marienkäfer. Die sieben schwarzen Punkte auf seinen roten Flügeln geben aber nicht das ↪ Alter des Käfers an. Marienkäfer und ihre ↪ Larven können große Mengen von Blattläusen verzehren. Daher werden sie als Nützlinge sogar für die Schädlingsbekämpfung gezüchtet.

der Markt

Auf einem Markt werden Waren angeboten und gekauft. **1.** Auf den heutigen Wochenmärkten kann man vor allem ↪ Obst, ↪ Gemüse und andere ↪ Lebensmittel kaufen. Früher wurde fast alles, was die ↪ Menschen brauchten, auf dem Markt angeboten: z. B. Stoffe, Töpfe und Pfannen, Besen, ↪ Kräuter, ↪ Kerzen. Einkaufsläden kannte man damals noch kaum. Meist gab es deshalb einen großen Marktplatz mitten in der ↪ Stadt. Besondere Märkte sind z. B. Floh- und Trödelmärkte und der Weihnachtsmarkt. **2.** Auch das Zusammenspiel von Angebot und Nachfrage bezeichnet man als Markt. Wenn viele Menschen eine bestimmte Ware, z. B. ↪ Kartoffeln, kaufen wollen, besteht eine große Nachfrage. Dann werden viele Kartoffeln angebaut, damit das Angebot an Kartoffeln groß genug ist. Reichen die Kartoffeln nicht aus, steigt der Preis für sie. Die Menschen sind bereit mehr zu bezahlen, um Kartoffeln zu bekommen. Werden dagegen mehr Kartoffeln angeboten als die Leute kaufen wollen, dann werden sie billiger.

➡ **Handel**

die Maschine

Die Maschine ist ein Hilfsmittel, die dem ↪ Menschen körperliche Arbeit erleichtert oder abnimmt. Einfache Maschinen sind z. B. Rollen, ↪ Hebel und ↪ Flaschenzüge. Es gibt Kraftmaschinen, wie z. B. das Wasserrad oder den Elektromotor, die Kräfte erzeugen. Und es gibt Arbeitsmaschinen, wie z. B. Krane, Bagger und ↪ Pumpen, die bestimmte Arbeiten verrichten und meist von Kraftmaschinen angetrieben werden. Früher hat man dafür auch die Kraft der Tiere genutzt.

➡ **Baumaschine**

die Mathematik

Sie ist eine der ältesten Wissenschaften und beschäftigt sich mit ⮕ Zahlen und geometrischen ⮕ Formen. Zählen, Rechnen und Messen gehören zu ihren Methoden. Früher rechneten die ⮕ Menschen mit zehn Fingern, mit Knotenschnüren oder einem ⮕ Abakus. Heute benutzen wir Taschenrechner und ⮕ Computer.

der Maulwurf

Dieses bis zu 16 cm große ⮕ Säugetier lebt unter der ⮕ Erde und ist sehr gut an seinen ⮕ Lebensraum angepasst. Mit seinen zu Schaufeln umgebildeten Vorderfüßen gräbt er unterirdische Gänge und Kammern zum Schlafen, Nisten und für seine Vorräte. Die Erde schüttet er zu Maulwurfshügeln auf. Sein kurzes samtschwarzes ⮕ Fell legt sich in alle Richtungen. Dadurch kann er problemlos vorwärts und rückwärts kriechen. Der Maulwurf ist zwar fast blind, kann dafür aber sehr gut hören und riechen. Außerdem ist seine Schnauze äußerst tastempfindlich. Er ernährt sich von ⮕ Insekten und ist daher sehr nützlich für den Gärtner. Es gibt etwa 20 verschiedene Maulwurfsarten, die in ⮕ Europa, ⮕ Asien und ⮕ Nordamerika vorkommen.

⮕ **Wohnungen der Tiere**

die Medien

⮕ **Seite 100**

das Medikament

Medikamente, auch Arzneimittel genannt, werden zur Heilung von ⮕ Krankheiten oder zur Vorbeugung eingesetzt. Man kann Medikamente aus ⮕ Pflanzen oder Tieren gewinnen oder chemisch herstellen. Antibiotika werden z. B. von ⮕ Algen oder ⮕ Pilzen produziert und bekämpfen schädliche ⮕ Bakterien im Körper. Bei der Behandlung mit Medikamenten ist auf die richtige Dosierung (Menge) zu achten. Es gibt Medikamente in Form von Salben, Tabletten, Dragees, Zäpfchen, Saft, Tropfen.

⮕ **Heilpflanzen**

Maulwurfsbau — Eingang — Vorratskammer — Jungtiere

Welches ist der größte Meeresbewohner?

die Medizin
1. Medizin bedeutet eigentlich Heilkunde. Diese Wissenschaft erforscht zusammen mit anderen ⇒ Naturwissenschaften die Ursachen von ⇒ Krankheiten und entwickelt ⇒ Medikamente oder heilsame Behandlungsmethoden. 2. In der Umgangssprache sagt man zu Medikamenten auch oft Medizin.

das Meer
Fast drei Viertel der Erdoberfläche sind von Meeren bedeckt. Sie bilden eine zusammenhängende Wasserfläche, das so genannte Weltmeer. Am größten sind die drei ⇒ Ozeane. Sie heißen Pazifischer, Atlantischer und Indischer Ozean. Diese Ozeane haben zahlreiche Nebenmeere, wie z.B. die Nordsee, den Persischen Golf oder das Mittelmeer. Die Ostsee und das Schwarze Meer sind Binnenmeere, da sie rundum von Land umgeben und nur durch eine schmale Meerenge mit dem Weltmeer verbunden sind. Das ⇒ Plankton ist die Nahrungsgrundlage für viele Meeresbewohner, wie z.B. den Blauwal, das größte Lebewesen der Welt. Das Meer liefert den ⇒ Menschen ⇒ Fische, ⇒ Muscheln und Krebse zum Essen, aber auch Korallen und Perlen. In manchen Gebieten lagern am Meeresgrund Bodenschätze wie Erdöl und Erdgas. Eine große Bedrohung für die Meere sind Überfischung und Umweltverschmutzung, wie z.B. Tankerunfälle und das Einleiten von Industrieschadstoffen über die Flüsse (⇒ Fluss).

➔ **Ebbe und Flut, Wal**

der Mensch
Der Mensch unterscheidet sich vom Tier vor allem durch seine geistigen Fähigkeiten und sein Sprachvermögen. Weil der Mensch über sich und die Welt nachdenken und seine Gefühle und Gedanken ausdrücken kann, ist er das am höchsten entwickelte Lebewesen. Er gehört zu den ⇒ Säugetieren und ist mit den Menschenaffen verwandt, mit denen der Mensch gemeinsame Vorfahren hat.

➔ **Evolution, Intelligenz, Sprache**

die Menschenrechte
Menschenrechte sind ⇒ Rechte, die für alle ⇒ Menschen auf der Welt gelten sollen. Viele ⇒ Staaten garantieren sie in ihren ⇒ Gesetzen. Zu den wichtigsten Menschenrechten gehört, dass alle Menschen vor dem Gesetz gleich sind und das Recht auf Leben, ⇒ Freiheit und körperliche Unversehrtheit haben. Das bedeutet, dass man z.B. nicht gefoltert werden darf. Jeder Mensch soll seine Meinung frei sagen und sich seine ⇒ Religion aussuchen können, ohne bestraft oder benachteiligt zu werden. Außerdem haben alle Menschen das Recht auf Bildung, also etwas zu lernen. Alle Menschenrechte sind seit 1948 in der Menschenrechtskonvention der ⇒ Vereinten Nationen niedergeschrieben. Leider werden diese Rechte nicht in allen Ländern geachtet. Für Kinder gibt es zusätzlich noch besondere Rechte. Die Kinderrechtskonvention soll Kinder vor ⇒ Gewalt, Kinderarbeit und dem Verhungern schützen.

➔ **Asylanten, Politik**

die Medien

Unter Medien versteht man alle Mittel, die zur Verbreitung von Informationen dienen. Die menschliche ⊙ Sprache war das erste Medium. Im ⊙ Mittelalter wurden Neuigkeiten auf Märkten (⊙ Markt) verkündet.

Bei Live-Übertragungen sehen wir im Fernsehen, was gleichzeitig weit entfernt geschieht. Die ⊙ Kamera zeichnet Töne und Bilder auf. Sie werden in elektrische Signale umgewandelt. Die Antenne auf dem Übertragungswagen sendet die Signale zum Satelliten.

Das hat sich durch technische Neuerungen grundlegend verändert: Heutige Medien sind ⊙ Buch und Zeitung, ⊙ Telefon, Fotografie und Video, Fernsehen, Radio und ⊙ Internet. Wenn Medien öffentlich für jedermann zugänglich sind, nennt man sie auch Massenmedien. Man setzt Medien für verschiedene Zwecke ein. Fernsehnachrichten versorgen uns z. B. mit Informationen über ⊙ Politik und ⊙ Wirtschaft. Mithilfe von ⊙ Satelliten holen sie uns das Geschehen in der Welt ins Wohnzimmer. Andere Medien nutzen wir zur Unterhaltung, wie Radiohörspiele oder Fernsehfilme. Der Bildung dienen z. B. das Sachbuch oder ⊙ Lexikon.

Zeitungen und Zeitschriften

Die ersten Zeitungen gab es in ⊙ Deutschland 1609. Das Angebot hat sich bis heute stark erweitert: Tages- oder Wochenzeitungen berichten über aktuelle Ereignisse. Sie bestehen meist aus verschiedenen Teilen: ⊙ Politik, ⊙ Sport, ⊙ Wirtschaft und das Feuilleton (gesprochen: Föjto) mit Berichten über ⊙ Theater, ⊙ Kunst und Veranstaltungshinweisen. Zeitschriften widmen sich eher bestimmten Themen oder einem speziellen Personenkreis. So gibt es Kinder- und Frauenzeitschriften oder auch Mode-, Sport- und Politikzeitschriften. Sie erscheinen meist wöchentlich oder monatlich und sind außerdem stark bebildert.

Viele Fernsehsendungen werden in einem Studio hergestellt, z. B. Nachrichtensendungen, Kinderprogramme oder Spielshows. Auch sie werden über Satellit ausgestrahlt.

Radio

Von 1920 bis etwa 1970 war das Radio das Kommunikationsmittel überhaupt. Die ⊙ Menschen konnten aktuelle Nachrichten empfangen oder ⊙ Musik und Hörspiele hören. Als eines der ersten Hörspiele

Der Nachrichtensatellit empfängt und sendet die Signale.

Eine Antenne auf der Erde empfängt die Signale wieder. Sie werden über die Satellitenschüssel oder über ein Erdkabel zum Fernseher geleitet. Dort werden sie wieder in Bilder und Töne umgewandelt.

Satellitenschüssel

Antenne

Erdkabel

wurde 1938 „Krieg der Welten" gesendet. Damals glaubten viele Hörer in Amerika, dass wirklich Außerirdische die ⊙ Erde angreifen würden und gerieten in Panik.

Fernsehen

Seit 1935 gibt es in Deutschland Fernsehen. Es verdrängte das Radio zunehmend, weil seine bewegten Bilder die Menschen noch mehr ansprechen. Zuerst waren die Bilder schwarz-weiß, seit Mitte der 1960er-Jahre gibt es das Farbfernsehen. Heute berichten Dokumentarfilme über fremde Kulturen, Forschung oder Tiere. Fernsehserien, Spielfilme oder Quizsendungen sorgen für Unterhaltung. Nachrichten senden die Fernsehsender mehrmals am ⊙ Tag.

Berufe in den Medien

⊙ Journalisten bzw. Reporter berichten über aktuelle Ereignisse aus Politik, Sport usw. Reporter, die direkt im Kriegsgebiet arbeiten, nennt man Kriegsberichterstatter. Der Tscheche Egon Erwin Kisch wurde „rasender Reporter" genannt, eine Bezeichnung, die heute noch für Journalisten benutzt wird, die immer schnell am Ort des Geschehens sind. Moderatoren leiten Gesprächsrunden im Fernsehen und Rundfunk. Viele Menschen, die in den Medien arbeiten, können wir aber gar nicht sehen oder hören: z. B. Kameraleute, Fotografen oder Redakteure. Sie bearbeiten die Texte der Journalisten und sind für die Inhalte der Zeitungen, Radio- und Fernsehsendungen verantwortlich.

Medien haben Macht

Von vielen Ereignissen erfahren wir nur über die Medien etwas. Deshalb ist es wichtig, dass Medien sachlich und nicht einseitig informieren. Medien bestimmen jedoch, was berichtet wird und in welcher Art und Weise. So können gerade die Massenmedien die Meinung der Menschen beeinflussen. Ganz gezielt geschieht das bei der ⊙ Werbung, wenn über bestimmte Produkte informiert wird. Manche Regierungen versuchen die Medien in ihrem Sinne zu beeinflussen. Ihre ⊙ Freiheit und Unabhängigkeit ist daher sehr wichtig.

Kommunikation

der menschliche Körper

Körperteile mit eigenen Aufgaben wie z. B. das Herz, die Lunge oder die ⮕ Zunge heißen Organe. Das Zusammenwirken aller Organe nennt man Organismus.

die Haut

Sie ist unser größtes Organ und schützt unseren Körper vor Schmutz, Krankheitskeimen und schädlichen Sonnenstrahlen. Die Haut regelt auch unsere Körpertemperatur: So schwitzen wir zum Beispiel bei Hitze. Wenn der Schweiß verdunstet, kühlt er uns. Die Haut enthält Nervenzellen, mit denen wir Wärme und Kälte, ⮕ Schmerz, Druck, rau, glatt, spitz oder stumpf fühlen können.

⮕ Sinne

der Blutkreislauf

Ein Erwachsener hat etwa fünf bis sechs Liter Blut. Das Herz pumpt Blut in unsere ⮕ Adern, die sich wie Baumwurzeln durch den Körper ziehen und immer feiner verzweigen. Arterien transportieren das Blut vom Herzen weg, durch Venen kommt es zum Herzen zurück. Das nennt man Blutkreislauf. Unser Herz hält diesen Blutstrom unaufhörlich in Gang. Wir können das als ⮕ Puls am Hals und an den Handgelenken spüren. Das Blut besteht aus Blutplasma, in dem rote und weiße Blutkörperchen schwimmen. Die roten Blutkörperchen versorgen unseren Körper mit ⮕ Sauerstoff. Das Blutplasma transportiert die Nährstoffe aus den verdauten Speisen. Nährstoffe und Sauerstoff werden durch die durchlässigen Aderwände an die ⮕ Zellen abgegeben. Die weißen Blutkörperchen sind die Gesundheitspolizei des Körpers: Sie greifen z. B. krankheitserregende ⮕ Bakterien an.

⮕ **Immunsystem, Verdauung**

Lunge
Herz

die Atmung

Ohne Sauerstoff könnten wir nicht leben. Alle paar Sekunden atmen wir ⮕ Luft durch ⮕ Nase oder Mund ein. Sie strömt durch die Luftröhre in die Lungenflügel. Dort wird der

Das Herz pumpt sauerstoffreiches Blut (rot) durch die Adern in alle Körperteile und Organe. Sauerstoffarmes Blut (blau) wird wieder zum Herzen zurückgeleitet, in die Lungen gepumpt und dort wieder mit Sauerstoff beladen. Es fließt zurück zum Herzen und wird erneut in den Kreislauf geschickt.

Sauerstoff aus der Luft von den roten Blutkörperchen aufgenommen. Verbrauchte Luft atmen wir über die Lungen wieder aus.

Blutbahn
Weiße Blutkörperchen
Rote Blutkörperchen
Lunge

das Nervensystem

Nervenbahnen durchziehen den Körper wie ein riesiges Telefonnetz, durch das ständig Nachrichten fließen. Über die Nerven steuert das ➤ Gehirn als Schaltzentrale unseres Körpers alle Muskeln und Organe. Gleichzeitig empfängt und verarbeitet das Gehirn durch die Nerven unzählige Signale unserer fünf ➤ Sinne. Fühlen, Sehen, Hören, Riechen und Schmecken funktionieren nur, wenn Sinne, Nerven und Gehirn zusammenarbeiten.

⮕ **Auge, Nase, Ohr, Schmerz**

das Skelett

Das Skelett ist das Gerüst unseres Körpers und hält uns aufrecht. Außerdem schützen die stabilen Knochen wichtige Organe wie Lunge, Herz und Gehirn. Knochen sind durch Gelenke miteinander verbunden und lassen sich beugen oder drehen. Sie bestehen aus lebendem Gewebe. In ihnen befindet sich das Knochenmark, das die roten Blutkörperchen herstellt.

Wird der Arm gebeugt, zieht sich der Bizepsmuskel zusammen. Beim Strecken entspannt er sich wieder. Der Trizepsmuskel ist beim Beugen entspannt. Er zieht sich zusammen, wenn der Arm gestreckt wird.

Bizeps
Trizeps

die Muskeln

Ohne die etwa 640 Muskeln in unserem Körper könnten wir uns nicht bewegen. Die Skelettmuskeln sind durch Sehnen mit den Knochen verbunden. Sie bewegen die Knochen. Für einen einzigen Schritt müssen über 200 Muskeln arbeiten. Für ein Lachen benutzen wir nur sieben Muskeln. Unsere Bewegungen steuern wir mit unserem Willen. Die Magen- und Darmmuskulatur, die die verdaute Nahrung transportiert, können wir nicht beeinflussen.

Nervenbahnen

Knochen wachsen nach einem Bruch wieder zusammen. Um die Bruchstelle bildet sich dabei im Lauf der Zeit neues Gewebe.

Im Körper gibt es über 200 Knochen. Sie haben unterschiedliche Formen und Größen. Der kleinste Knochen ist der Steigbügelknochen im Mittelohr, der größte Knochen ist der Oberschenkelknochen.

das Metall

Metalle sind für den ⮕ Menschen von großem Nutzen. Manche Metalle sind sehr hart, daraus lassen sich z.B. gut Werkzeuge machen. Andere sind weicher und lassen sich leicht zu Drähten formen. Außerdem leiten Metalle besonders gut Wärme und ⮕ Strom. Metalle sind Bodenschätze und kommen entweder rein oder in Verbindung mit ⮕ Gesteinen, den so genannten Erzen, vor. Die wichtigsten Metalle sind Eisen, Kupfer und Aluminium. Metalle sind bei Zimmertemperatur normalerweise fest. Nur ⮕ Quecksilber ist flüssig. Wenn man geschmolzene Metalle mischt, entsteht eine Legierung. Bronze enthält z.B. Zinn und viel Kupfer.

das Mikroskop

Mit diesem Gerät kann man winzige Gegenstände vergrößern und so besser betrachten. Ein Mikroskop besteht aus mehreren optischen ⮕ Linsen, die hintereinander angeordnet sind. Tausendfache Vergrößerungen erhält man mit dem Lichtmikroskop. Dabei wird der Gegenstand zusätzlich von unten mit ⮕ Licht beleuchtet, das ein vergrößertes Bild erzeugt. Mit einem Elektronenmikroskop kann man für das bloße ⮕ Auge nicht erkennbare Objekte und Strukturen sogar um das Hunderttausendfache vergrößern. Der Gegenstand wird mit Elektronen (Elementarteilchen) abgetastet oder durchleuchtet und als Bild auf einem Monitor angezeigt.

Okular
Objektive
Kreuztisch
Beleuchtung
Feintrieb
Grobtrieb

Vergrößerter Kopf eines Insekts

die Milch

Mit Milch ernähren alle ⮕ Säugetiere ihre ⮕ Babys, auch der ⮕ Mensch. Babys saugen die Milch aus der Brust ihrer Mutter. Muttermilch enthält alle notwendigen Nährstoffe. Wenn man von Milch spricht, ist meist Kuhmilch gemeint. Sie ist ein wichtiges Nahrungsmittel und wird für die Herstellung von ⮕ Jogurt, Sahne, Quark, Butter und ⮕ Käse verwendet. Auch Schafs- und Ziegenmilch kann man trinken oder weiterverarbeiten.

⮕ Gesundheit und Ernährung

das Militär

Als Militär bezeichnet man alle Soldaten eines Landes – sie können zur Armee, der Marine oder der Luftwaffe gehören. Die Streitkräfte in ⮕ Deutschland heißen Bundeswehr. Sie soll das Land im Falle eines ⮕ Krieges verteidigen. Wichtige Aufgaben der Bundeswehr sind heute aber vor allem die Hilfe bei ⮕ Katastrophen und Friedenseinsätze, z.B. der ⮕ Vereinten Nationen. Die Soldaten der Friedenseinsätze werden wegen ihrer blauen Mützen und Helme auch „Blauhelme" genannt.

Wie viele Tage hat der Monat Juli?

das Mineral

Alle ➔ Gesteine und Böden der ➔ Erde und anderer Himmelskörper setzen sich aus Mineralen (auch Mineralien genannt) zusammen. Diese chemischen Verbindungen sind quasi das Baumaterial der Erde. Weit über 2000 verschiedene Arten von Mineralen sind bekannt. Die wichtigsten gesteinsbildenden Minerale sind Quarz und Feldspat. Aus metallhaltigen Mineralen, den so genannten Erzen, werden ➔ Metalle gewonnen. ➔ Edelsteine sind besonders schöne und seltene Minerale.

➔ All

das Mittelalter

➔ Seite 106

der Monat

Das ➔ Jahr hat zwölf Monate: Januar, Februar, März, April, Mai, Juni, Juli, August, September, Oktober, November und Dezember. Um sich zu merken, wie viele ➔ Tage die Monate haben, gibt es einen Trick: Balle die linke Hand zur Faust. Tippe nacheinander auf die Fingerknöchelchen und die tiefer liegenden Täler (➔ Tal) dazwischen und zähle ab: Januar, Februar, März ... Beginne beim linken Zeigefinger. Das ist der Januar. Danach kommt der Februar im Tal zwischen dem kleinen Finger und dem Ringfinger usw. Mit dem August setzt man am rechten Zeigefinger das Abzählen fort. Jeder Monat, bei dem auf ein Knöchelchen getippt wird, hat 31 Tage. Die anderen Monate haben 30 Tage. Nur der Februar hat 28 oder 29 Tage.

➔ Kalender, Tag und Nacht

der Mond

Als Mond bezeichnet man einen Himmelskörper, der einen Planeten umkreist. Unsere ➔ Erde hat einen Mond, der sich in fast 400 000 km Entfernung um die Erde dreht. Für einen Umlauf braucht er 27,3 ➔ Tage. Die Oberfläche des Mondes ist von Kratern übersät, die durch Einschläge von Meteoriten entstanden sind. Der Mond leuchtet nicht selbst, sondern wird von der ➔ Sonne angestrahlt. Je nachdem, wo er steht, wird er von der Erde beschattet. Wir sehen das als Mondphasen: Vollmond, Halbmond oder Neumond (der Mond ist nicht zu sehen).

➔ All, Raumfahrt, Satellit

| zunehmender Mond | Halbmond | Vollmond | abnehmender Mond |

das Mittelalter

Ritter

Das Mittelalter begann nach dem Zusammenbruch des Römischen Reiches im ➔ Jahr 476 n. Chr. und dauerte etwa 1000 Jahre.
➔ Geschichte, Römer

Jede adlige Familie hatte ihr eigenes Wappen.

Das Leben im Mittelalter
Die höchste Stellung hatte der ➔ König oder Kaiser. Ihm waren die ➔ Adeligen (Herzöge, Grafen, Ritter) und die Geistlichen (Erzbischöfe, Bischöfe) untergeordnet. Die Bauern arbeiteten und lebten auf dem Land der Adeligen. Sie gehörten zu ihrem Besitz und hatten kaum ➔ Rechte.

Die Ritter
Ritter waren Adelige, die für den König in den ➔ Krieg zogen. Dafür erhielten sie vom König Land, auf dem sie ihre Burgen bauten. Zum Schutz vor Verletzungen trugen sie in der Schlacht schwere Rüstungen aus Eisen. Ritter durfte nur werden, wer aus einer Ritterfamilie stammte. Mit sieben Jahren wurde ein Junge Page bei einem anderen Burgherrn. Er musste dort in den Ställen und in der Küche arbeiten und lernte höfliches Benehmen. Mit etwa 14 Jahren wurde er Knappe und lernte zu kämpfen.

Burgen
Fast überall in ➔ Europa erinnern Reste von unzähligen Burgen an das Mittelalter. Jede Burg war im Besitz eines adeligen Burgherrn. Von der Burg aus herrschte er über seine Untertanen. Die ersten Burgen wurden aus ➔ Holz gebaut, später aus ➔ Stein. So waren sie besser vor Angreifern geschützt. Burgen standen auf ➔ Bergen oder im ➔ Wasser. Sie waren von Schutzmauern umgeben und hatten meist einen Burggraben, über den eine Zug-

Auf den Wachtürmen und dem Wehrgang hielten Soldaten Wache.

Wachturm mit Zinnen

Wachturm

Vorratskammern

Das Leben der Bauern war hart.

brücke führte. Bei einem Angriff wurde sie hochgezogen. Ein großer Turm, der Bergfried, war der Mittelpunkt jeder Burg. Das Leben auf einer Burg war unbequem. Im Winter war es kalt und zugig. ◯ Heizung, elektrischen ◯ Strom, fließendes Wasser und Toiletten gab es nicht. Abends zündete man Fackeln an. Es gab kaum Möbel. Im prachtvollsten Gebäude, dem Palas, lebte der Burgherr mit seiner ◯ Familie. Außerhalb der Burg lebten die Bauern in Dörfern (◯ Dorf). Wenn Gefahr drohte, konnten sie in der Burg Schutz suchen.

▶ Bauwerke, Brücke

Mit 21 Jahren wurde ein Knappe zum Ritter geschlagen.

Die mittelalterliche Stadt

Manche Dörfer wuchsen und wurden zu Städten (◯ Stadt) mit Stadtmauern. Viele Städte, deren ◯ Namen auf -burg enden, sind so entstanden. Die Stadtbewohner waren die Bürger. In den Städten gab es Kaufleute und Handwerker, z. B. Bäcker, Schuhmacher oder Schmiede. Die verschiedenen Handwerksgruppen schlossen sich zu Zünften zusammen. Das waren Vereinigungen, um sich gegenseitig zu unterstützen. Jedes ◯ Handwerk hatte seine eigene Straße oder sein eigenes Stadtviertel. Man kann dies heute noch an Straßennamen erkennen, z. B. Färber- oder Schmiedgasse.

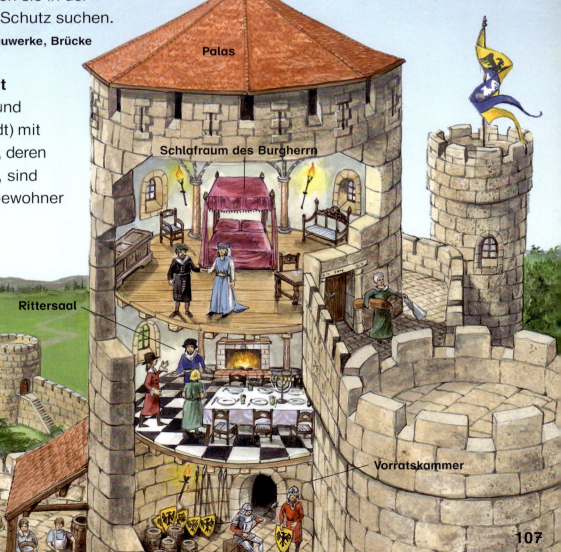

In der Vorburg wohnten die Knechte und Mägde.

Rittersaal

Palas

Schlafraum des Burgherrn

Vorratskammer

Wie alt ist das älteste Mosaik?

das Moor

Ein Moor ist ein dauerhaft feuchtes Gebiet. Hier wachsen hauptsächlich Gräser und ⇒ Moose. Der schlammige Boden entsteht aus abgestorbenen ⇒ Pflanzen, die im ⇒ Wasser nicht vollständig verrotten können, absinken und am Boden eine Torfschicht bilden. Viele Moore wurden entwässert und als Weide- oder Ackerland genutzt. Heute sind Moore sehr gefährdet und stehen unter Naturschutz.

➔ **Sumpf, Umweltschutz**

das Moos

Moose sind einfache ⇒ Pflanzen ohne Blüten und ohne richtige ⇒ Wurzeln. Sie wachsen in feuchten Gebieten überall auf der Welt, wie z. B. auf Waldböden oder in ⇒ Mooren. Die weichen, niedrigen Moospolster bestehen aus vielen einzelnen Pflänzchen, die sich bei ⇒ Regen vollsaugen und so den Boden feucht halten. Moose pflanzen sich wie ⇒ Farne durch Sporen fort. Sporen sind kleine, geschlechtslose Keimzellen (⇒ Zelle), aus denen sich neue Moospflanzen bilden.

➔ **Lebensraum Wald**

das Mosaik

Ein Mosaik ist ein aus vielen kleinen ⇒ Steinen oder Glasstücken zusammengesetztes Bild oder Muster. Das älteste Mosaik, das je gefunden wurde, ist über 5000 ⇒ Jahre alt. Vor allem die ⇒ Römer beherrschten die Mosaikkunst. Sie schmückten damit die Böden und Wände ihrer ⇒ Bauwerke.

der Motor

Ein Motor ist eine ⇒ Maschine, die eine vorhandene ⇒ Energie in Bewegung umwandelt und so etwas antreibt. Die ⇒ Dampfmaschine war Vorbild für die ersten Motoren. Heute benutzt man eher Verbrennungsmotoren, wie z. B. im ⇒ Auto. Die Brennstoffe ⇒ Benzin oder Diesel treiben beim Verbrennen die Motorkolben in den Zylindern an. Elektromotoren hingegen wandeln ⇒ Strom in die Drehbewegung einer ⇒ Achse um. So funktionieren die meisten unserer Alltagsgeräte – von der Waschmaschine über das Handrührgerät bis hin zur Bohrmaschine.

der Müll

Müll ist der Abfall, den ⇒ Menschen im Haushalt oder in der ⇒ Industrie produzieren. Ein Großteil des Mülls landet auf Mülldeponien oder wird in Müllverbrennungsanlagen verbrannt. Das ist nicht ohne Risiko für unsere Umwelt, denn undichte Mülldeponien können unser ⇒ Wasser verseuchen und bei der Müllverbrennung verschmutzen ⇒ Abgase die

Römisches Mosaik

Mumie

◦ Luft. Von ◦ Jahr zu Jahr werden die Müllberge immer größer. Daher ist es nötig, Abfall zu vermeiden. ◦ Glas, ◦ Papier, Pappe, Dosen, ◦ Metalle und Plastikverpackungen können getrennt gesammelt und für die Herstellung neuer Dinge benutzt werden. Dies nennt man ◦ Recycling. Pflanzenabfälle aus Küche und Garten zersetzen sich und werden zu Kompost, den man als Dünger in den Gartenboden einarbeiten kann. Gift- (z. B. ◦ Batterien, ◦ Farben) und Sondermüll (z. B. Autoreifen) dürfen nie im normalen Abfall landen. Die Entsorgung von hochgiftigen und gesundheitsschädlichen Abfallstoffen aus der Industrie und Atomkraftwerken ist noch ein großes Problem.

▶ **Umweltschutz**

die Mumie

Eine Mumie ist eine ausgetrocknete Leiche, die nicht verwest, sondern erhalten geblieben ist. Dies kann durch die natürlichen Bedingungen in der ◦ Wüste, im ◦ Moor oder bei großer Kälte geschehen oder durch eine besondere Behandlung der Leiche. Die Mumien in ◦ Ägypten sind wohl die bekanntesten. Den Leichnamen der ◦ Pharaonen und anderer wichtiger Personen entnahm man zunächst die inneren Organe. Dann wurden sie mit Natron, Harzen und ◦ Kräutern behandelt und mit Leinenbinden eingewickelt. Die Behandlung dauerte 70 ◦ Tage. Danach setzte man die Mumien der Pharaonen in ◦ Pyramiden bei.

▶ **menschlicher Körper**

die Muschel

Muscheln sind Weichtiere, die von zwei Kalkschalen schützend umhüllt sind. Es gibt etwa 20 000 verschiedene Arten. Die meisten leben im ◦ Meer. Muscheln besitzen zwei röhrenförmige Öffnungen. Durch die eine wird das ◦ Wasser mit den Nahrungsteilchen eingestrudelt. Kiemen filtern wie bei den ◦ Fischen den ◦ Sauerstoff aus. Durch die zweite Öffnung werden das verbrauchte Wasser und Kot ausgestoßen. Manche Muschelarten graben sich im Sand ein, andere heften sich mit Fäden an Felsen fest.

▶ **Tierreich**

Muschel

das Museum

Ein Museum ist ein Ort, an dem besonders interessante, alte oder wertvolle Dinge ausgestellt werden. In einem Kunstmuseum findet man Gemälde und Skulpturen. Das Naturkundemuseum zeigt z. B. ◦ Fossilien oder ausgestopfte Tiere. Wie die ◦ Menschen früher lebten, erfährt man im Heimatmuseum, und im Völkerkundemuseum kann man sich über das Leben in anderen Gebieten der ◦ Erde informieren. Es gibt auch Museen für ◦ Geschichte, ◦ Naturwissenschaften, ◦ Technik oder zu ganz bestimmten Themen, wie z. B. ein Eisenbahn- oder ein Spielzeugmuseum. In Freilichtmuseen kann man z. B. ganze Dörfer (◦ Dorf) besichtigen.

▶ **Kunst**

die Musik

Bei den alten ⇒Griechen verstand man unter Musik noch alle Künste (⇒Kunst) – von der Dichtung über die Musik bis hin zum ⇒Tanz. Erst später wurde „Musik" zum ⇒Namen für die Kunst der Klänge. Musik besteht aus Melodie, Rhythmus und Harmonie. Eine Melodie ist eine Abfolge von Tönen. Den Rhythmus bilden verschieden lange Töne. Wenn zwei oder mehrere Töne gleichzeitig erklingen, spricht man von Harmonie. ⇒Menschen haben immer gesungen und Musik gemacht – aus Freude oder aus Trauer. Die ältesten Musikinstrumente sind etwa 35 000 ⇒Jahre alt. Sie wurden aus Knochen gefertigt und man konnte damit einen Rhythmus schlagen oder auf ihnen blasen.

Cello

Violine

Komponisten, Noten und Töne

Menschen, die eine Melodie oder ein Musikstück erfinden, nennt man Komponisten. Was sie komponieren, wird Komposition genannt. Mit Zeichen kann man Musik aufschreiben. Sie werden Noten genannt und stehen auf oder zwischen den fünf Notenlinien. Die Position in diesem Liniensystem zeigt an, wie hoch oder tief ein Ton ist (Tonhöhe).
Die Form der Note gibt die Dauer des Tons an: Eine ganze Note ○ kann man in 2 Halbe , 4 Viertel, 8 Achtel usw. einteilen.

Musikformen

Musik wird entweder von Instrumenten gespielt (Instrumentalmusik) oder gesungen (Vokalmusik). Der Gesang kann auch von Instrumenten begleitet werden. Es gibt verschiedene Stile und Richtungen von Musik.
⇒ Stimme

Volksmusik

Dazu gehören Lieder, Melodien und Tänze, die von ⇒Generation zu Generation weitergegeben werden und deren Textdichter und Komponisten häufig unbekannt sind.

Unterhaltungsmusik

Sie läuft im Kaufhaus und auf Partys, zu ihr wird getanzt, gegessen oder geplaudert. Unterhaltungsmusik will den Menschen „unterhalten" und umfasst viele unterschiedliche Richtungen wie Jazz, Schlager, Rock oder Pop. Pop kommt von dem englischen Begriff „popular music" und meint populäre Musik, die sehr beliebt und erfolgreich ist. Dazu gehören auch Hip Hop, Rap und Techno.

Kunstmusik

Die Kunstmusik wird auch als ernste oder klassische Musik bezeichnet. Zu ihr gehören moderne Werke genauso wie die europäische Musik der vergangenen Jahrhunderte. Ihren Anfang nahm die Kunstmusik in der Kirchenmusik des 10. Jahrhunderts. Mit der ⇒Zeit entstanden immer mehr Instrumentalstücke

(früher mit opus = Werk bezeichnet) und
● Opern, die von Orchestern gespielt wurden. Johann Sebastian Bach ist ein Komponist aus dem 17. Jahrhundert, der Zeit des Barock. Bedeutende Komponisten aus dem 18. Jahrhundert, der Zeit der Klassik, sind Franz Joseph Haydn, Ludwig van Beethoven und Wolfgang Amadeus Mozart. Kunstmusik fordert vom Hörer große Aufmerksamkeit.

Musikinstrumente

Man unterscheidet fünf Gruppen von Musikinstrumenten. Klarinette, Fagott, Saxofon und Oboe sind Holzblasinstrumente. Trompete, Posaune und Tuba sind Blechblasinstrumente. Geige, Violine, Harfe, Cello oder Bratsche gehören zu den Saiteninstrumenten. Auch das Klavier ist ein Saiteninstrument, da in seinem Inneren Saiten schwingen und so die Töne erzeugen. Pauken, Trommeln, Becken und Triangeln gehören zu den Schlaginstrumenten. Völlig neuartige Töne kann man mit elektronischen Instrumenten wie dem Synthesizer oder einem ● Computer erzeugen.

Orchester

Im Orchester spielen viele Musiker miteinander. Musiker mit ähnlichen Instrumenten sitzen nebeneinander: die Blechbläser, Holzbläser, Streich- und Schlaginstrumente. Ein Dirigent leitet die Proben und Konzerte.

Was ist eine Narkose?

der Nadelbaum

Bäume (→ Baum) mit meist harten, nadelförmigen Blättern (→ Blatt) heißen Nadelbäume. Im Gegensatz zu den → Laubbäumen werfen sie ihre Nadeln in der Regel nicht ab und werden daher als immergrün bezeichnet. Eine Ausnahme ist z. B. die Lärche, die ihre weichen Nadeln im Herbst verliert. Nadelbäume bilden ihre → Samen nicht in Früchten (→ Frucht), sondern in Zapfen heran. Diese Zapfen sind verholzte Blüten.

die Nahrungskette

Eine Nahrungskette zeigt, welches Lebewesen wen oder was frisst und von wem es selbst gefressen wird. Ein → Baum treibt z. B. Blätter (→ Blatt) aus, die von Raupen gefressen werden. Diese Raupen werden von einer Kohlmeise aufgepickt, die wiederum die Beute eines Falken wird. Der Falke stirbt irgendwann und verwest. Wie Pflanzenreste wird auch das tote Tier von winzigen → Bakterien zersetzt. Dabei entstehen Nährstoffe, die die → Pflanzen zusammen mit → Wasser über ihre → Wurzeln wieder aufnehmen. So entsteht ein Kreislauf. Den Anfang einer Nahrungskette bilden immer Pflanzen. Nur sie können in Blättern mithilfe von Sonnenlicht, → Kohlendioxid und Wasser ihre Nahrung selbst herstellen. Der → Mensch steht oft am Ende einer Nahrungskette, wenn er z. B. einen → Fisch oder Apfel isst. Daher ist es wichtig, dass sich im Verlauf der Nahrungskette nicht so viele Umweltgifte anreichern, die der Mensch dann mit seiner Nahrung aufnimmt.

der Name

Bei uns haben alle → Menschen einen Vornamen und einen Nachnamen. Den Vornamen suchen meist die Eltern aus. Dabei sind bestimmte Namen oft gerade besonders beliebt. Manche Kinder werden nach ihren Großeltern benannt, manche auch nach berühmten Personen. Viele Menschen haben zwei oder mehr Vornamen. Als Nachname erhält man den Familiennamen. Das kann der Nachname der Mutter oder des Vaters sein. Viele Nachnamen sind aus früheren Berufsbezeichnungen entstanden, z. B. Müller, Schmied oder Schneider.

→ Beruf

die Narkose

Die Narkose ist eine Betäubung. Man verliert das Bewusstsein, fällt in einen künstlichen Tiefschlaf und kann ohne Schmerzempfinden operiert werden. Narkosemittel werden entweder eingeatmet oder gespritzt. Das erste Narkosemittel war das Lachgas. Ein Arzt, der Narkosen durchführt, wird Anästhesist genannt.

➔ menschlicher Körper

die Nase

Die Nase ist ein Organ zum Atmen und Riechen. Sie ist durch die Nasenscheidenwand in zwei Nasenhöhlen geteilt, die sich nach außen in Nasenlöcher öffnen. Die eingeatmete ➔ Luft wird in der Nase angewärmt und gelangt über die Luftröhre in die Lunge. Staubteilchen und ➔ Bakterien werden durch die feuchte Nasenschleimhaut und winzige Härchen (➔ Haar) zurückgehalten. Erreichen Duftstoffteilchen aus der Luft die Riechschleimhaut, lösen sie bei den Riechzellen einen Reiz aus. Er wird über Nerven an das ➔ Gehirn geleitet. Erst dann „riechen" wir, d. h., wir denken: Das riecht gut oder das stinkt.

➔ menschlicher Körper

Nasenbein
Knorpel
Nasenhöhle
Rachenraum

der Nationalsozialismus

Von 1933 bis 1945 errichteten in ➔ Deutschland die Nationalsozialisten (auch Nazis) eine ➔ Diktatur unter Adolf Hitler, das so genannte „Dritte Reich". Es gab nur noch ihre Partei, die NSDAP (Nationalsozialistische Deutsche Arbeiterpartei). Gegner der Nazis wurden verhaftet oder ermordet. Deutsche, die jüdisch waren, wurden zu Staatsfeinden erklärt. Die Nazis nahmen ihnen ihre ➔ Rechte, ihre ➔ Freiheit und ihren Besitz. Als Erkennungszeichen mussten sie ab 1941 einen gelben Stern auf ihrer Kleidung tragen. 1939 begann Hitler den Zweiten ➔ Weltkrieg. Millionen von ➔ Menschen verloren dabei ihr Leben oder ihre ➔ Heimat. Aus Deutschland und den von deutschen Truppen besetzten Ländern wurden viele Juden, so genannte „Zigeuner" oder politische Gegner in Konzentrationslager transportiert und dort ermordet. 1945 verlor Deutschland den ➔ Krieg. Das Dritte Reich brach zusammen. Die NSDAP und alle ihre Organisationen wurden verboten und viele ihrer führenden Mitglieder bestraft. Die Massenmorde der Nazis gehören zu den furchtbarsten Verbrechen in der ➔ Geschichte. In Gedenkstätten in Deutschland und ganz ➔ Europa werden wir daran erinnert, damit sich dieses Geschehen nie mehr wiederholt.

➔ Berühmte Menschen, Diskriminierung, Rassismus, Religionen

Judenstern

Eiskristalle

die Natur
Als Natur versteht man alles, was ohne Einwirkung des ⇒Menschen entstanden ist: das ⇒All, die ⇒Erde, ⇒Pflanzen, Tiere und der Mensch selbst. Der Mensch verändert die Natur durch ⇒Industrie, Straßen und Häuser. Viele Pflanzen- und Tierarten sind bereits ausgestorben und die ⇒Luft wird verschmutzt.

➜ **Geschützte Tiere und Pflanzen, Umweltschutz**

die Naturwissenschaften
Zu den Naturwissenschaften zählen Physik, Chemie, Biologie, Geologie und Astronomie. Naturwissenschaften erforschen die ⇒Natur durch ⇒Experimente. Schon im alten Griechenland wollten ⇒Menschen alles genau erkunden und wissen: Warum schwimmt ein mit ⇒Luft gefüllter Behälter? Warum wissen Brieftauben immer, in welche Richtung sie fliegen müssen? Menschen beobachteten, untersuchten und fanden Antworten. So entstanden die Naturwissenschaften. Viele technische Erfindungen gehen auf Vorgänge in der Natur zurück. So führte die Beobachtung der Vögel (⇒Vogel) z. B. zur Entwicklung des ersten Gleitfliegers.

➜ **Bionik, Griechen, Luftfahrt, Technik**

der Nebel
Nebel besteht aus winzigen, in der ⇒Luft schwebenden Wassertröpfchen. Er entsteht, wenn sich warme, feuchte Luft dicht über dem Boden abkühlt oder ⇒Wasser verdunstet. Im Grunde ist Nebel eine ⇒Wolke, die nahe am Erdboden schwebt.

➜ **Wetter, Niederschlag**

der Niederschlag
Darunter versteht man ⇒Wasser, das als ⇒Regen, ⇒Schnee oder Hagel aus den ⇒Wolken zur ⇒Erde fällt. Ob der Niederschlag flüssig oder gefroren ist, hängt von der ⇒Temperatur der ⇒Luft ab. Hagel sind feste Eiskörner, die in Gewitterwolken bei starkem ⇒Wind entstehen. Die Wassertröpfchen in den Wolken werden in kühlere Luftschichten gewirbelt und gefrieren. Durch das Auf- und Abwirbeln lagern sich immer weitere Eisschichten auf den Eiskörnern ab. Werden die Hagelkörner zu schwer, stürzen sie zur Erde hinunter. Ganz kleine Hagelkörner nennt man Graupel. Zu den Niederschlägen am Boden gehören ⇒Nebel, Tau und Reif. Als Tau bezeichnet man kleine Wassertröpfchen, die sich an Gräsern, ⇒Blumen und Bäumen (⇒Baum) niederschlagen. Er bildet sich in windstillen Nächten, wenn der Wasserdampf in Bodennähe abkühlt. Fallen die Temperaturen unter den Gefrierpunkt, gefriert der Tau zu kleinen Eiskristallen und setzt sich als Reif ab.

➜ **Gewitter, Wetter**

Nikolaus

der Nikolaus
Am 6. Dezember feiern wir den Nikolaustag zum Gedenken an den heiligen Nikolaus. Um ihn ranken sich viele Geschichten, in denen er in Not geratenen ⇒Menschen hilft und ihnen Geschenke bringt wie drei

Wie leben Nomaden?

armen Jungfrauen oder den Seeleuten im Sturm. Ob dieser Nikolaus wirklich gelebt hat, ist nicht sicher. Manche sagen, er war ein Bischof in Myra, der vor etwa 1700 ↪ Jahren in der Türkei lebte. Andere sehen in ihm einen Abt, der vor mehr als 1500 Jahren starb. Auf jeden Fall erzählten sich die Menschen viele wundersame Geschichten über ihn. Er wird meist mit einem roten Mantel mit weißem Pelzkragen oder als Bischof dargestellt.

das Nikotin
Nikotin ist eine farblose, ölige Flüssigkeit. Es kommt z. B. in der Tabakpflanze vor und ist eines der stärksten pflanzlichen ↪ Gifte. Zigaretten enthalten getrockneten ↪ Tabak und damit auch das giftige Nikotin. Wer raucht, schädigt seine ↪ Gesundheit. Die Folgen können ↪ Krankheiten wie z. B. Störungen der Herzfunktion, der Durchblutung und sogar Krebs sein. Es ist ebenfalls schädlich, den Zigarettenrauch anderer ↪ Menschen einzuatmen. Dies nennt man passives Rauchen.
➡ **Sucht**

der Nomade
Nomaden sind ↪ Menschen, die nicht an einem festen Ort wohnen. Die meisten von ihnen sind Hirten, die mit ihren Herden in der ↪ Steppe oder ↪ Wüste umherziehen. Sie leben mit ihren ↪ Familien in Zelten, die sich leicht auf- und abbauen lassen. Früher gab es viele Nomadenvölker, die meisten sind aber sesshaft geworden. Nomaden gibt es noch in ↪ Asien und in ↪ Afrika. In einigen Gegenden, wie z. B. Sibirien, einem Teil Russlands, leben die Menschen im Winter in festen Siedlungen und verbringen die Sommermonate als Nomaden mit ihren Rentierherden. Die Prärieindianer ↪ Nordamerikas waren ebenfalls Nomaden. Sie zogen mit den großen Büffelherden durch die ↪ Prärie.
➡ **Indianer**

Nordamerika
➡ **Seite 116**

der Nordpol
1. Der Nordpol ist der nördlichste Punkt der ↪ Erde. Die gerade Linie, die den Nordpol mit dem ↪ Südpol verbindet, nennt man Erdachse. Um diese ↪ Achse herum dreht sich die Erde einmal in 24 Stunden. Der Nordpol liegt mitten im Eis des Nordpolarmeeres. Das Gebiet um den Nordpol heißt Arktis. Zur Arktis gehören die Insel Grönland und die angrenzenden Nordränder von ↪ Europa, ↪ Asien und Amerika. Nur etwa für vier ↪ Monate steigen hier die ↪ Temperaturen über 0 °C. In der Arktis sind Rentiere, Schneehasen, Eisbären, Robben, Walrosse und ↪ Wale zu Hause. Auch die ↪ Inuit leben hier. Am Nordpol geht die ↪ Sonne nur einmal im ↪ Jahr am 21. März auf. Dann herrscht ein halbes Jahr lang Polartag. Am 23. September geht die Sonne wieder unter. Für sechs Monate ist jetzt Polarnacht. **2.** Ein Ende eines ↪ Magnets nennt man Nordpol.
➡ **Jahreszeiten**

Nordamerika

Zum nordamerikanischen ⇒ Kontinent gehören Nord- und Mittelamerika. Die schmale Landenge Mittelamerikas verbindet diesen drittgrößten Kontinent mit ⇒ Südamerika. Die großen ⇒ Staaten Kanada und USA (engl. United States of America, also Vereinigte Staaten von Amerika) sind sehr reich und mächtig. Mexiko, die sieben Länder Mittelamerikas und die Westindischen Inseln im karibischen Meer sind ärmere Länder. Der Kontinent reicht von der mit Eis bedeckten Insel Grönland im Nordpolarmeer bis zum warmen Panama im Süden. Entlang der Westküste erstreckt sich die über 4500 km lange Gebirgskette der Rocky Mountains.

Kanada

Kanada ist nach Russland das zweitgrößte Land der ⇒ Erde. Hoch im Norden leben die ⇒ Inuit, die Ureinwohner Kanadas. Weiter südlich liegen die großen Nadelwälder Kanadas, in denen vor allem Bären, Pumas, Wölfe und Elche zu Hause sind. Die ⇒ Küsten, Seen und Flüsse (⇒ Fluss) Kanadas sind sehr fischreich. Holzhandel und Fischfang gehören auch zu den wichtigsten Wirtschaftszweigen. Die meisten Kanadier leben im Süden, entlang der ⇒ Grenze zur USA.

USA

Die USA haben 50 Bundesstaaten. Alaska ist der größte und liegt abgetrennt im Norden des Kontinents, Hawaii im Pazifik. Östlich der Rocky Mountains gibt es große grasbedeckte ⇒ Prärien, die als Weideland genutzt werden. Sonst werden vor allem Weizen und ⇒ Tabak angebaut. Die vielen Naturwunder (z. B. Grand Canyon) und Nationalparks locken Touristen, ebenso die bekannten amerikanischen Städte (⇒ Stadt) New York und San Francisco. Die USA sind eine multikulturelle Gesellschaft, weil ihre Einwohner aus fast allen Ländern der Erde eingewandert sind. Von großer wirtschaftlicher Bedeutung sind ⇒ Raumfahrt und moderne Technologie, sowie die großen Vorkommen an Erdöl und Kohle. Man bezeichnet die USA als Weltmacht.

➡ Indianer

Weißkopfseeadler

Fläche: 24 Millionen km²
Höchster Punkt: Mount McKinley, 6194 m
Größter See: Oberer See
Längster Fluss: Mississippi, 3778 km
Zahl der Staaten: 23
Größte Stadt: Mexiko-Stadt (Mexiko), etwa 22,6 Millionen Einwohner
Gesamtbevölkerung: etwa 450 Millionen

die Oase

Wasserstellen und damit fruchtbare Orte in ⇒ Wüsten oder ⇒ Steppen nennt man Oasen. Ihr ⇒ Wasser erhalten sie aus einer ⇒ Quelle. Neben Dattelpalmen werden dort auch ⇒ Obst, ⇒ Gemüse und ⇒ Getreide angebaut. Solch größere Oasen müssen aber meist künstlich bewässert werden.

⇒ **Palme**

Obdachlos

⇒ Menschen, die keine Wohnung haben, sind obdachlos. Manche verlieren ihr Zuhause durch ⇒ Krieg oder Naturkatastrophen, wie Überschwemmungen oder ⇒ Erdbeben. Andere können die Miete für ihre Wohnung nicht mehr bezahlen, weil sie z. B. arbeitslos geworden sind. Vor allem in den armen Ländern ⇒ Afrikas, ⇒ Südamerikas und ⇒ Asiens leben Millionen von Kindern auf der Straße.

⇒ **Arbeitslosigkeit, Armut, Slum**

das Obst

Als Obst bezeichnet man essbare, meist saftig-fleischige Früchte (⇒ Frucht) und ⇒ Samen von Sträuchern und Bäumen (⇒ Baum). Es gibt Kernobst (z. B. Apfel, Birne), Steinobst (z. B. Kirsche, Pfirsich), Beerenobst (z. B. Heidelbeere, Weintraube) und Schalenobst (z. B. Walnüsse, Esskastanien). Aus warmen Ländern kommen die Südfrüchte wie Bananen, Orangen oder Ananas. Obst enthält viele Vitamine. Man kann Obst zu Saft, Marmelade oder Kompott weiterverarbeiten oder trocknen bzw. tiefgefrieren.

⇒ **Gesundheit und Ernährung**

das Ohr

Das Ohr ist ein Sinnesorgan. Das menschliche Ohr besteht aus Außen-, Mittel- und Innenohr. Die Ohrmuschel gehört zum Außenohr und fängt wie ein Trichter die Geräusche in Form von Schallwellen auf. Der ⇒ Schall wird durch den Gehörgang bis zum Trommelfell (Mittelohr) weitergeleitet. Das Trommelfell ist ein feines Häutchen und fängt durch die Schallwellen zu schwingen an. Die Schwingungen werden an die drei Gehörknöchelchen Hammer, Amboss und Steigbügel übertragen. Dort werden sie verstärkt und an das Innenohr mit der so genannten ⇒ Schnecke weitergegeben. Die Schnecke ist mit einer Flüssigkeit gefüllt und besitzt außerdem Sinneszellen mit feinen Härchen (⇒ Haar). Wenn die Flüssigkeit durch die Schwingung in Bewegung gerät, verbiegen sich die Härchen und leiten diesen Reiz über den Hörnerv an das ⇒ Gehirn weiter, das die Signale entschlüsselt. Im Innenohr liegt auch der Gleichgewichtssinn. Er sorgt dafür, dass wir z. B. wissen, wo oben und unten ist.

⇒ **Sinne**

Was bezeichnete man früher als den Orient?

das Öl
Öl ist ein zähflüssiges Fett. Es ist nicht in ⊙ Wasser löslich und schwimmt als Fettfilm oben. Man unterscheidet tierische und pflanzliche Öle. Unser Speiseöl ist pflanzlich und wird z. B. aus Oliven oder Sonnenblumenkernen gewonnen. Tierische Öle werden für Salben und Hautcremes verwendet. Mineralöle haben eine andere Zusammensetzung als fette Öle. Sie werden z. B. aus ⊙ Rohstoffen wie Erdöl, Braun- und Steinkohle, ⊙ Holz oder Torf gewonnen. Wir benutzen sie zur Gewinnung von ⊙ Energie.

die Olympischen Spiele

Olympische Ringe

Die Olympischen Spiele haben ihren Ursprung im Altertum. Schon 776 v. Chr. haben sich ⊙ Griechen in der Stadt Olympia alle vier ⊙ Jahre in verschiedenen Wettkämpfen wie z. B. Ring- und Faustkampf oder Wagenrennen gemessen. Teilnehmen durften jedoch nur freie Bürger aus griechischen ⊙ Staaten. ⊙ Frauen und ⊙ Sklaven war die Teilnahme untersagt. Der Preis für den Sieger war ein Lorbeerkranz. Die heutigen Spiele wurden durch den Grafen Pierre de Coubert ins Leben gerufen. Sein Motto lautete: Dabei sein ist alles. Die ersten Olympischen Spiele der Neuzeit wurden 1896 in Athen ausgetragen. Sie finden alle vier Jahre an einem anderen Ort in der Welt statt. Die Sieger werden mit Medaillen ausgezeichnet. Heute gehören auch Wettkämpfe in modernen Sportarten wie Badminton, Radrennen oder Kunstturnen dazu. Das Symbol der Olympischen Spiele zeigt fünf ineinander verschlungene Ringe. Die fünf Ringe sollen die fünf ⊙ Kontinente darstellen. Seit 1960 gibt es die Paralympics: Das sind die Wettkämpfe behinderter Leistungssportler.

➡ **Behinderung, Sport**

die Oper
Eine Oper ist ein Musiktheater bei dem gesungen, gespielt und musiziert wird. Es gibt sie seit etwa 400 ⊙ Jahren. Auf einer Bühne führen Sänger ein Stück auf, dessen Texte sie nicht sprechen, sondern singen. Manchmal singen auch viele Sänger gleichzeitig in einem Chor. Die Oper wird von einem Orchester begleitet. Von Wolfgang Amadeus Mozart stammt die berühmte Oper „Die Zauberflöte". Weitere berühmte Opernkomponisten sind Giuseppe Verdi, Giacomo Puccini und Richard Wagner.

➡ **Musik, Stimme, Theater**

der Orient
Früher nannte man die Länder östlich von ⊙ Europa Orient oder Morgenland. Europa selbst wurde als Okzident oder Abendland bezeichnet. Die Begriffe Orient und Okzident kommen aus dem Lateinischen und bedeuten aufgehend und untergehend. Gemeint sind der Sonnenaufgang im Osten (= Orient) und der Sonnenuntergang im Westen (= Okzident). Heute versteht man unter Orient hauptsächlich die Länder mit islamischer ⊙ Religion.

➡ **Himmelsrichtung**

Österreich
➡ Seite 120

der Ozean
Die drei Ozeane machen den Großteil des Weltmeeres aus. Sie liegen zwischen den ⊙ Kontinenten. Der Pazifische Ozean (Pazifik) ist der größte und tiefste. Er liegt westlich von Amerika und östlich von ⊙ Asien und ⊙ Australien. An seiner tiefsten Stelle, dem Marianengraben, ist er über 11 000 m tief. Im Pazifik liegen tausende von kleinen Inseln, die durch ⊙ Vulkane entstanden sind. Häufig wird der Meeresboden von ⊙ Erdbeben erschüttert. Um auf dem direkten Seeweg von ⊙ Europa nach Amerika zu gelangen, muss man den Atlantischen Ozean (Atlantik) überqueren. Der kleinste Ozean ist der Indische Ozean. Er liegt zwischen Asien, ⊙ Afrika, Australien und der Antarktis mit dem ⊙ Südpol.
➡ Meer

das Ozon
Ozon ist eine besondere Form des ⊙ Sauerstoffs. Es ist ein stark riechendes, giftiges ⊙ Gas, das Kopfschmerzen verursacht und die Atmungsorgane reizt. Ozon entsteht vor allem durch Autoabgase im Sommer. Dann spricht man von Smog. In der ⊙ Atmosphäre unserer ⊙ Erde gibt es eine natürliche Ozonschicht, die uns vor schädlichen Sonnenstrahlen schützt, die z. B. Hautkrebs verursachen können. Diese Ozonschicht wird durch Umweltgifte wie das Gas FCKW (Fluorchlorkohlenwasserstoff) zunehmend zerstört. Es entstehen so genannte Ozonlöcher, die das ⊙ Klima verändern. FCKW wird bei der Herstellung von Treibmitteln für Spraydosen, Kühlmittel oder Schaumstoffe verwendet. Der Ausstoß von FCKW in die ⊙ Luft wurde bisher nur von wenigen Ländern gesetzlich verboten.
➡ Abgase, Umweltschutz

Österreich

Österreich ist ein gebirgiges Land in Mitteleuropa (→ Europa) und grenzt an acht europäische Länder. Österreich ist eine demokratische → Republik und hat neun Bundesländer: Niederösterreich, Steiermark, Tirol, Oberösterreich, Kärnten, Salzburg, Burgenland, Vorarlberg und Wien.
→ Demokratie

Natur
Die → Alpen durchziehen das Land von Westen nach Südosten. Rund zwei Drittel des Landes sind von → Bergen bedeckt. Es gibt hier → Gletscher und Almen. Hier verbringen Kühe die Sommermonate. Im Osten ist das Land flacher und es ist wärmer. Dort wird auch Wein angebaut. Der nur ein bis zwei Meter tiefe Neusiedler See liegt an der → Grenze zu Ungarn und ist ein Paradies für Vögel (→ Vogel). Österreich ist eines der waldreichsten Länder Europas.

Land und Leute
Die Bergregionen sind dünn besiedelt. Die meisten Österreicher leben in den größeren Städten (→ Stadt) wie Wien, Graz, Linz und Salzburg. Bei diesen Städten hat sich auch die → Industrie angesiedelt. Wien ist die Hauptstadt Österreichs und liegt an der Donau. Im Prater, einem Vergnügungspark, steht das Riesenrad, das zum Wahrzeichen Wiens geworden ist. Aus Österreich kommen viele berühmte Komponisten wie Mozart, Haydn und Schubert und es finden viele bekannte Musikveranstaltungen statt, wie z. B. die Salzburger Festspiele.
→ Musik, Oper

Wirtschaft
Ein wichtiger Wirtschaftszweig Österreichs ist der Fremdenverkehr: Jährlich machen 18 Millionen → Menschen hier Urlaub. Die Alpen sind ein beliebtes Wander- und Wintersportgebiet. Das und der starke Durchgangsverkehr von Nord- nach Südeuropa (die Brennerstraße beginnt bei Innsbruck und führt über die Alpen nach Italien) bringen aber auch Probleme mit sich: → Abgase und → Lärm belasten die Umwelt in der Alpenregion. → Handel treibt Österreich vor allem mit → Maschinen, Fahrzeugen und Textilien, aber auch mit Wein.

Fläche: etwa 84 000 km²
Hauptstadt: Wien, 1,6 Millionen Einwohner
Nationalfeiertag: 26. Oktober (Verabschiedung des Neutralitätsgesetzes)
Höchster Punkt: Großglockner, 3798 m
Gesamtbevölkerung: etwa 8,2 Millionen

die Palme

Dattelpalme — Kokospalme

Palmen gibt es vor allem in den ↪ Tropen, aber auch im Mittelmeergebiet. Die meisten Arten haben einen hohen, schlanken Stamm an dessen Spitze die meist harten fächerförmigen Blätter (↪ Blatt), die Palmwedel, wachsen. Palmen liefern essbare Früchte (↪ Frucht), wie z. B. Kokosnüsse oder Datteln, aber auch Material für Körbe oder Möbel.

die Pantomime

Pantomime ist eine besondere Art des Theaterspiels. Dabei erzählen die Schauspieler eine Geschichte ganz ohne ↪ Worte. Sie benutzen nur Bewegungen, also Gestik, und ihren Gesichtsausdruck, die Mimik. Begleitet werden sie oft von ↪ Musik.

➡ Theater

das Papier

Das erste Papier verwendeten die ↪ Ägypter vor etwa 5000 ↪ Jahren. Sie stellten es aus den Stängeln der Papyruspflanze her. Von ihr erhielt das Papier auch seinen ↪ Namen. Papier, wie wir es heute kennen, wurde vor etwa 1900 Jahren in China erfunden. Damals zerstampfte man Baumrinde, Hanf und alte Lumpen zu einem Brei, der dann zu Blättern (↪ Blatt) gepresst wurde. Das Wissen um die Papierherstellung gelangte im 8. bis 10. Jahrhundert über den ↪ Orient nach ↪ Europa. Vor etwa 600 Jahren gab es die erste Papiermühle in ↪ Deutschland. Damals wurde das Papier ausschließlich aus alten Lumpen und mit Schöpfsieben von Hand hergestellt. Heute wird die ganze Arbeit meist von riesigen ↪ Maschinen gemacht. Als ↪ Rohstoff dient Zellstoff, ein watteähnliches Material, das aus ↪ Holz gewonnen wird. Auch Altpapier verwendet man zur Herstellung von neuem Papier. Je nach Papierart wird der Faserbrei noch gefärbt oder gebleicht, um das Papier weißer zu machen. Dieser Papierbrei wird dann auf einem Förderband verteilt, entwässert, getrocknet und abschließend zu langen Papierbahnen gewalzt.

➡ Buch, Recycling, Schrift

Papyrus

der Pfeffer

Pfeffer ist ein scharf schmeckendes ↪ Gewürz. Er stammt vom Pfefferstrauch, einer Kletterpflanze aus den ↪ Tropen. Wir kennen schwarzen und weißen Pfeffer. Schwarzer Pfeffer entsteht aus unreifen und ungeschälten Früchten (↪ Frucht), die beim Trocknen schwarz werden. Der weiße Pfeffer dagegen wird aus den reifen, geschälten Früchten gewonnen. Pfeffer kam in der Antike durch Karawanen in den Mittelmeerraum zu ↪ Griechen und ↪ Römern. Im ↪ Mittelalter war Pfeffer ein kostbares Handelsgut, durch das italienische Städte (↪ Stadt) wie Genua und Venedig sehr reich wurden.

➡ Handel

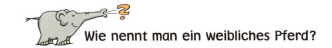

das Pferd

Pferde sind ◆ Säugetiere, zu deren ◆ Familie auch der Esel und das Zebra gehören. Vor etwa 6000 ◆ Jahren wurden die ersten Wildpferde von den ◆ Menschen gezähmt und als Last- und Reittiere genutzt. Pferde sind Huftiere, die auf einer einzigen hufförmigen Zehe laufen. Sie ernähren sich von ◆ Pflanzen und leben in Herden. Weil Pferde bei Gefahr fliehen, sind sie Fluchttiere. Das männliche Pferd heißt Hengst. Wird der Hengst künstlich unfruchtbar gemacht (kastriert), nennt man ihn Wallach. Das weibliche Tier ist die Stute und das Jungtier heißt Fohlen. Je nach Fellfarbe gibt es Braune, Füchse (rötlich), Rappen (schwarz) und Schimmel (weiß). Die kräftigen und ruhigen Kaltblutpferde werden als Arbeitstiere eingesetzt, die temperamentvollen Warmblut- und Vollblutpferde (z. B. Araber) als Reit- und Rennpferde. Ponys sind eine Pferderasse mit einer Größe bis 1,48 m.

Wildpferd

Huf

➡ **Fell, Haustier, Rasse**

die Pflanzen

Pflanzen sind Lebewesen, die im Gegensatz zu Tieren und ◆ Pilzen durch das Blattgrün (Chlorophyll) ihre Nahrung selbst herstellen können. Dabei setzen sie ◆ Sauerstoff frei. Die meisten Pflanzen haben ◆ Wurzeln, einen Stängel und Blätter (◆ Blatt). Bei Sträuchern und Bäumen (◆ Baum) sind Stamm und Äste verholzt. Es gibt etwa 360 000 verschiedene Pflanzenarten. Die größte Gruppe bilden die Blütenpflanzen, zu denen ◆ Laub- und ◆ Nadelbäume, Gräser und ◆ Blumen zählen. Der ◆ Mensch nutzt Pflanzen als Nahrungsmittel, Tierfutter oder Heilmittel in der ◆ Medizin sowie als ◆ Rohstoff für ◆ Kleidung und Hausbau.

➡ **Baumwolle, Heilpflanze, Holz**

der Pharao

Pharao war im alten ◆ Ägypten zunächst die Bezeichnung für den Königspalast. Später nannte man auch die ägyptischen ◆ Könige so. Die Ägypter hielten ihre Pharaonen für Nachkommen des Sonnengottes Re.

Pharao

Manche Pharaonen ließen sich riesige Grabstätten bauen. In diesen ◆ Pyramiden wurden sie nach ihrem ◆ Tod als ◆ Mumien beigesetzt. Auch an den goldenen Totenmasken kann man heute noch den Reichtum und die Macht der Pharaonen erkennen. Zu den berühmtesten Pharaonen gehören Cheops, Ramses und Tutanchamun.

die Pilze

Pilze gehören nicht zu den ◆ Pflanzen, da ihnen der grüne Blattfarbstoff (Chlorophyll) fehlt. Daher können sie ihre Nahrung nicht selbst in den Blättern (◆ Blatt) herstellen. Pilze bilden darum im Boden ein weit verzweigtes Geflecht (Myzel), um Nährstoffe

Fliegenpilz — Hut, Stiel, Myzel

von abgestorbenen Pflanzen aufzunehmen. Manche Pilzarten leben auch in einer Lebensgemeinschaft (Symbiose) mit anderen Pflanzen, so z. B. der Birkenpilz bei Birken. Viele Pilze bestehen aus Stiel und Hut. Manche dieser Hutpilze sind essbar (z. B. Champignon, Pfifferling, Steinpilz), andere jedoch tödlich giftig (z. B. Knollenblätterpilz). Es gibt über 100 000 verschiedene Pilzarten. Zu ihnen zählen auch die Schimmelpilze, die sich auf Nahrungsmitteln bilden, und die Hefepilze. Diese werden zum Backen oder zur Wein-, Bier- und Käseherstellung verwendet.

→ Käse, Schimmel

der Pirat

Piratenschiff

Piraten waren Seeräuber. Vom → Wasser aus überfielen sie große Handelsschiffe und raubten deren Ladung. Piraterie wurde mit dem → Tode bestraft. Einige Piraten erhielten jedoch von → Königen Freibriefe, die ihnen erlaubten, die → Schiffe feindlicher Länder auszurauben und zu versenken. Diese Piraten nannte man Freibeuter. Auch heute noch gibt es Piraten, die mit schnellen Booten Schiffe überfallen.

Pirat

das Plankton

Unter Plankton versteht man alle kleinen, im → Wasser schwebenden Tiere und → Pflanzen. Diese Kleinstlebewesen können sich kaum selbst fortbewegen, sondern treiben mit der Wasserströmung. Sie sind so winzig, dass sie oft nur unter dem → Mikroskop zu sehen sind. → Quallen, → Larven, junge Krebse und → Fische gehören z. B. zum tierischen Plankton. Zum pflanzlichen Plankton zählen verschiedene → Algen. Sie erzeugen → Sauerstoff. Plankton ist Nahrungsgrundlage für viele Tierarten wie Fische und → Wale. Es steht am Anfang der → Nahrungskette aller Wasserbewohner.

die Politik

→ Seite 124

die Polizei

Hauptaufgabe der Polizei ist die Abwehr von Gefahren. Sie schützt das Leben und den Besitz von → Menschen, sorgt für Sicherheit und Ordnung und die Einhaltung der → Gesetze. Bei der Verfolgung von Straftaten befragen Polizisten Zeugen, nehmen → Fingerabdrücke und suchen nach Beweisen, um die Täter zu überführen. Die Täter kommen dann meist vor ein → Gericht und werden verurteilt. Die meisten Polizeikräfte, wie z. B. die Verkehrs- oder Wasserschutzpolizei oder der Bundesgrenzschutz, tragen im Dienst Uniformen. Die Kriminalpolizisten klären Straftaten in Zivilkleidung auf, d. h. in ihrer Alltagskleidung.

die Politik

Als Politik bezeichnet man alles, womit die ➔Menschen ihr Miteinander gestalten.

Parlament

In Berlin tagt das deutsche Parlament, der Bundestag.

Das Parlament ist die Vertretung des ➔Volkes, also aller Menschen, die in einem ➔Staat leben. Die Mitglieder des Parlaments nennt man Abgeordnete. Das Parlament berät und beschließt ➔Gesetze. Es entscheidet auch, wofür der Staat sein ➔Geld ausgeben soll und kontrolliert die Regierung. Die Pläne der Regierung werden im Parlament öffentlich diskutiert.

Regierung

Die Regierung leitet den Staat. Sie trifft alle politischen Entscheidungen und achtet darauf, dass die Gesetze eingehalten werden. In ➔Deutschland und ➔Österreich bildet die stärkste Partei im Parlament die Regierung. Erlangt keine Partei die Mehrheit, schließen sich Parteien zu einer Koalition zusammen, um zu regieren. Die anderen Parteien bilden die Opposition. Zur Regierung gehören der Kanzler und die Minister. In der ➔Schweiz regieren Bundesräte.

Bundeskanzler und Minister

Der Bundeskanzler ist in Deutschland und Österreich der Chef der Regierung. In Deutschland wird er vom Bundespräsidenten vorgeschlagen und vom Parlament in der Regel für vier ➔Jahre gewählt. Der Bundeskanzler entscheidet, welche Richtung die Politik nehmen soll und sucht sich die Minister aus. Der Finanzminister verwaltet z. B. das Geld im Staat. Andere Bereiche sind z. B. ➔Verkehr, Bildung oder ➔Familie.

Bundespräsident

Der Bundespräsident ist in Deutschland und Österreich der erste Mann im Staat, gehört aber nicht zur Regierung. Er repräsentiert sein Land, das heißt er vertritt es nach außen und empfängt z. B. andere Staatsoberhäupter. Der Bundespräsident hat zwar keine politische Macht, aber politische Aufgaben. Er unterschreibt und verkündet z. B. die vom Bundestag beschlossenen Gesetze. Der Bundespräsident wird für fünf Jahre gewählt. In anderen Ländern, wie z. B. den Vereinigten Staaten von Amerika (USA) ist der Präsident der Chef der Regierung.

Parteien

Eine Partei ist ein Zusammenschluss von Menschen, die gemeinsame politische Ziele haben. Die Parteien wollen sich aktiv an der Politik beteiligen. Die Wähler können die Mitglieder der Parteien als Abgeordnete ins Parlament wählen.

➔ Demokratie, Diktatur, Gesellschaft, König, Recht, Republik, Steuern, Wahl

das Porzellan

Porzellan wurde schon vor 1300 ◉ Jahren in China hergestellt. Dafür mischt man aus Kaolin, Feldspat und Quarz einen feuchten Brei, den man formt. Die getrockneten Teile werden auf bis zu 1450 °C erhitzt. Am Ende erhält man Geschirr, Gefäße oder Figuren aus feinem, weißem und manchmal auch fast durchsichtigem Material, das noch verziert werden kann.

Porzellangeschirr

die Prärie

Das ◉ Wort Prärie bedeutet „◉ Wiese". Gemeint ist damit die große baumlose Graslandschaft in ◉ Nordamerika. Die Prärie wird für den Ackerbau oder als Weideland genutzt. Früher lebten hier riesige Bisonherden, die von den ◉ Indianern gejagt wurden.

➔ Landschaft

die Pubertät

In der Pubertät werden Kinder geschlechtsreif und damit langsam zu Erwachsenen. Sie setzt im ◉ Alter zwischen 10 und 13 ◉ Jahren ein. In dieser ◉ Zeit beginnt sich der Körper der Mädchen und Jungen zu verändern: Schamhaare wachsen. Die Brust der Mädchen bildet sich und ihre Hüften werden breiter. Sie haben ihre erste Periode und können nun ein Kind bekommen. Bei den Jungen wird die ◉ Stimme tiefer, sie wachsen schnell und im Gesicht sprießt ein Bart. In ihren Hoden reifen ◉ Samen und sie haben ihren ersten Samenerguss. Die Pubertät ist eine schwierige Lebensphase. Gefühle, Verhaltensweisen und Interessen verändern sich. Dadurch wird man häufig unsicher und unausgeglichen.

➔ Frau, Mann

der Puls

Der Puls ist das gleichmäßige Klopfen im Körper. Man kann den Puls mit den Fingern am Hals oder an der Innenseite des Handgelenks spüren. Er entsteht, wenn sich das Herz zusammenzieht, um Blut in den Körper zu pumpen. Das Herz schlägt bei körperlicher Anstrengung schneller. Gleichzeitig beschleunigt sich der Puls.

➔ Menschlicher Körper

die Pumpe

Eine Pumpe ist eine ◉ Maschine, mit der man Flüssigkeiten oder ◉ Gase fördert. Am häufigsten ist die Kolbenpumpe, wir kennen sie z. B. als Fahrradpumpe. In ihrem Inneren bewegt man einen Kolben hin und her. Durch das ◉ Ventil wird dadurch ◉ Luft angesaugt und ausgestoßen. Es gibt noch viele andere Pumpenarten, denn Pumpen braucht man überall: für Wasch- und Spülmaschinen oder zum Auspumpen voll gelaufener Keller. Auch Erdöl (◉ Öl) wird mit Pumpen aus dem Erdboden gefördert.

Wie heißt die höchste Pyramide?

die Pyramide

1. Die Pyramide ist ein geometrischer Körper. 2. Im alten ◦Ägypten wurden die ◦Pharaonen nach ihrem ◦Tod in den Pyramiden beigesetzt. Das Innere der Pyramiden ist mit ◦Hieroglyphen und Wandgemälden reich verziert. Die Toten erhielten Grabbeigaben wie Speisen, Waffen, Werkzeuge und Schmuck. Zum Schutz vor Grabräubern wurde die Grabkammer, in der die ◦Mumie des Pharaos lag, tief im Inneren der Pyramide versteckt. Geheimtüren und -gänge sollten Räuber in die Irre führen. Der Eingang in die Pyramiden wurde zugemauert. In Ägypten stehen etwa 80 Pyramiden. Die drei berühmtesten sind die Pyramiden von Gise. Sie gehören zu den sieben ◦Weltwundern. Die Cheopspyramide ist mit einer Höhe von 137 m (ursprünglich 147 m) die höchste der Pyramiden. Sie besteht aus über 2 Millionen Sandsteinblöcken. Bis heute weiß man nicht genau, wie die Ägypter die schweren ◦Steine auftürmen konnten. Auch Indianerstämme in Mittel- und ◦Südamerika wie die Inka, Maya und Azteken bauten große Pyramiden. Dort brachten die ◦Menschen ihren Göttern Opfer dar.

➡ **Bauwerke, Formen und Körper, Indianer**

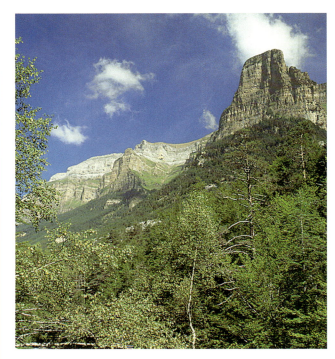

Pyrenäen

Cheopspyramide

Königskammer — Große Galerie
Eingang
Königinnenkammer
unterirdische Grabkammer

die Pyrenäen

Die Pyrenäen sind nach den ◦Alpen das zweitgrößte europäische ◦Gebirge. Die Bergketten der Pyrenäen trennen Frankreich und Spanien. Das Gebirge erstreckt sich über eine Entfernung von etwa 430 km vom Golf von Biscaya bis zum Mittelmeer. Der höchste ◦Berg ist der Pico de Aneto (3404 m). In der Mitte der Gebirgskette liegt der kleine europäische ◦Staat Andorra. In der abwechslungsreichen ◦Landschaft der Pyrenäen leben seltene ◦Pflanzen und Tiere, z. B. Geier, Adler und Braunbären.

➡ **Europa**

Spanische Galeere

die Qualle

Quallen sind wirbellose, frei schwimmende Wasserbewohner. Die Tiere bestehen zu 98 Prozent aus ▸ Wasser. Ihre farblosen oder leuchtend bunten Körper sehen wie aufgespannte Schirme aus. Die etwa 250 Quallenarten gehören zu den Nesseltieren und leben hauptsächlich in ▸ Meeren. Wenn Quallen ihren gallertartigen Körper zusammenziehen, stoßen sie Wasser nach unten aus und bewegen sich dadurch fort. Der Mund der Qualle ist von Fangarmen (Tentakeln) umgeben, die mit Nesselkapseln besetzt sind. Bei Berührung platzen diese Kapseln auf und geben ein ▸ Gift ab, das die gefangene Beute lähmt. Die Berührung einiger Quallenarten kann auch für den ▸ Menschen gefährlich sein.

▸ **Tierreich**

die Quarantäne

Das ▸ Wort Quarantäne kommt aus dem Französischen und bedeutet „vierzig Tage". Im ▸ Mittelalter hatten die ▸ Menschen große Angst vor Seuchen wie der Pest, die ganze Städte (▸ Stadt) auslöschte. Deshalb mussten teilweise Händler und ▸ Schiffe vor den Stadttoren oder dem ▸ Hafen vierzig ▸ Tage warten, bevor sie in die Stadt durften. Menschen oder Tiere, die eine ansteckende Infektionskrankheit haben, werden auch noch heute von ihren Mitmenschen oder anderen Tieren getrennt. So werden diese vor Ansteckungen geschützt und man vermeidet, dass sich ▸ Krankheiten ausbreiten.

das Quecksilber

Quecksilber ist das einzige ▸ Metall, das bei Zimmertemperatur flüssig ist. Es sieht aus wie glänzendes Silber und bildet auf glatten Flächen kleine Kügelchen. Früher hat man es oft in Fieberthermometern verwendet. Das war gefährlich, denn Quecksilberdämpfe sind sehr giftig. Wenn ein ▸ Thermometer zerbrach, verdampfte ein Teil des Quecksilbers und wurde eingeatmet. Heute wird Quecksilber noch in bestimmten ▸ Batterien (Knopfzellen), Energiesparlampen und in ▸ Barometern benutzt.

die Quelle

1. Wenn es regnet, versickert ▸ Wasser im Boden und sammelt sich als Grundwasser über einer wasserundurchlässigen Erdschicht an. Tritt dieses Grundwasser nun wieder an die Erdoberfläche, so spricht man von einer Quelle. Quellen können auch einen Bach oder einen See bilden. Viele Quellen liefern uns Trinkwasser, da ihr Wasser sehr rein ist. Es gibt auch warme Quellen (Thermen), deren Wasser in großer Tiefe aufgewärmt wurde. Ihr Wasser enthält oft aus Gesteinsschichten gelöste ▸ Minerale. Sie werden zu Heilzwecken genutzt, z. B. als Mineralwasser oder für Thermalbäder. Aus der ▸ Erde können auch Erdöl- oder Erdgasquellen austreten. **2.** Überlieferungen und Überreste aus der Vergangenheit werden als historische Quellen bezeichnet.

▸ **Geschichte, Geysir**

das Rad

Holzrad

Das Rad ist eine der wichtigsten und nützlichsten Erfindungen. Denn mit ihm lassen sich schwere Lasten leichter und schneller transportieren. Die ersten Räder wurden vor etwa 5000 ◗ Jahren hergestellt. Bis dahin benutzten ◗ Menschen Schlitten für den Transport von Lasten. Die ersten Räder sahen aus wie die Scheiben von Baumstämmen. Sie waren fest mit der ◗ Achse verbunden. Erst später befestigte man die Achse fest am Fahrzeug, während sich die Räder an ihrem Ende drehten. Dann wurden die schweren Holzräder durch leichtere Speichenräder ersetzt. Die Speichen waren zuerst noch aus ◗ Holz. Um 1800 gab es erstmals Speichen aus Draht. Im Jahr 1895 entwickelten die Brüder Michelin den Luftreifen für ◗ Autos. Das Rad ist eine Erfindung, die kein Vorbild in der ◗ Natur hat.

Holzspeichenrad

Drahtspeichenrad

Luftreifen

das Radar

Dieses elektronische Gerät sendet Radarstrahlen aus. Sie können ◗ Nebel und Dunkelheit durchdringen und Hindernisse erkennen, die weit weg oder schlecht zu sehen sind. Das Radar wird vor allem in der ◗ Luft-, Schiff- und ◗ Raumfahrt eingesetzt. Mithilfe des Radars können Fahrzeuge ihren Kurs einhalten und Zusammenstöße vermeiden. Treffen die Radarstrahlen z. B. auf ein ◗ Schiff, werden sie wie beim ◗ Echo zurückgeworfen. Dieses Echo wird von einer Antenne aufgefangen und erscheint als leuchtender Punkt auf einem Bildschirm. Nun können der Ort, die Entfernung und die ◗ Geschwindigkeit des Schiffes bestimmt werden. Die ◗ Polizei nutzt das Radar, um Autofahrer aufzuspüren, die zu schnell fahren.

Mit dem Radargerät können der Kapitän oder der Steuermann auch bei Dunkelheit und Nebel den richtigen Weg finden.

die Radioaktivität

Radioaktivität ist die Eigenschaft bestimmter ◗ Atome, sich ohne äußere Einwirkung in andere Atomkerne umzuwandeln und dabei ◗ Energie in Form von radioaktiver Strahlung freizusetzen. Das geschieht auch in der ◗ Natur und wurde zuerst am Stoff ◗ Uran entdeckt. In Kernkraftwerken gewinnt man durch den künstlich ausgelösten radioaktiven Zerfall von Urankernen Energie. Dabei entstehen jedoch gefährliche und schädliche Mengen radioaktiver Strahlung, die weder zu sehen noch

Zeichen für Radioaktivität

Welche Tiere gehören zu den Raubtieren?

zu fühlen ist und enorme Gesundheitsschäden bewirken kann. So sind z. B. nach dem großen Reaktorunglück im ➔ Jahr 1986 in Tschernobyl in Russland viele ➔ Menschen an Krebs erkrankt und gestorben. Auch die bei der künstlichen Kernspaltung zurückbleibenden Abfälle senden radioaktive Strahlung aus – nicht nur heute, sondern tausende von Jahren lang. Deshalb müssen diese radioaktiven Abfälle besonders gelagert werden, z. B. in tiefen Erdhöhlen, die nach dem Salzabbau zurückbleiben. So hofft man, dass sie niemandem schaden.

die Rasse

Eine Rasse ist eine Gruppe von Lebewesen, die gemeinsame erbliche Merkmale haben und sich dadurch von anderen unterscheiden. So gibt es bei den ➔ Katzen z. B. Langhaar- und Kurzhaarrassen. Menschliche Rassen unterscheiden sich z. B. durch die Hautfarbe.

➔ Vererbung

der Rassismus

Wenn ➔ Menschen andere Menschen aufgrund bestimmter Eigenschaften oder ihrer ➔ Rasse unterdrücken und ausgrenzen, dann nennt man das Rassismus. Der Rassismus beruht auf ➔ Vorurteilen. In Südafrika wurden beispielsweise Menschen mit schwarzer Hautfarbe von den Weißen diskriminiert. Und während des ➔ Nationalsozialismus wurden sogar Millionen von Menschen aus rassistischen Gründen ermordet.

➔ Diskriminierung

das Rathaus

Das Rathaus ist der Amtssitz des Bürgermeisters und aller städtischen Behörden, die sich um die Belange der ➔ Stadt oder Gemeinde kümmern. Dort treffen sich auch die von den Bürgern gewählten Stadt- oder Gemeinderäte zu Beratungen und Sitzungen.

➔ Demokratie, Politik, Wahl

das Raubtier

Raubtiere sind ➔ Säugetiere, die andere Tiere jagen und fressen. Man erkennt die Fleischfresser an ihren scharfen Eck- und Reißzähnen. Die meisten Raubtiere haben spitze, starke Krallen, mit denen sie ihre Beute schlagen. Zu den Raubtieren gehören z. B. ➔ Hunde, ➔ Katzen, Bären, Marder und Robben.

➔ Tierreich

Bär

die Raumfahrt
➔ Seite 130

das Recht

Das geltende Recht in einem ➔ Staat sorgt dafür, dass die ➔ Menschen friedlich zusammenleben können und im Falle eines Streites eine gerechte Lösung gefunden wird. Das Recht besteht aus vielen ➔ Gesetzen, die für alle Bewohner eines Staates gelten. Wer sich nicht an die Gesetze hält, wird von einem ➔ Gericht zu einer Strafe verurteilt.

die Raumfahrt

Schon immer träumten die ▸Menschen davon, ins ▸All zu fliegen und es zu erkunden. Der erste ▸Satellit startete 1957. Vier Jahre später umkreiste der Russe Juri Gagarin als Erster in einer Raumkapsel die ▸Erde. Und am 21. Juli 1969 landeten Neil Armstrong und Edwin Aldrin als erste Menschen auf dem ▸Mond. Seither ist im All viel erforscht worden. Alle Planeten unseres Sonnensystems – außer dem Pluto – wurden bereits von Raumfahrzeugen besucht.

Raketen
sind Flugkörper, die nach dem Rückstoßprinzip funktionieren. Lässt man einen aufgeblasenen Luftballon los, fliegt er durch den Rückstoß der ausströmenden ▸Luft davon. Die Rakete setzt sich durch die Verbrennung von Treibstoff in Bewegung: Die hinten ausgestoßenen ▸Gase versetzen der Rakete einen Schub nach vorn.

Raumsonden
Raumsonden sind unbemannte Raumfahrzeuge, die fremde Planeten erkunden. Die bislang erfolgreichste Raumsonde war die amerikanische Voyager 2. Sie lieferte uns von 1977 bis 1989 viele Bilder von Jupiter, Saturn, Uranus und Neptun.

Raumstationen
Raumstationen sind riesige Satelliten im All, auf denen Astronauten leben und arbeiten. Die erfolgreichste Station war die russische „MIR" (Frieden). Von einer Raumstation aus lassen sich Naturkatastrophen wie Überschwemmungen vorhersagen und Klimaveränderungen beobachten.
⇒ Katastrophen, Klima

Spaceshuttle
Spaceshuttles sind Raumfähren, die im Gegensatz zu Raketen mehrmals verwendet werden können. Das spart viel ▸Geld. Sie wurden gebaut, um die bemannten Raumstationen zu versorgen oder Astronauten (Raumfahrer) zu transportieren. Heute bringen Spaceshuttles zudem Satelliten in die Erdumlaufbahn oder zur Erde zurück.

Schwerelosigkeit
Im All herrscht keine ▸Schwerkraft wie auf der Erde. Die Astronauten schweben frei herum. Zum Schlafen kriechen sie deshalb in einen Schlafsack, der an der Wand befestigt ist. Astronauten trinken aus geschlossenen Packungen. Flüssigkeiten aus Gläsern würden als kleine Tropfen überall umherschweben. Essen können Astronauten nur Dinge, die nicht krümeln.

der Rechtsanwalt
Ein Rechtsanwalt berät und vertritt seine Mandanten (Kunden) bei allem, was mit ⮕ Recht und ⮕ Gesetzen zu tun hat. Er kann z. B. einen ⮕ Vertrag vorbereiten oder seine Mandanten vor ⮕ Gericht verteidigen, wenn sie angeklagt werden. Ein Angeklagter, der sich keinen Rechtsanwalt leisten kann, bekommt einen vom ⮕ Staat bezahlten Pflichtverteidiger. Um Rechtsanwalt zu werden, muss man an einer ⮕ Universität Jura, also die Lehre von Recht und den Gesetzen, studieren.

⮕ Richter, Staatsanwalt

das Recycling
Recycling (gesprochen: Riseikling) nennt man die Wiederverwertung von Abfällen. Das ⮕ Wort kommt aus dem Englischen und bedeutet „wieder in den Kreislauf bringen", denn vieles von dem, was wir wegwerfen, kann als ⮕ Rohstoff für neue Sachen benutzt werden. Aus Altpapier lässt sich ⮕ Papier machen. Glasflaschen werden eingeschmolzen und zu neuen Flaschen geformt. Auch Altöl (⮕ Öl), ⮕ Batterien, Elektronikschrott, ⮕ Kunststoffe und ⮕ Metalle werden wieder verwendet. Wer recycelt betreibt ⮕ Umweltschutz, da weniger ⮕ Müll anfällt und Rohstoffe gespart werden.

der Regen
Die häufigste Form des ⮕ Niederschlags ist der Regen. Er entsteht, wenn aufsteigender Wasserdampf in den oberen, kälteren Luftschichten abkühlt und kondensiert, das heißt Wassertröpfchen bildet. Werden die Wassertröpfchen der ⮕ Wolken zu groß und schwer, fallen sie als Regentropfen zu Boden. Ein Wolkenbruch ist ein kurzer, sehr starker Regenschauer mit großen Tropfen.

⮕ Wasser

der Regenbogen
Der Regenbogen ist eine farbige Lichterscheinung am ⮕ Himmel. Der Betrachter kann ihn sehen, wenn die ⮕ Sonne hinter seinem Rücken steht und in ein Regengebiet scheint. Dabei brechen die Wassertropfen die Sonnenstrahlen und zerlegen das weiße ⮕ Licht in die ⮕ Farben Rot, Orange, Gelb, Grün, Blau, Indigo und Violett. Regenbogen entstehen auch an Springbrunnen, Wasserfällen und mithilfe eines Wasserschlauchs. Der Regenbogen ist ein Symbol des ⮕ Friedens.

⮕ Wasser

der Regenwald

Der immergrüne Regenwald wächst in den ⮕ Tropen. Hier ist es das ganze ⮕ Jahr über gleichmäßig heiß und es regnet beinahe täglich. Diese Wälder gibt es in ⮕ Australien, ⮕ Südamerika, ⮕ Afrika und im Südosten ⮕ Asiens. Mehr als die Hälfte aller bekannten Pflanzen- und Tierarten der Welt leben dort. Die bis zu 90 m hohen Bäume (⮕ Baum) stehen so dicht, dass zum Boden nur wenig ⮕ Licht durchdringt. Daher wachsen viele ⮕ Pflanzen wie Orchideen, ⮕ Kräuter, Baumfarne und Lianen auf den Ästen oder Rinden der Bäume. Der Regenwald ist ⮕ Heimat von zahlreichen Tieren wie Affen, Vögeln (⮕ Vogel), Schlangen, ⮕ Schmetterlingen und Fröschen (⮕ Frosch). Er wird auch als grüne Lunge der ⮕ Erde bezeichnet, da er große Mengen an ⮕ Sauerstoff produziert. Doch mehr als die Hälfte der Regenwälder sind verschwunden, da sie abgerodet werden und ihr wertvolles ⮕ Holz verkauft wird. Dadurch sterben nicht nur viele Tier- und Pflanzenarten aus, auch das ganze ⮕ Klima der Erde verändert sich.

⮕ Dschungel, Lebensraum Wald

der Regenwurm

Der bei uns heimische Regenwurm ist ein wirbelloser Wurm, der aus vielen Gliedern besteht. Diese kann er zusammenziehen und wieder strecken, um sich fortzubewegen. Regenwürmer leben in feuchten Böden und bohren dort ganze Netze von unterirdischen Gängen.

Wie nennt man Reptilien noch?

Wenn diese bei starken Regenschauern voll ↦Wasser laufen, kommen Regenwürmer an die Erdoberfläche. Regenwürmer sind gleichzeitig Weibchen und Männchen (Zwitter). Sie befruchten sich aber dennoch gegenseitig.
↦ **Befruchtung, Tierreich**

der Reim
Hose – Dose, schmecken – wecken reimen sich, da sie ab der letzten betonten Silbe gleich klingen, auch wenn der Anlaut verschieden ist. Solche Wortpaare bezeichnet man als Reim. Reime findet man in ↦Gedichten oder Liedern. Oft reimen sich die ↦Wörter am Ende zweier ↦Verse (Zeilen).

der Reis
Reis ist für mehr als die Hälfte der Weltbevölkerung das Hauptnahrungsmittel. Reis wird auf künstlich bewässerten Feldern angebaut. Nach der Ernte werden die Reiskörner geschält, geschliffen und poliert. Dabei gehen Eiweiß, Fett und ein Teil der Vitamine verloren. Am gesündesten ist der dunklere, ungeschliffene Naturreis.
↦ **Gesundheit und Ernährung**

die Religionen
↦ **Seite 134**

die Rente
Berufstätige, die wegen ihres ↦Alters aufhören zu arbeiten, bekommen vom ↦Staat jeden ↦Monat einen bestimmten Betrag ausgezahlt, von dem sie leben können. So eine Rente bekommt aber nur, wer vorher in die Rentenversicherung eingezahlt hat.

das Reptil
Reptilien werden auch Kriechtiere genannt. Viele dieser Tiere, wie z. B. die Schlangen, haben keine oder nur sehr kurze Beine. Weltweit gibt es etwa 6000 Arten von Reptilien wie Schildkröten, Krokodile, Echsen und Schlangen. Im Unterschied zu den ↦Amphibien sind die meisten Reptilien Landbewohner und brauchen nicht unbedingt ↦Wasser zum Leben. Ihre Haut ist entweder mit ↦Schuppen oder Platten aus Horn bedeckt. Reptilien legen entweder ↦Eier, die sie von der ↦Sonne ausbrüten lassen, oder gebären Junge. Man bezeichnet Reptilien und Amphibien auch als wechselwarme Tiere. Ihre Körpertemperatur passen sie der Außentemperatur an. In der Sonne wärmen sie sich auf und bei starker Hitze kühlen sie sich im Schatten, unter der ↦Erde oder auch im Wasser ab. Heimische Reptilien wie die Zauneidechse, Blindschleiche oder die giftige Kreuzotter fallen im Winter in eine Kältestarre.
↦ **Tierreich, Winterschlaf**

die Republik
In einer Republik herrscht nicht ein ↦König, sondern entweder das ganze ↦Volk oder eine bestimmte Personengruppe, früher z. B. häufig der ↦Adel. Heute sind viele Republiken gleichzeitig eine ↦Demokratie, weil alle Bürger des ↦Staates die Regierung wählen – wie z. B. in ↦Deutschland und ↦Österreich. In manchen Ländern, die sich Republiken nennen, herrscht jedoch ein Diktator.
↦ **Diktatur, Politik, Wahl**

die Religionen

Schon immer haben ➔ Menschen sich dieselben Fragen gestellt: Woher komme ich? Was kommt nach dem ➔ Tod? Wird unser Leben von einer unsichtbaren Macht bestimmt? Aus der Suche nach Antworten auf diese Fragen sind verschiedene Religionen entstanden. Jede Religion bietet einen Weg, dem näher zu kommen, was sie Gott nennt. Die fünf größten Weltreligionen sind der Hinduismus, der Buddhismus, das Judentum, das Christentum und der Islam. Sie sind sehr alt und auf der ganzen Welt verbreitet. Viele Religionen sind wieder verschwunden, so z. B. der Glaube an die griechischen oder ägyptischen Götter. Es ist wichtig, andere Religionen kennen zu lernen, um sie besser zu verstehen.

➔ Ägypten, Griechenland

Kühe gelten in Indien als heilig.

der Hinduismus

Diese Religion ist etwa 4000 ➔ Jahre alt und vor allem in Indien verbreitet. Die Hindus verehren viele Götter. Die bekanntesten sind Brahma, Wischnu und Schiwa. Hindus glauben an die Wiedergeburt. Wenn der Mensch während seines Lebens gut gehandelt hat, lebt seine ➔ Seele nach dem Tod in einem anderen Körper weiter. War er schlecht, kehrt er in einem Tier wieder. Gebetet wird zu Hause vor einem kleinen Altar oder im Tempel. Dort finden auch die Feste zu Ehren der Götter statt.

der Buddhismus

Die Buddhisten glauben nicht an einen Gott. Ihr Vorbild ist Buddha, der Erleuchtete. Er ist der Stifter des Buddhismus. Buddhas ➔ Name war eigentlich Siddharta Gautama.

Buddha

Er lebte vor 2500 Jahren in Indien und war ein reicher Prinz. Er verließ sein reiches Zuhause, um in ➔ Armut zu wahrer Erkenntnis zu gelangen. Buddha lehrte, dass alles, was der Mensch tut, Folgen für ihn hat. Gute Taten führen zu einer Wiedergeburt in einem besseren Leben. Deshalb soll der Mensch gut und freundlich zu allen Lebewesen sein. In buddhistischen Klöstern (➔ Kloster) studieren Mönche die Schriften von Buddha. Sie leben nach strengen Regeln und dürfen nichts besitzen.

das Judentum

Die Juden glauben an einen einzigen unsichtbaren Gott. Ihre heilige Schrift ist die Tora. Sie enthält die Zehn Gebote und ➔ Gesetze für die richtige Lebensweise. Der jüdische ➔ Feiertag (Sabbat) beginnt am Freitagabend und wird am Samstag in der Synagoge, dem jüdischen Gotteshaus, gefeiert. Das höchste Fest ist Passah, an dem die Juden der Flucht aus der ägyptischen Sklaverei gedenken. Es gibt Menschen, die den Juden gegenüber grundlos feindlich gesinnt sind. Diese Haltung nennt man Antisemitismus. Die ◉ Geschichte des jüdischen ◉ Volkes ist stark geprägt von Feindschaft und Verfolgung, vor allem während der ◉ Zeit des ◉ Nationalsozialismus.

Beim Morgengebet tragen gläubige Juden einen Gebetsschal.

Der siebenarmige Leuchter (Menora) steht in Synagogen vor dem Schrank, in dem die Tora aufbewahrt wird.

das Christentum

Christen glauben an Gott, den Schöpfer der Welt, und an Jesus Christus, seinen Sohn. Jesus war Jude und lebte vor 2000 Jahren. Er predigte die Gottes- und Nächstenliebe und starb für seinen Glauben am Kreuz. Die Christen glauben, dass Jesus von den Toten auferstanden ist und auch sie nach ihrem Tod auferstehen werden. An Weihnachten feiern sie die ◉ Geburt von Jesus, an Ostern seine Auferstehung. Sonntags gehen Christen zum Gottesdienst in die ◉ Kirche. Die christliche Bibel enthält das Alte Testament, das der jüdischen Tora entspricht, und das Neue Testament, das von Jesus erzählt.

Durch die Taufe wird ein Mensch in die christliche Gemeinschaft aufgenommen.

der Islam

Die Anhänger des Islam nennen sich Muslime. Das arabische ◉ Wort Islam bedeutet „völlige Hingabe an Allah". Allah ist das arabische Wort für Gott. Wie die Christen und die Juden glauben die Muslime an einen einzigen allmächtigen Gott. Das heilige ◉ Buch des Islam ist der Koran. Er enthält die Botschaft Gottes an Mohammed, der als Gesandter Gottes verehrt wird. Der Koran enthält nicht nur die Glaubenslehre, sondern auch Regeln für das gesamte Leben der Gläubigen. Jeder Muslim betet fünfmal am ◉ Tag und fastet jedes Jahr einen ◉ Monat lang (Ramadan). Jeden Freitagmittag findet das Hauptgebet in der Moschee statt, dem Gotteshaus der Muslime.

◉ Diskriminierung, Toleranz

Ein muslimischer Junge liest im Koran.

Der Felsendom in Jerusalem ist ein muslimisches Gotteshaus.

Wo gibt es Roboter?

der Richter
Richter fällen bei Rechtsstreitigkeiten am ⮕ Gericht die Urteile. Das heißt, sie entscheiden, ob ein Angeklagter gegen das ⮕ Gesetz verstoßen hat und wie er bestraft wird. Um Richter zu werden, muss man an der ⮕ Universität Jura studieren. Das ist die Lehre vom ⮕ Recht und von den Gesetzen.
⮕ **Rechtsanwalt, Staatsanwalt**

der Roboter
Roboter sind ⮕ Maschinen, die von einem ⮕ Computer gesteuert werden und eigenständig arbeiten können. Meist verrichten sie sich wiederholende Arbeiten. Die meisten Roboter werden in der ⮕ Industrie, so z. B. an Fließbändern bei der Autoherstellung eingesetzt. Sie führen Tätigkeiten aus, die für ⮕ Menschen gefährlich sind.

der Rohstoff
Rohstoffe sind noch unbearbeitete Materialien, die man für die Herstellung von Produkten braucht: Man gewinnt sie aus der ⮕ Natur. So liefern uns Tiere Rohstoffe, z. B. Fleisch, ⮕ Milch und ⮕ Wolle. Pflanzliche Rohstoffe wie ⮕ Holz, ⮕ Baumwolle, ⮕ Kakao, ⮕ Gemüse und ⮕ Getreide wachsen wieder nach. Rohstoffe wie Erdöl (⮕ Öl) sind irgendwann aufgebraucht. Auch Kohle, Kupfer und Erdgas kommen nur begrenzt vor, mit ihnen müssen wir deshalb sparsam umgehen.
⮕ **Pflanzen**

die Römer
Die Römer herrschten über eines der größten und mächtigsten Weltreiche der ⮕ Geschichte, das sich in über 1000 ⮕ Jah-

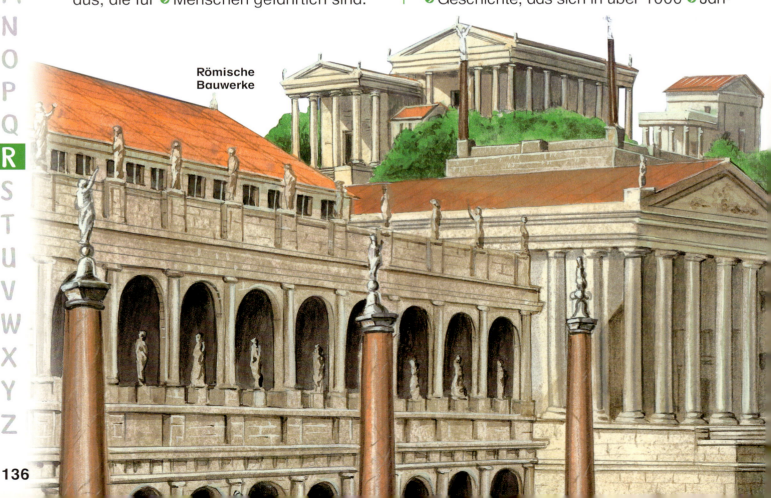

Römische Bauwerke

ren entwickelte. Zentrum des Römischen Reichs war die ●Stadt Rom, die bei ihrer sagenhaften Gründung 753 v. Chr. eine einfache Siedlung war. Die Römer eroberten die Gebiete benachbarter Völker (●Volk). Am größten war das Römische Reich 116 n. Chr. Es erstreckte sich von Nordafrika, ●Ägypten und dem heutigen Israel über die heutige Türkei, Griechenland, Italien und Spanien bis nach Frankreich, ●Deutschland und sogar England. In Rom entstanden prächtige Bauten. Die Römer erfanden u. a. die Fußbodenheizung, hatten zum Teil fließendes ●Wasser und Toiletten mit Wasserspülung in ihren Häusern. Mit ●Aquädukten leiteten sie Wasser über weite Strecken in die Städte. Im ganzen Reich legten die Römer Städte und ein Netz von gepflasterten Straßen an. Im Norden wurden die ●Grenzen mit Mauern und Wällen, wie z. B. dem Limes, befestigt. Sie sollten das Reich vor den ●Germanen und anderen Völkern schützen. Die Größe des Römischen Reiches führte schließlich zu seinem Untergang. Die langen Grenzen konnten nicht mehr ausreichend gesichert werden. Immer wieder überfielen die Germanen das Land. Nach über 1000 Jahren ging das Römische Reich 476 n. Chr. unter.

➔ **Bauwerke, Geschichte**

die Röntgenstrahlen

Der Physiker Wilhelm Conrad Röntgen entdeckte 1895 die Röntgenstrahlen, die er X-Strahlen nannte. Röntgenstrahlen sind unsichtbare elektromagnetische Strahlen, die Gegenstände oder den Körper durchleuchten können. Sie werden u. a. in der ●Medizin angewendet, um von außen nicht sichtbare ●Krankheiten zu entdecken. Wird z. B. eine Hand geröntgt, dann dringen die Strahlen durch die Haut und erzeugen auf einer Fotoplatte die Aufnahme der Handknochen. So kann man z. B. Knochenbrüche feststellen. Zu viele Röntgenstrahlen sind schädlich für die ●Gesundheit, da sie Körperzellen zerstören. Bewusst eingesetzt wird diese zerstörerische Kraft bei Krebskranken, denn die Strahlen töten auch bösartige ●Zellen.

Röntgenaufnahme der Hände

➔ **menschlicher Körper**

Rotes Kreuz

das Rote Kreuz

Das Rote Kreuz ist eine Organisation, die weltweit ●Menschen in Not hilft. Sie unterhält z. B. Krankenhäuser und Altenheime, organisiert Blutspendenaktionen und hilft bei ●Katastrophen. Gegründet wurde das Rote Kreuz 1863 von Henri Dunant, einem Schweizer ●Journalisten. Die Organisation wurde nach ihrem Symbol, einem roten Kreuz auf weißem Grund, benannt. Henri Dunant vertauschte dafür einfach die ●Farben der Schweizer ●Flagge. Auf Gebäude und Fahrzeuge, die dieses Symbol tragen, darf im ●Krieg nicht geschossen werden. Das Rote Kreuz gibt es fast überall auf der Welt. In islamischen Ländern gibt es den Roten Halbmond. Viele Mitarbeiter des Roten Kreuzes arbeiten ehrenamtlich. Kinder und Jugendliche können beim Jugendrotkreuz mitmachen.

Eichelhäher · Beeren · Kastanie · Bergahorn-Samen · Eicheln · Bucheckern

die Sage

Sagen sind Geschichten, die über Jahrhunderte mündlich weitererzählt wurden. Sie ranken sich um Helden, Götter, Hexen, Riesen, Drachen usw. Jeder Erzähler hat ein bisschen was dazu erfunden, sodass die ursprüngliche Geschichte kaum noch zu erkennen ist. Fast jede Sage enthält aber einen Kern Wahrheit, auch wenn viele wundersame Dinge geschehen. Bekannte Sagen sind z. B. „Der Rattenfänger von Hameln", „Rübezahl" oder die Geschichten von Robin Hood und König Artus.

➔ Literatur

das Salz

Salz ist wichtig für ➔ Menschen und Tiere, ihr Körper braucht es zum Leben. In Salzbergwerken wird Salz als so genanntes Steinsalz abgebaut. Meersalz und das Salz aus Salzseen oder Solen (Salzquellen) entsteht durch Verdunsten von ➔ Wasser. Im normalen Sprachgebrauch ist mit Salz meist Kochsalz gemeint. Früher nahmen die Menschen Kochsalz auch zum Haltbarmachen von ➔ Lebensmitteln (pökeln). Salz war damals jedoch selten und kostbar, weil es oft mehrere hundert Kilometer herantransportiert werden musste.

der Samen

Samen dienen der Fortpflanzung von ➔ Mensch, Tier und ➔ Pflanze. Pflanzensamen entstehen nach der ➔ Befruchtung. Bei Bedecktsamern schützt eine ➔ Frucht (z. B. Beere, Weintraube) den Samen. Nadelbäume (➔ Nadelbaum) dagegen sind Nacktsamer, da der Samen frei in der ➔ Schuppe eines Zapfens liegt. In jedem Samen steckt ein Keimling, der von Nährstoffen umgeben ist. Von ihnen ernährt er sich, bis er selbst ➔ Wurzeln gebildet hat. Der Samen kann nur in ➔ Erde zu keimen beginnen. Bei der Verbreitung helfen der ➔ Wind oder Tiere. ➔ Eichhörnchen vergraben z. B. Eicheln und Bucheckern als Vorrat für den Winter. Nicht gefressene Samen keimen im Frühjahr aus. Klettfrüchte wiederum verhaken sich im Tierfell und werden an einer anderen Stelle wieder abgestreift. Viele Vögel (➔ Vogel) fressen Beerenfrüchte und scheiden mit ihrem Kot die unverdauten Samen aus. Bei Tieren und dem Menschen wird der männliche Samen auch Sperma oder Samenflüssigkeit genannt.

➔ Mann, Schwangerschaft

Satellit

der Satellit

Satelliten sind Himmelskörper, die einen größeren Planeten umkreisen. Der ➔ Mond ist z. B. der Satellit der ➔ Erde. Künstliche Satelliten, die mit Raketen ins ➔ All befördert werden, sind Raumflugkörper, die die Erde auf bestimmten Umlaufbahnen umrunden. Diese wissenschaftlichen Satelliten erforschen z. B. die ➔ Atmosphäre der Erde. Andere Satel-

Mit was atmen Säugetiere?

liten beobachten das →Wetter oder übertragen Hörfunk- oder Fernsehsendungen. Viele Autofahrer benutzen heute ein Navigationsgerät, um den richtigen Weg zu finden. Diese Navigationsgeräte empfangen ihre Signale von einem Satelliten.

→ **Medien, Raumfahrt**

der Satz

Ein Satz besteht aus Wörtern (→Wort), die zusammen einen Sinn ergeben. Man unterscheidet z. B. Aussagesätze, Ausrufesätze und Fragesätze. Am Ende eines Satzes steht ein Satzzeichen: ein Punkt nach einem Aussagesatz, ein Ausrufezeichen (!) nach einem Ausrufesatz und ein Fragezeichen (?) nach einem Fragesatz. In der Regel enthält ein Satz ein →Verb. In einem Satz kann man den Satzgegenstand, das so genannte Subjekt (Wer oder was tut etwas?) und die Satzaussage, das Prädikat (Was geschieht?), unterscheiden. Die einzelnen Satzglieder (Satzteile) können in der Reihenfolge vertauscht werden.

→ **Grammatik**

der Sauerstoff

Sauerstoff ist ein durchsichtiges, geruchloses →Gas. Etwa ein Fünftel der →Luft besteht aus Sauerstoff. Fast alle Lebewesen brauchen Sauerstoff zum Leben. Sie nehmen ihn beim Atmen auf und benutzen ihn zur Energiegewinnung im Körper. Beim Ausatmen wird das Gas →Kohlendioxid abgegeben. Dieses Gas wandeln die Blätter (→Blatt) der →Pflanzen wieder in Sauerstoff um. Damit ein →Feuer brennt, braucht es Sauerstoff.

Deshalb soll man bei einem Brand das Fenster nicht öffnen, weil das Feuer sonst sofort stärker wird.

das Säugetier

Alle Tiere, die ihre Jungen nach der →Geburt mit Muttermilch säugen, nennt man Säugetiere.

Junge Bären saugen bei ihrer Mutter.

Weltweit gibt es etwa 4500 Arten. Säugetiere werden in drei Gruppen unterteilt: Die einfachsten Säugetiere sind die →Eier legenden Kloakentiere, wie z. B. der Ameisenigel oder das Schnabeltier. Känguru oder Koala gehören zu den Beuteltieren. Ihre lebend geborenen Jungen sind allerdings so winzig, dass sie nach der Geburt in einem Hautbeutel der Mutter gesäugt werden und dort weiterwachsen. Die dritte und größte Gruppe der Säugetiere sind die Plazentatiere. Ihre Jungen wachsen im Mutterleib heran und werden – wie bei den →Menschen – durch die Plazenta ernährt. Zu ihnen zählen beispielsweise Nagetiere (z. B. Mäuse, Biber), Fledermäuse, Insektenfresser (z. B. →Igel, →Maulwurf, Mäuse), →Raubtiere, Huftiere (z. B. Kamele, Schweine, →Pferde) und Affen. Alle Säugetiere atmen durch Lungen und sind warmblütig, das heißt ihre Körpertemperatur bleibt in etwa gleich. Ihre Haut ist mit →Haaren bedeckt, selbst Meeressäuger wie die →Wale besitzen eine dünne Haarschicht.

→ **Schwangerschaft, Tierreich**

der saure Regen
Viele ⇨ Abgase von ⇨ Autos, Ölheizungen und Industrieanlagen enthalten schädliche Stoffe. Darunter auch Schwefel, der sich mit der Feuchtigkeit der ⇨ Luft zu Säuren verbindet. Die fallen dann mit den Regentropfen als so genannter saurer Regen auf die ⇨ Erde. Dort schädigen sie ⇨ Pflanzen und Gebäude. Saurer Regen ist auch mitverantwortlich für das Waldsterben, da er den Boden versauert und schädliche Stoffe freisetzt. Saurer Regen kann nur durch weltweit weniger Abgase vermindert werden.

⇨ **Industrie, Lebensraum Wald, Umweltschutz**

die Saurier
⇨ **Seite 142**

die Savanne
Graslandschaften in den ⇨ Tropen nennt man Savannen. In der Regenzeit gedeihen hier im Gegensatz zur ⇨ Steppe sogar Büsche und Bäume (⇨ Baum) und das Gras wächst üppiger. In der Savanne ⇨ Afrikas leben z. B. viele wilde Tiere wie Giraffen, Löwen und Zebras.

⇨ **Klima, Landschaft, Lebensraum**

der Schall
Schall ist all das, was unser ⇨ Ohr wahrnimmt. Schall besteht aus Luftschwingungen. Zupft man die Saite einer Gitarre, schwingt sie hin und her und setzt die ⇨ Luft um sich herum in Schwingungen. Schall breitet sich in festen Körpern, Flüssigkeiten oder ⇨ Gasen aus. Deshalb kann man auch unter ⇨ Wasser hören, aber im luftleeren ⇨ All nicht. Bei 0 °C legt der

Treffen die Schallwellen auf ein Hindernis, werden sie als Echo zurückgeworfen.

Schall in der Luft 331 m in einer Sekunde zurück. Da Schallwellen langsamer sind als das ⇨ Licht, sieht man bei einem ⇨ Gewitter zuerst den Blitz und hört erst einige Sekunden später den Donner.

⇨ **Echo**

die Scheidung
Wenn Ehepartner sich nicht mehr verstehen, kann einer von ihnen oder beide zusammen die Scheidung verlangen. Hat das Ehepaar eine bestimmte ⇨ Zeit lang getrennt voneinander gelebt, löst ein ⇨ Gericht dann die Ehe auf. Meist haben die Eltern ein gemeinsames Sorgerecht. Das bedeutet, dass sie sich beide um die Kinder kümmern und gemeinsam Entscheidungen treffen.

Kreuzfahrtschiff

das Schiff
Schon lange benutzen ⇨ Menschen Schiffe als Verkehrsmittel. Die ersten kleinen Boote gab es bereits vor 10 000 ⇨ Jahren. Sie waren aus einem einzigen Kiefernstamm gearbeitet und werden deshalb Einbaum genannt. In anderen Teilen der ⇨ Erde baute man Boote aus ⇨ Schilf. Vor etwa 5000 Jahren wurden in ⇨ Ägypten

Containerschiff

hölzerne Segelschiffe gebaut. In ⇒ Europa dauerte diese Entwicklung länger. Erst um das Jahr 700 n. Chr. bauten die ⇒ Wikinger im Norden lange, schlanke Schiffe mit Segeln, die sehr wendig waren. Mit diesen Schiffen gelangten die Wikinger sogar bis nach ⇒ Nordamerika. Später wurden die Schiffe größer, hatten bis zu drei Masten und waren auch bei schlechtem ⇒ Wetter seetüchtig. So konnten ⇒ Entdecker und Forscher bis in die entferntesten Gegenden der Welt gelangen. Das erste Dampfschiff (1783) wurde mit einem Schaufelrad angetrieben, später von der Schiffsschraube, wie wir sie heute kennen. Vor 100 Jahren lösten Dieselmotoren die ⇒ Dampfmaschinen ab. Heutige Schiffe sind meist nicht mehr aus ⇒ Holz, sondern aus Stahl. Große Luxusschiffe befahren die ⇒ Meere. Sie können bis zu 2600 Fahrgäste befördern. Frachter transportieren z. B. Kohle, Eisenerz oder ⇒ Container mit Waren. Erdöl (⇒ Öl) wird in Tankern über die ⇒ Ozeane gebracht. Auf Fähren können Urlauber mit ihrem ⇒ Auto zu Inseln gelangen.

⇒ Hafen, Verkehr

das Schilf
Schilf ist eine an den Ufern von ⇒ Gewässern wachsende ⇒ Pflanze. Es bietet vielen Wassertieren wie Reihern und ⇒ Enten ein sicheres Versteck für ihre Brutplätze. Das weltweit verbreitete Schilfrohr kann bis zu 4 m hoch werden. Die Halme dieser Graspflanze verwendet man u. a. zur Herstellung von Matten und zum Dachdecken (Reetdach).

der Schimmel
1. Schimmel wird von winzigen ⇒ Pilzen, den Schimmelpilzen, gebildet. Der mehl- bzw. staubähnliche Überzug kann auf Essensresten oder in feuchten Zimmerecken entstehen und hat verschiedene ⇒ Farben, z. B. Weiß, Schwarz, bläulich, rötlich oder grünlich. Manche Schimmelpilze sind sehr giftig, davon befallene Nahrungsmittel muss man wegwerfen. Andere Schimmelpilze sind sehr nützlich. Mit ihnen werden ⇒ Käse oder bestimmte ⇒ Medikamente wie Penizillin hergestellt. **2.** Als Schimmel bezeichnet man auch weiße ⇒ Pferde.

Gorch Fock

die Saurier

Stegosaurus
Diplodocus

Saurier sind ausgestorbene ➡ Reptilien. Sie lebten auf dem Land, im ➡ Wasser oder in der ➡ Luft. Etwa 200 Millionen ➡ Jahre lang beherrschten die Saurier die ➡ Erde und es entwickelten sich viele verschiedene Arten. Einige von ihnen gehörten zu den größten Landtieren, die es jemals auf der Erde gab.

Dinosaurier

Dinosaurier waren auf dem Land lebende Saurier. Nach der Form ihres Beckens unterscheidet man die Echsenbecken- und die Vogelbecken-Dinosaurier. Die Vogelbecken-Saurier waren reine Pflanzenfresser und gingen meist auf vier Beinen. Zu ihnen gehörten z. B. der Triceratops und der Stegosaurus. Sie waren friedliche Tiere. Der Fleisch fressende Tyrannosaurus Rex war ein 10 m großer Echsenbecken-Saurier. Auf zwei kräftigen Hinterbeinen jagte dieser Räuber seiner Beute hinterher und zerfleischte sie mit langen Zähnen (➡ Zahn) und messerscharfen Krallen. Auch der Brachiosaurus gehörte zu den Echsenbecken-Sauriern, war aber ein Pflanzenfresser. Dieser Riesendinosaurier hatte ein Gewicht von über 80 Tonnen und eine Höhe von bis zu 19 m.

Tyrannosaurus Rex

Mit seinem langen Hals erreichte er problemlos die Blätter (➡ Blatt) der Bäume (➡ Baum). Man geht davon aus, dass Dinosaurier ➡ Eier legten, da man versteinerte Nester fand.

Flugsaurier

Flugsaurier, auch Pterosaurier genannt, hatten Armflügel. Eine lederartige Haut spannte sich von der Körperseite bis zur Spitze eines verlängerten Fingers. Die Spannweite der Flügel des Pteranodon betrug z. B. 8 m, die des größten Flugsauriers bis zu 15 m.

Meeressaurier

Manche Reptilien passten sich auch dem Leben im ➡ Meer an: So hatte der Plesiosaurus z. B. zu Paddeln umgeformte Beine. Der Ichthyosaurus, ein delfinähnlicher Fischsaurier, bewegte sich mit der Schwanzflosse fort.

Untergang der Saurier

Vor etwa 65 Millionen Jahren starben die Saurier innerhalb kurzer ➡ Zeit aus. Die Gründe ihres Aussterbens sind noch nicht ganz geklärt. Einer Theorie zufolge soll bei einem Meteoriteneinschlag so viel Staub aufgewirbelt worden sein, dass sich für eine längere Zeit der ➡ Himmel verdunkelte. Die ➡ Temperaturen sanken und viele ➡ Pflanzen und Tiere starben.

Erdzeitalter, Fossilien

der Schlaf
Im Schlaf erholt sich der Körper von ➔ Menschen und Tieren. Viele Organe arbeiten langsamer. Wer über einen längeren Zeitraum nicht oder zu wenig schläft, schadet seiner ➔ Gesundheit. Während ➔ Babys bis zu 16 Stunden am ➔ Tag schlafen, benötigen Erwachsene nur etwa sieben bis acht Stunden Schlaf pro Nacht. Neben dem Tag- oder Nachtschlaf halten manche Tiere auch einen ➔ Winterschlaf.

der Schmerz
Wer sich in den Finger schneidet, empfindet Schmerz. In der Haut sind viele kleine Schmerzzellen. Diese ➔ Zellen melden dem ➔ Gehirn über die Nerven eine Verletzung. Unser Körper reagiert blitzschnell – wir ziehen das Messer sofort zurück. Der Schmerz ist also ein Warnsignal, das uns mitteilt, dass in unserem Körper etwas nicht in Ordnung ist. ➔ Medikamente können Schmerzen lindern.

➔ **menschlicher Körper**

der Schmetterling
Schmetterlinge sind ➔ Insekten, die auf der ganzen Welt leben. Körper und Flügel der Tiere sind mit ➔ Schuppen bedeckt, die die unterschiedlichsten ➔ Farben haben können. Schmetterlinge besitzen zwei Fühler und Fassettenaugen, mit denen sie Farben wahrnehmen können. Ihr Geruchssinn ist sehr gut entwickelt. Sie ernähren sich von Blütensäften, die sie mit ihrem Rüssel aufsaugen. Dabei helfen Schmetterlinge bei der Bestäubung von Blüten. Viele der über 1000 Schmetterlingsarten fliegen nur nachts. Diese Nachtfalter sind nicht so auffällig gefärbt.

Aus den ➔ Eiern der Schmetterlinge schlüpfen die Raupen, die vor allem Blätter (➔ Blatt) fressen. Schließlich verpuppt sich die Raupe. Aus der Puppe bildet sich ein neuer Schmetterling. Diese vollständige Verwandlung vom Ei zum Schmetterling bezeichnet man als Metamorphose.

➔ **Befruchtung, Blumen, Seide, Tierreich**

Puppe

Schlüpfender Schmetterling

Schmetterlingseier

Raupen

Tagpfauenauge

die Schnecke
Schnecken gehören wie die ➔ Muscheln und Tintenfische zu den Weichtieren. Am Kopf haben sie zwei oder vier Fühler mit ➔ Augen. Mit ihrer Reibzunge benagen sie ➔ Pflanzen. Die meisten Schnecken leben im ➔ Wasser und atmen mit Kiemen. Landschnecken haben Lungen. Viele Schnecken tragen ein Gehäuse aus Kalk auf ihrem Körper. Darin liegen die meisten Organe der Tiere. In das Gehäuse ziehen sie sich bei Gefahr, aber auch bei Trockenheit oder im Winter zurück.

➔ **Tierreich, Wohnungen der Tiere**

der Schnee

Schnee ist eine feste Form des ◯ Niederschlags. Wenn es in den ◯ Wolken sehr kalt ist, gefrieren die kleinen Wassertröpfchen zu Eiskristallen. Sie fallen als Schneeflocken zur ◯ Erde. Hat die ◯ Luft in Bodennähe weniger als 0 °C, schneit es. Sonst tauen die Schneeflocken und es regnet.

▶ **Gletscher, Lawine, Niederschlag, Temperatur**

die Schokolade

Zur Herstellung von Schokolade werden ◯ Kakao, ◯ Zucker, Kakaobutter und ◯ Milch miteinander verrührt und erwärmt. Je nach Geschmacksrichtung werden Nüsse und Rosinen oder ◯ Gewürze beigemischt. Weiße Schokolade wird ohne Kakao, nur mit der hellen Kakaobutter hergestellt.

die Schrift

Vor etwa 5000 ◯ Jahren ermöglichte die Erfindung der Schrift es den ◯ Menschen erstmals, Gedanken und Ideen festzuhalten und so mitzuteilen. Die ersten Schriften waren Bilderschriften, z. B. die ◯ Hieroglyphen im alten ◯ Ägypten. Die Keilschrift ist die älteste Schrift mit Schriftzeichen. Die griechische Schrift – die Mutter aller Schriften – war die Grundlage der kyrillischen Schrift, die vor allem in Russland verwendet wird, und der lateinischen Schrift, die man bis heute im westlichen ◯ Europa und vielen anderen Teilen der Welt benutzt. Bevor das ◯ Papier erfunden wurde, ritzte oder meißelte man die Schriftzeichen in Stein-, Ton-, Holz- oder Wachstafeln.

Keilschrift

Griechische Schriftzeichen

Kalligrafie

Später schrieb man mit Federkielen und Tinte. Heute gibt es viele verschiedene Stifte, und auch am ◯ Computer werden Texte geschrieben. Die ◯ Kunst, Buchstaben, Wörter (◯ Wort) und ganze Texte von Hand besonders schön und kunstvoll zu gestalten, nennt man Kalligrafie.

▶ **Alphabet**

die Schule

An Schulen werden Kinder und Jugendliche unterrichtet. Sie lernen dort z. B. Lesen, Schreiben, Rechnen und Fremdsprachen. Früher erhielten meist nur die Söhne reicher Leute Unterricht in Schulen oder von einem Hauslehrer. Jedes Kind muss heute ab etwa dem sechsten bis mindestens zum 16. Lebensjahr in die Schule gehen. Nach der Grundschule folgen Hauptschule, Realschule oder Gymnasium. Wer am Gymnasium Abitur macht, kann anschließend an der ◯ Universität studieren. Nach Abschluss der Haupt- oder Realschule folgt eine Ausbildung an Berufs- bzw. Fachschulen. Für Kinder mit ◯ Behinderungen gibt es besondere Schulen. In manchen Ländern tragen die Kinder Schuluniformen, wie z. B. in England oder Japan. Viele Kinder auf der Welt können nicht zur Schule gehen, weil es

Wie lange dauert eine Schwangerschaft?

bei ihnen zu wenige Schulen und Lehrer gibt. Oder sie müssen arbeiten, um ○ Geld für ihre ○ Familie zu verdienen.

→ Beruf

die Schuppen

1. Schuppen liegen wie Dachziegel auf der Haut von Tieren und schützen sie wie ein Panzer. Schuppen findet man z. B. bei ○ Fischen, ○ Reptilien oder ○ Schmetterlingen **2.** Hauterkrankung, bei der sich die oberste Hautschicht in weiß-gelblichen Schuppen löst.

die Schwangerschaft

Jeden ○ Monat entwickelt sich in einem der beiden Eierstöcke der ○ Frau eine Eizelle. Nistet sich die mit einer männlichen Samenzelle befruchtete Eizelle in der Gebärmutter ein, beginnt die Schwangerschaft. Sie dauert etwa 40 ○ Wochen bzw.

Samenzelle

befruchtete Eizelle

neun Monate, in denen das ○ Baby in der Gebärmutter heranwächst. Die Gebärmutter ist wie eine dehnbare Muskelhöhle, die mit dem Kind wächst. Im ersten Monat der Schwangerschaft teilt sich die befruchtete Eizelle immer wieder und der Embryo beginnt sich zu entwickeln. Er liegt geschützt in der mit Fruchtwasser gefüllten Fruchtblase. Über die Nabelschnur ist der Embryo mit dem Mutterkuchen (Plazenta) verbunden. So wird er mit Nährstoffen und ○ Sauerstoff versorgt. Im zweiten Monat formen sich Kopf, Körper, Arme und Beine und die inneren Organe. Das Herz beginnt zu schlagen. Ab dem dritten Monat wird der Embryo auch Fetus genannt. Er kann ab dem fünften Monat hören und die Eltern können spüren, wenn er sich bewegt. Der Fetus wächst weiter, bis er die Größe von etwa 52 Zentimetern erreicht hat.

→ Befruchtung, Ei, Geburt, Mann, Sexualität, Verhütung, Zelle

Embryo mit 6 Wochen

Im dritten Monat ist der Embryo so groß wie eine Birne …

… im sechsten Monat wie eine Ananas …

… und nach neun Monaten wie eine Wassermelone.

die Schweiz

Die Schweiz liegt mitten in ▶Europa und hat fünf Nachbarländer. Die Schweiz ist seit 1848 eine demokratische ▶Republik. Sie besteht heute aus 20 Kantonen und sechs Halbkantonen. Kantone sind einzelne ▶Staaten, die sich zu einem gemeinsamen Staat, der Schweizer Eidgenossenschaft, zusammengeschlossen haben.

Natur
Ein Großteil der Schweiz ist geprägt von ▶Gebirgen, die kaum bewohnt sind. Im Süden liegen die ▶Alpen, im Nordwesten der Jura. Viele Urlauber reisen im Winter zum Skifahren und im Sommer zum Wandern in die Schweiz. Zwischen den Alpen und dem Jura liegt das teils hügelige, teils flache Schweizer Mittelland. Die Schweiz hat viele Seen und Wälder.

Land und Leute
Im flacheren Schweizer Mittelland leben die meisten Schweizer in Großstädten wie z. B. Zürich, Basel, Genf, Bern oder Lausanne. In der Schweiz gibt es vier Amtssprachen: Deutsch (Schwyzerdütsch), Französisch, Italienisch und Rätoromanisch. Schon vor fast 200 ▶Jahren beschloss die Schweiz, an keinem ▶Krieg mehr teilzunehmen, d. h. neutral zu bleiben. In einem Bereich sind sie allerdings langsamer als ihre europäischen Nachbarn: Erst 1971 erhielten alle ▶Frauen das Wahlrecht.

Fläche: etwa. 41 000 km²
Hauptstadt: Bern, etwa 130 000 Einwohner
Nationalfeiertag: 1. August (Gründung der Eidgenossenschaft 1291)
Höchster Punkt: Monte Rosa, 4637 m
Gesamtbevölkerung: etwa 7,4 Millionen

Wirtschaft
Die Schweiz ist eines der reichsten Länder der Welt. Der Fremdenverkehr und die Banken bringen viel ▶Geld ins Land. Neben ▶Schokolade, ▶Käse und ▶Uhren werden auch ▶Maschinen, Chemikalien und Arzneimittel hergestellt. Die Schweiz kämpft wie ▶Österreich mit dem europäischen Durchgangsverkehr vom Norden in den Süden. Man versucht einen Großteil des Lastwagenverkehrs auf die Bahnschienen zu verlegen, denn die Schweiz hat eines der dichtesten Eisenbahnnetze in Europa.

▶ **Demokratie, Rotes Kreuz**

Seidenspinner

die Schwerkraft
Unsere ↗ Erde dreht sich sehr schnell. Durch diese Drehung erfährt alles auf der Erde eine Fliehkraft. Das kann man sich wie bei einem Plattenspieler vorstellen: Legt man einen Ball auf den sich drehenden Plattenteller, dann fliegt der Ball weg. So würden wir auch von der Erde fliegen, wenn es nicht noch die Gewichtskraft (Gravitation) gäbe. Die Gewichtskraft wirkt auf alle Dinge und ist auf die Mitte der Erde gerichtet. Sie ist der Grund dafür, dass alle Dinge nach unten auf den Boden fallen. Ein Teil der Gewichtskraft wird durch die Fliehkraft aufgehoben. Übrig bleibt die Schwerkraft.

die Sciencefiction
Das ↗ Wort Sciencefiction (gesprochen: Seiensfikschen) kommt aus dem Englischen und bedeutet so viel wie „ausgedachte Wissenschaft". Man bezeichnet damit Filme, Bücher (↗ Buch), ↗ Comics und Hörspiele in denen es um das Leben und die ↗ Technik der Zukunft geht.

die Seele
Seele nennt man das Innerste des ↗ Menschen – sein wahres Wesen mit allen Gefühlen, Gedanken und Empfindungen. Man kann auch Geist dazu sagen. Die ↗ Religionen gehen davon aus, dass die Seele von Gott kommt und nach dem ↗ Tod weiterlebt.

die Seide
Seide ist ein glatter, glänzender Stoff, der aus Fasern der Seidenspinnerraupe, einer Schmetterlingsart, gemacht wird. Wenn die Raupen sich verpuppen, sondern sie aus einer Drüse einen etwa 4000 m langen Faden ab. Mit diesem Faden spinnen sie eine Schutzhülle um sich herum, den Kokon. Die Seidenfäden des Kokons werden zu Garn versponnen und dann zu Seidenstoffen verwebt.
↗ Kleidung, Schmetterling

Kokon

die Sekte
In jeder ↗ Religion gibt es Gläubige, die von der Lehre und dem Glaubensinhalt ihrer religiösen Gemeinschaft abweichen und sich abspalten. Solche Gruppen nennt man Sekten. Zu christlichen Sekten gehören z. B. die Adventisten oder die Zeugen Jehovas.

die Sexualität
Sexualität meint das Geschlechtsleben von ↗ Menschen und vielen Tieren. Ohne Geschlechtsverkehr würden Lebewesen sich nicht fortpflanzen. Meistens finden sich ein ↗ Mann und eine ↗ Frau sexuell anziehend: Sie sind zärtlich zueinander, küssen und streicheln sich. Wenn dann der Mann seinen Penis in die Scheide der Frau einführt, kann das für beide ein sehr schönes Gefühl sein. Den Höhepunkt dieses Gefühls nennt man Orgasmus. Dann hat der Mann einen Samenerguss und es gelangen Samenzellen (Spermien) aus seinem Penis in den Körper der Frau. Dabei kann die Frau schwanger werden und ein Kind bekommen.
↗ Befruchtung, Homosexualität, Schwangerschaft, Verhütung

Wie viele Planeten gehören zum Sonnensystem?

die Sinne

Riechen, Hören, Sehen, Fühlen und Schmecken sind die fünf Sinne von ⇒ Menschen und Tieren. In allen Sinnesorganen sitzen winzige Sinneszellen. Diese reagieren auf unterschiedliche Reize, wie z. B. Parfüm, ⇒ Lärm, ⇒ Licht, Hitze oder ⇒ Schokolade. Trifft ein Reiz auf die Sinneszellen, so senden sie elektrische Signale. Nervenzellen leiten die elektrischen Signale zum ⇒ Gehirn. Das Gehirn erkennt dann, was das Signal bedeutet.

⇒ **Auge, menschlicher Körper, Nase, Ohr, Schall, Zunge**

der Sklave

Sklaven sind ⇒ Menschen, die unfrei und rechtlos sind. Sie können wie Besitz verkauft und gekauft werden. Bei den ⇒ Griechen und ⇒ Römern gab es Sklaven, meist waren das Kriegsgefangene. Die Europäer verschleppten hunderttausende Menschen aus ⇒ Afrika und verkauften sie. Die meisten dieser schwarzen Sklaven mussten auf großen Plantagen in ⇒ Nord- und Südamerika unter schrecklichsten Bedingungen arbeiten. Die von den ⇒ Vereinten Nationen festgeschriebenen ⇒ Menschenrechte verbieten seit 1948 die Sklaverei.

⇒ **Europa, Krieg**

der Slum

Das ⇒ Wort Slum (gesprochen: Slam) kommt aus dem Englischen und bezeichnet die Elendsviertel großer Städte (⇒ Stadt), vor allem in den armen Ländern der Welt. ⇒ Menschen, die ohne ⇒ Geld auf der Suche nach Arbeit vom Land in die Stadt kommen, bauen sich dort einfache Hütten aus ⇒ Holz, Plastik oder Wellblech. Es gibt dort weder fließendes ⇒ Wasser noch ⇒ Strom, keine Toiletten, keine Müllabfuhr, keine Krankenhäuser, Ärzte oder ⇒ Schulen. Es herrschen ⇒ Armut, ⇒ Arbeitslosigkeit, ⇒ Krankheiten und ⇒ Gewalt.

die Sonne

Die Sonne gehört zur Milchstraße, die aus Milliarden von Sternen besteht. Sie entstand vor etwa 4,6 Milliarden ⇒ Jahren. Die Sonne ist ein riesiger Himmelskörper und der Mittelpunkt des Sonnensystems. Aufgrund ihrer großen Anziehungskraft kreisen alle anderen Himmelskörper des Sonnensystems auf festen Umlaufbahnen um sie herum. So auch die neun Planeten, zu denen unsere ⇒ Erde gehört. Wie alle Sterne ist die Sonne eine riesige, glühende Kugel aus ⇒ Gas. Durch chemische Vorgänge im Innern der Sonne wird unvorstellbar viel ⇒ Energie freigesetzt. Diese Energie strahlt die Sonne ab und versorgt so die Erde mit Wärme und ⇒ Licht. Ohne die Sonne wäre kein Leben auf der Erde möglich. Die Ozonschicht der ⇒ Atmosphäre verhindert, dass schädliche Sonnenstrahlen auf die Erdoberfläche gelangen.

⇒ **All, Ozon**

die Sonnen- und Mondfinsternis

Wenn der Schatten eines Himmelskörpers auf einen anderen fällt, entsteht eine Finsternis. Eine Sonnenfinsternis ist von der ⇒ Erde aus zu sehen, wenn der ⇒ Mond zwischen ⇒ Sonne und Erde steht. Der Mondschatten fällt dann auf einen Teil der Erde. ⇒ Menschen in dieser Schattenzone

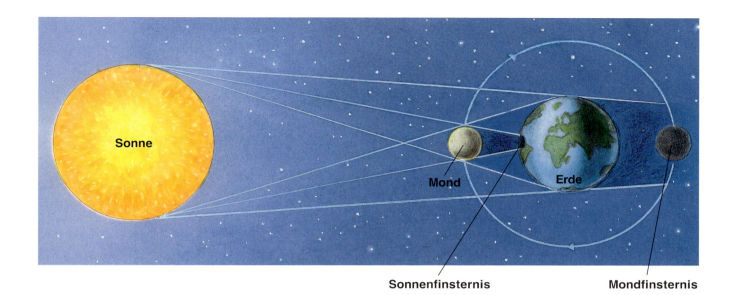

Sonnenfinsternis **Mondfinsternis**

können die Sonne gar nicht (totale Sonnenfinsternis) oder nur teilweise (partielle Sonnenfinsternis) sehen. Schiebt sich die Erde zwischen Sonne und Mond, kann der Mond durch den Erdschatten wandern. Wir nehmen den so verfinsterten Vollmond als totale oder teilweise Mondfinsternis wahr.

→ All

das SOS
SOS ist ein Notsignal, das überall auf der ● Erde gilt. Es sind drei kurze, drei lange und dann wieder drei kurze Zeichen. Das bedeutet im Morsealphabet SOS. Man kann SOS mit ● Licht, mit Geräuschen oder per Funk senden. Ausgewählt wurden die Buchstaben S und O, weil ihr Rhythmus als Morsezeichen so auffällig ist. Erst später wurde das SOS als Abkürzung für „Save Our Souls" (gesprochen: Säjv auer sols) gedeutet, was „Rettet unsere ● Seelen" heißt.

sozial
Das ● Wort „sozial" kommt aus dem Lateinischen und bedeutet „allgemein". Ein ● Mensch, der sich sozial verhält, achtet nicht nur auf sich, sondern kümmert sich auch um andere und tut etwas für die Gemeinschaft. Ein Sozialstaat unterstützt Bürger, die z. B. durch ● Krankheit oder ● Arbeitslosigkeit in Not geraten. Sie erhalten Sozialhilfe, also ● Geld, mit dem sie sich das Nötigste kaufen können.

→ Staat

Buntspecht

der Specht
Spechte sind Vögel (● Vogel) mit einem spitzen, kräftigen Schnabel. Damit hacken sie Baumrinden und morsches ● Holz auf, um ● Ameisen, ● Larven oder ● Spinnen mit ihrer langen, klebrigen ● Zunge herauszuziehen. Mithilfe ihres Stützschwanzes aus besonders harten ● Federn und zwei Kletterfüßen mit Krallen können sie hervorragend an Baumstämmen hinaufklettern. Spechte legen ihre ● Eier in selbst gezimmerte Baumhöhlen. Es gibt weltweit 200 Spechtarten. In ● Europa ist der Buntspecht am bekanntesten. Man erkennt ihn an seinem schwarzen Rücken und den weißen Schulterflecken. Das Männchen hat einen roten Hinterkopf.

→ Lebensraum Wald, Tierreich

die Spinne

Kreuzspinne

Spinnen, Skorpione und Milben gehören im ⇒Tierreich zur ⇒Familie der Spinnentiere. Spinnen haben im Gegensatz zu ⇒Insekten acht Beine. Ihr Körper besteht aus einem Kopfbruststück mit Mundwerkzeugen sowie zwei bis acht ⇒Augen und einem Hinterleib mit Spinndrüsen, aus denen sie Spinnfäden pressen können. Manche Spinnen bauen daraus ihren Unterschlupf, andere kunstvolle, klebrige Fangnetze. Denn Spinnen sind Räuber, die sich von Insekten ernähren. Mit ihren Kieferklauen packen sie das Beutetier, lähmen es mit einem ⇒Gift und saugen es aus. Der Biss der Schwarzen Witwe, die in Amerika beheimatet ist, kann für den ⇒Menschen tödlich sein. Die größte Spinne ist die Vogelspinne, die in den ⇒Tropen lebt.

der Sport

➡ Seite 152

die Sprache

⇒Menschen können sich mithilfe der Sprache anderen mitteilen. Sie dient der ⇒Kommunikation. Diese kann über gesprochene Sprache (Laute), geschriebene Sprache oder Gebärden stattfinden. Die Anzahl der Sprachen auf der Welt lässt sich nur schwer genau feststellen. Manchmal ist es schwierig zu unterscheiden, ob es sich um einen ⇒Dialekt oder um eine eigenständige Sprache handelt. Forscher schätzen, dass es weltweit etwa 6500 Sprachen gibt, es können aber auch etwas mehr sein. Nur ein Teil dieser Sprachen hat eine Schrift. Gehörlose Menschen verständigen sich mithilfe einer ⇒Gebärdensprache. Die Sprache, die man als Kind von seinen Eltern lernt, nennt man Muttersprache. In der ⇒Schule lernen viele Kinder eine oder mehrere Fremdsprachen. Meist ist eine davon Englisch. Deutsch wird außer in ⇒Deutschland, ⇒Österreich und Teilen der ⇒Schweiz auch in Luxemburg, Liechtenstein sowie manchen Teilen Belgiens, Italiens (Südtirol), Frankreichs und Dänemarks gesprochen. Sprache verändert sich ständig ein bisschen. Wenn etwas Neues erfunden wird, braucht man dafür auch ein neues ⇒Wort. So kannten die Menschen vor 100 ⇒Jahren den Begriff „Computer" noch nicht, weil es noch keine ⇒Computer gab. Andere Wörter gehen im Laufe der ⇒Zeit verloren, weil sie nicht mehr verwendet werden, z. B. „Rock" als Bezeichnung für einen Herrenmantel.

➡ Dolmetscher

„Der Apfel fällt nicht weit vom Stamm."

das Sprichwort

Sprichwörter geben in kurzer, bildhafter Form Lebensweisheiten weiter. Mit dem Sprichwort „Lügen haben kurze Beine" ist z. B. gemeint, dass man mit Lügen nicht weit kommt, weil sie schnell aufgedeckt werden. Andere Sprichwörter sind z. B. „Der Apfel fällt nicht weit vom Stamm" oder „Was Hänschen nicht lernt, lernt Hans nimmermehr". Sprichwörter gibt es überall auf der Welt, die Sprichwörter mancher Völker (⇒Volk) ähneln sich sogar.

der Staat

In einem Staat leben viele ➔ Menschen auf einem klar begrenzten Gebiet zusammen. Jeder Staat besitzt eine Regierung, eigene ➔ Gesetze und eine Rechtsprechung. Zu welchem Staat jemand gehört, erkennt man an seiner Staatsangehörigkeit.

➔ Politik

der Staatsanwalt

Ein Staatsanwalt vertritt vor ➔ Gericht den ➔ Staat. Nach einer Straftat versucht die Staatsanwaltschaft mithilfe der ➔ Polizei den Täter zu finden und klagt ihn an. Der Angeklagte wird von einem ➔ Rechtsanwalt verteidigt.

➔ Gesetz, Recht, Richter

die Stadt

In einer Stadt leben viele ➔ Menschen auf engem Raum. Die Häuser stehen meist dicht beieinander und werden von Hochhäusern überragt. Man unterteilt Städte nach der Anzahl ihrer Einwohner in Kleinstädte (5000 bis 20 000 Einwohner), Mittelstädte (bis zu 100 000) und Großstädte (über 100 000). Eine Großstadt wie z. B. Frankfurt am Main hat eine Innenstadt (City) mit zahlreichen Kaufhäusern, Geschäften, Banken und Bürogebäuden. Ein Netz von Omnibus-, Straßenbahn- und U-Bahnlinien bringt die Menschen überallhin. Eine Stadt ist immer der Mittelpunkt eines größeren Gebiets und viele Menschen aus der Umgebung kommen hierher, um zu arbeiten, einzukaufen oder um Büchereien, ➔ Theater, Kinos und Museen (➔ Museum) zu besuchen.

➔ Bauwerke, Dorf

der Stein

Steine sind feste, harte Materialien, die in der ➔ Natur als ➔ Gesteine vorkommen und sich aus ➔ Mineralen zusammensetzen. Die ➔ Menschen haben Steine schon immer auf vielfältigste Weise genutzt: So stellten die Menschen der ➔ Steinzeit daraus ihre Werkzeuge und Waffen her. Später verwendete man sie als Baumaterial. Zu den beeindruckendsten ➔ Bauwerken aus Stein gehören die ➔ Pyramiden. Steine werden heute in Steinbrüchen aus dem Felsen herausgesprengt oder herausgeschnitten und dann weiterverarbeitet. So z. B. auch in der ➔ Kunst, wo man aus ihnen Skulpturen macht.

Die Großstadt Frankfurt am Main

der Sport

Sport ist immer und überall möglich: allein (Einzelsport) oder in einer Mannschaft (Mannschaftssport), im Freien oder in einer Halle, auf dem Boden, im ⊙ Wasser oder in der ⊙ Luft. Es gibt eine Vielzahl an Sportarten und Disziplinen, zu denen immer neue hinzukommen.

Sportarten

Typische Wintersportarten sind z. B. Rodeln, Skifahren oder Eisschnelllauf. Surfen, Rudern, Schwimmen und Tauchen gehören zu den Wassersportarten. In der Luft kann man Segel- oder Drachenfliegen. Bei Kampfsportarten wie Boxen, Fechten oder Judo treten die Einzelkämpfer gegeneinander an. Bekannte Wettkämpfe sind beim Motorsport das Formel-1-Rennen und beim Radsport die Tour de France. Und wer zu ⊙ Pferd Hürden überspringt, betreibt Reitsport. Besonders beliebt sind Ballspiele wie Tischtennis, Tennis, Basketball, Rugby, Volleyball, Handball, American Football und natürlich Fußball. Fußball ist ein Mannschaftssport, der schon seit sehr langer ⊙ Zeit gespielt wird.

Leichtathletik

Laufen, Springen und Werfen gehören zur Leichtathletik. Die höchste Ehre für Leichtathleten ist eine Goldmedaille bei den ⊙ Olympischen Spielen. Der längste Lauf ist der Marathon mit 42,195 km. Er geht auf eine ⊙ Sage zurück: Nachdem die Athener nahe der ⊙ Stadt Marathon im ⊙ Jahr 490 v. Chr. gegen die Perser gesiegt hatten, schickten sie einen Läufer mit der Nachricht nach Athen. Der lief die über 42 km lange Strecke so schnell, dass er danach tot zusammengebrochen sein soll.

Wettkämpfe und Sportrekorde

Beim Sport und vor allem bei Wettkämpfen gibt es klare Regeln und Bestimmungen. Für deren Einhaltung sorgen Schiedsrichter. Wer bei Meisterschaften eine Höchstleistung erreicht, erzielt einen Rekord. Als bester Fußballspieler der Welt gilt der Brasilianer Pelé. Er schoss zwischen 1956 und 1977 in 1363 Fußballspielen 1279 Tore. Kirstin Otto gewann 1988 bei den Olympischen Spielen im Schwimmen sechs Goldmedaillen und hält damit den Rekord bei den Damen. Und mit seinen bisher sieben Weltmeistertiteln zählt Michael Schumacher zu den erfolgreichsten Formel-1-Piloten.

Profis und Amateure

Amateure betreiben Sport aus Vergnügen und in ihrer Freizeit. Für Profisportler ist der Sport zum ⊙ Beruf geworden. Sie trainieren ihren Körper zu Höchstleistungen und belasten ihn stark. Das kann zu ernsten Verletzungen führen. Auch kommt es immer wieder vor, dass sich Profisportler mit verbotenen Mitteln dopen, d. h. aufputschen.

Doping

Woraus stellten die Steinzeitmenschen Gegenstände her?

die Steinzeit

Vor etwa 2,5 Millionen ⇒ Jahren fertigten die ⇒ Menschen Werkzeuge und Waffen aus ⇒ Stein, ⇒ Holz und Knochen an. In der Altsteinzeit lebten die Menschen als Jäger und Sammler. Als Werkzeuge dienten ihnen vor allem Faustkeile und Schaber, die sie aus scharfkantigen Feuersteinstücken herstellten. Sie waren ⇒ Nomaden und folgten z. B. den Mammut- oder Rentierherden. In ⇒ Höhlen suchten sie Schutz vor Kälte und Nässe. Vor etwa 800 000 bis 500 000 Jahren begannen die Menschen das ⇒ Feuer zu nutzen. Am Ende der Altsteinzeit entstanden erste Kunstwerke, z. B. Höhlenmalereien. Um 10 000 v. Chr. begann in Mitteleuropa die Mittlere Steinzeit, in der die Urmenschen immer besser behauene Steingeräte wie kleine Pfeil- und Harpunenspitzen herstellten. In der Jungsteinzeit, im mitteleuropäischen Raum seit etwa 5000 v. Chr., wurde das ⇒ Klima milder und die Menschen lernten ⇒ Getreide anzubauen und Tiere zu halten. Sie wurden sesshaft und bauten Hütten. Die ersten Dörfer (⇒ Dorf) entstanden. Die Menschen stellten nicht nur geschliffene und durchbohrte Steinwerkzeuge her, sondern auch Gefäße aus Ton und webten Stoffe. Die Steinzeit endete ungefähr vor 5000 Jahren, als die Menschen in ⇒ Ägypten und Teilen ⇒ Asiens lernten, ⇒ Metalle wie Bronze oder Eisen zu bearbeiten und die ⇒ Schrift erfanden. In ⇒ Europa begann die Bronzezeit erst rund 1000 Jahre später.

➡ **Geschichte**

die Steppe

Graslandschaften ohne Bäume (⇒ Baum) nennt man Steppen. Sie entstehen in warmen Gebieten, in denen zu wenig ⇒ Regen fällt. Daher wachsen in Steppen vor allem Gräser und ⇒ Kräuter, die Trockenheit lieben. Die ⇒ Prärie in ⇒ Nordamerika und die Pampas in Argentinien sind Steppen.

➡ **Landschaft, Lebensraum, Klima, Savanne**

Menschen der Altsteinzeit

Wie heißt die höchste Singstimme bei Frauen?

die Steuern

Unter Steuern versteht man das ↪ Geld, das die Bürger von ihren Einkommen an den ↪ Staat zahlen. Der braucht die Steuergelder, um seine Aufgaben zu erfüllen – z. B. für den Bau von Straßen, Krankenhäusern oder ↪ Schulen. Auch die Leute, die für den Staat arbeiten, wie z. B. Lehrer oder ↪ Richter, werden von den Steuern bezahlt. Wie viele Steuern man bezahlen muss, hängt vom Gehalt ab, von der ↪ Zahl der Kinder und ob man verheiratet ist.

die Stimme

Wenn ↪ Luft aus der Lunge zwischen unseren zwei Stimmbändern hindurchströmt, beginnen sie zu schwingen und erzeugen Geräusche, den ↪ Schall. Daraus formen Mund, Lippen, ↪ Zunge und Kehlkopf dann unterschiedliche Laute. Sind die Stimmbänder stark gespannt, entstehen hohe Töne. Sind sie schlaffer, hört man tiefe Töne. Singstimmen unterscheidet man nach der Tonhöhe. Die Stimmlagen bei den Sängerinnen heißen Sopran (hoch) und Alt (tief). Bei den Sängern gibt es Tenor (hoch) und Bass (tief). Zwischenlagen sind Mezzosopran und Bariton.

der Stress

Stress ist ursprünglich ein englisches ↪ Wort und bedeutet „Druck". Den spüren wir manchmal bei schwierigen Aufgaben. Dann rast unser ↪ Puls und das Herz schlägt schneller. Ein wenig Stress macht uns aufmerksamer und leistungsfähiger. Wer aber ständig unter hohem Stress steht, z. B. durch zu viel Arbeit oder Angst, kann ernsthaft krank werden.

der Strom

Strom ist elektrische ↪ Energie, auch Elektrizität genannt. Sie entsteht durch die Bewegung von elektrisch geladenen Teilchen. Strom ist unsichtbar, aber ohne ihn würde vieles nicht funktionieren: kein Kühlschrank, kein Staubsauger, keine Taschenlampe. Strom fließt nur im Kreis. Der einfachste Stromkreis besteht aus einer Stromquelle, z. B. einer ↪ Batterie, einer Lampe und einem ↪ Kabel. Von der Batterie fließt der Strom durch ein Kabel zu einer Lampe und durch sie hindurch. Durch ein zweites Kabel fließt der Strom zur Batterie zurück.

Wenn das Lämpchen leuchtet, ist der Stromkreis geschlossen. Wenn der Stromkreis unterbrochen wird, z. B. durch einen Schalter, kann die Elektrizität nicht mehr fließen. Dann geht die Lampe aus.

das Substantiv

Substantive sind Wörter (➔ Wort), die ➔ Menschen, Tiere, ➔ Pflanzen, Orte oder Dinge bezeichnen (z. B. Paul, die Oma, das ➔ Pferd, der ➔ Baum, ➔ Asien, das ➔ Auto, die Freude). Sie werden auch Nomen, Namenwort oder Hauptwort genannt. Jedes Substantiv kann einen Artikel (Begleiter) haben: der, die, das, ein oder eine. Fast alle Substantive können in der Einzahl (Singular) und Mehrzahl (Plural) stehen (z. B. das Haus – die Häuser). Substantive schreibt man groß.

➔ **Adjektiv, Grammatik, Wortarten**

die Sucht

Jemand ist süchtig, wenn er von etwas nicht genug bekommen kann – auch wenn es ihm schadet. Man spricht dann auch von Abhängigkeit. Der Betroffene kreist mit seinen Gedanken nur noch um die Befriedigung seiner Sucht. Er verliert allmählich das Interesse an anderen ➔ Menschen. Manchmal reagiert der Körper sogar mit ➔ Schmerzen, wenn er das Suchtmittel nicht bekommt. Das kommt am häufigsten bei ➔ Giften wie ➔ Alkohol, ➔ Nikotin oder ➔ Drogen vor. Man kann aber auch süchtig sein nach Essen oder nach einem besonders schlanken Körper (Magersucht). Auch zu häufiges Spielen an Spielautomaten oder an ➔ Computern kann süchtig machen. Süchte kann man behandeln. Es ist für die Betroffenen schwer, sie in den Griff zu bekommen.

Südamerika

➔ **Seite 156**

der Südpol

Der Südpol ist der südlichste Punkt der ➔ Erde. Das Gebiet um den Südpol wird Antarktis genannt. Abgesehen von einigen ➔ Gebirgen ist die Antarktis das ganze ➔ Jahr über von einer durchschnittlich 2500 m dicken Eisschicht bedeckt und neben dem ➔ Nordpol die kälteste Region der Erde. Die weltweit kälteste ➔ Temperatur von –90 °C wurde hier gemessen. Viele Tiere wie Pinguine, ➔ Wale, Robben und Albatrosse sind an der ➔ Küste und in den ➔ Meeren der Antarktis zu Hause. Am Südpol geht die ➔ Sonne vom 23. September bis 21. März nicht unter (Südpolartag). Die andere Hälfte des Jahres herrscht dann Südpolarnacht. Die Antarktis ist unbewohnt. Nur Wissenschaftler leben dort in Forschungsstationen.

Südpol

➔ **Kontinent**

der Sumpf

Als Sumpf bezeichnet man ein Gelände, dessen Boden ständig mit viel ➔ Wasser durchtränkt ist. Sie bilden sich in Regengebieten, wo der Grundwasserspiegel hoch oder der Untergrund wasserundurchlässig ist. Die Tier- und Pflanzenwelt ist an diese Lebensbedingungen angepasst.

➔ **Lebensraum, Moor**

Südamerika

Südamerika ist der viertgrößte ⇨ Kontinent. Süd- und ⇨ Nordamerika bilden zusammen den Doppelkontinent Amerika. Die Länder Süd- und Mittelamerikas werden auch als Lateinamerika bezeichnet. In den meisten Ländern wird Spanisch gesprochen, in Brasilien Portugiesisch.

Natur
Entlang der Pazifikküste erstreckt sich von Kolumbien bis in den Süden Chiles eine Gebirgskette, die Anden. Mit einer Länge von rund 8000 km sind die Anden das längste ⇨ Gebirge der Welt. Der Amazonas ist der längste ⇨ Fluss Südamerikas und bildet im Norden Brasiliens das wasserreiche Amazonasbecken, das dicht mit tropischem ⇨ Regenwald bewachsen ist. In Argentinien, Uruguay, Paraguay und Venezuela gibt es weite Grassteppen, die als Weide- und Ackerland genutzt werden. Ganz im Süden liegt das kalte und vereiste Patagonien.

Land und Leute
Die Ureinwohner Südamerikas waren die Inkas. Diese ⇨ Indianer, hier auch Indios genannt, zählen zu den alten Hochkulturen. Sie bauten große Städte (⇨ Stadt), Tempelanlagen und ein weit verzweigtes Straßennetz. Die Indios der Regenwälder kamen sehr spät mit den Weißen in Kontakt. Hier leben auch heute noch einige Stämme wie ihre Vorfahren.

Brasilien
Brasilien ist das größte Land Südamerikas. Der Großteil der Brasilianer wohnt entlang der ⇨ Küste in sehr großen Städten wie z. B. São Paulo oder Rio de Janeiro. Am Rande dieser Millionenstädte liegen viele Elendsviertel. In Brasilien leben nur wenige reiche ⇨ Menschen, dafür aber sehr viele Arme. In den Küstenregionen gibt es große Industrieanlagen und Ackerflächen, auf denen vor allem ⇨ Kaffee und Soja angebaut wird.

⇨ Armut, Industrie, Slum, Yanomami

Jaguar

Fläche: etwa 17,8 Millionen km²
Höchster Punkt: Aconcagua, 6959 m
Größter See: Maracaibosee
Längster Fluss: Amazonas, 6500 km
Zahl der Staaten: 12
Größte Stadt: São Paulo (Brasilien), etwa 20,2 Millionen Einwohner
Gesamtbevölkerung: etwa 370 Millionen

der Tabak

Tabak ist eine ◆Pflanze, die auf der ganzen Welt angebaut wird. Aus ihren getrockneten Blättern (◆Blatt) werden Zigaretten, Zigarren, Pfeifen-, Kau- oder Schnupftabak hergestellt. Tabak enthält das Pflanzengift ◆Nikotin und ist gesundheitsschädlich. Das Rauchen von Tabak macht süchtig.

→ Sucht

der Tag und die Nacht

Tag und Nacht entstehen, weil sich die ◆Erde um ihre eigene ◆Achse dreht. Die ◆Sonne kann also immer nur eine Hälfte der Erde bescheinen. Dort ist heller Tag. Die andere Hälfte bekommt kein ◆Licht. Dort ist Nacht. Für eine Drehung braucht die Erde genau 24 Stunden. Diese Zeitspanne nennt man auch Tag. Je nachdem, an welchem Punkt der Erde man sich befindet, ist es taghell oder Nacht oder es dämmert.

→ Jahreszeit, Zeit

das Tal

Ein Tal ist eine lang gestreckte Vertiefung in der Erdoberfläche. Entstanden ist es durch fließende ◆Gewässer. Bäche und Flüsse (◆Fluss) haben im Laufe der ◆Zeit die ◆Erde weggeschwemmt, das ◆Gestein ausgewaschen und so ein Tal gegraben. Es gibt verschiedene Talformen. In Engtälern bzw. Schluchten stehen die Talwände nah beieinander und sind sehr steil. Ein V-Tal hat die Form einer Kerbe. U-Täler wurden von ◆Gletschern geformt und verbreitert. Der Grand Canyon (gesprochen: Gränd Kännjen) in ◆Nordamerika ist eine Schlucht, bis zu 1700 m tief und rund 350 km lang.

der Tanz

Tanz ist Bewegung zu ◆Musik oder Geräuschen. Zu allen ◆Zeiten haben die ◆Menschen getanzt. Früher hatten Tänze oft etwas mit ◆Religion zu tun. So tanzten die ◆Indianer z. B. zu Ehren ihrer Geister. In manchen Ländern, wie z. B. in Bali, gibt es noch heute Tempeltänzerinnen. Später tanzte man dann vor allem zum eigenen Vergnügen. Beim Bühnentanz, z. B. beim ◆Ballett, tanzen ausgebildete Tänzer vor einem Publikum. Einige Formen des Tanzens, wie z. B. Rock 'n' Roll oder Paartanz, gelten heute auch als Sportarten, in denen sogar Wettkämpfe ausgetragen werden.

→ Kunst

U-Tal · V-Tal

T

die Tarnung

Lebewesen tarnen sich, um von anderen nicht entdeckt zu werden. Dafür haben sie verschiedene Gründe. Die einen passen Färbung oder Körperhaltung ihrer Umgebung an, um sich vor Feinden oder Angreifern zu schützen. Schneehasen bekommen im Winter ein weißes ⊙ Fell als Tarnfarbe. Die Gespenstheuschrecken wie das Wandelnde Blatt oder die Stabheuschrecke sehen Blättern (⊙ Blatt) oder dürren Ästen täuschend ähnlich. Tiere, die auf Jagd gehen, wollen auch möglichst lange unentdeckt bleiben. Dank ihres gestreiften Fells können sich Tiger z. B. sehr nah an ihr Opfer anschleichen, bevor sie angreifen. Die ⊙ Menschen haben diesen Tarntrick den Tieren abgeschaut. Militärfahrzeuge und -uniformen sind oft grün, braun oder schwarz gefärbt, um im Gelände nicht aufzufallen. Die Warntracht von manchen Tieren dient dagegen der Abschreckung von Feinden. Wespen oder Feuersalamander signalisieren mit ihren grellen ⊙ Farben, dass sie ungenießbar oder giftig sind.

Wandelndes Blatt

Tiger

die Technik

Technik nennt man alle Dinge und Verfahren, die ⊙ Menschen entwickeln. Oft sind es Hilfsmittel, die uns die Arbeit erleichtern. Schon in der ⊙ Steinzeit haben Menschen immer neue Sachen entwickelt oder alte Techniken verbessert: So entstanden erste Werkzeuge, Gefäße aus Ton, das ⊙ Rad oder der ⊙ Hebel.

der Tee

Als Tee bezeichnet man den Aufguss aus meist getrockneten Pflanzenteilen und heißem ⊙ Wasser. Bei Kräutertees werden z. B. die Blüten der Kamille, die Blätter (⊙ Blatt) der Pfefferminze oder die ⊙ Samen des Fenchels verwendet. Diese ⊙ Heilpflanzen dienen auch als ⊙ Medikamente. Schwarzer oder grüner Tee wird aus den getrockneten Blättern des Teestrauchs hergestellt. Diese Tees enthalten – wie der ⊙ Kaffee – den anregenden Stoff Koffein und machen munter. Der Teestrauch wächst in warmen Ländern wie ⊙ Asien und ⊙ Afrika. Aus getrockneten Früchten (⊙ Frucht) wie z. B. Hagebutten und Äpfeln werden Früchtetees gekocht.

Teestrauch

Wie hoch ist die Körpertemperatur beim Menschen?

der Teenager
Die Bezeichnung Teenager (gesprochen: Tienejtscher) kommt aus dem Englischen und meint Jugendliche zwischen 13 und 19 ◆ Jahren. In diese Zeitspanne fällt auch die ◆ Pubertät.

das Telefon

Handy

Mit dem Telefon kann man sich auch über große Entfernungen unterhalten. Es wird daher auch Fernsprecher genannt. Es wandelt die ◆ Sprache in elektrische Signale um. Diese werden dann über Leitungen, ◆ Satelliten oder Funk zum Empfänger geführt. Dort werden die elektrischen Signale wieder in Töne umgewandelt. Das erste Telefon wurde 1876 von Alexander Graham Bell entwickelt. Damals konnte man noch nicht selbst wählen, sondern musste eine Vermittlung anrufen. Erst 1889 wurde die Drehwählscheibe erfunden. Mobiltelefone, auch Handys genannt, gibt es seit Anfang der 1980er-◆ Jahre. Sie funktionieren über Mobilfunknetze. Mit fast allen Handys kann man heute Textnachrichten, kurz SMS genannt, verschicken, fotografieren, ◆ Musik abspielen und im ◆ Internet surfen.

➜ **Computer, Kommunikation**

die Temperatur
Die Temperatur gibt an, wie warm die ◆ Luft oder ein Körper ist. Gemessen wird sie mit einem ◆ Thermometer. Temperaturen werden in den meisten Ländern mit Grad Celsius (°C) angegeben. Bei 100 °C ist der Siedepunkt von ◆ Wasser erreicht: es verdampft. Bei 0 °C beginnt Wasser zu gefrieren. Bei Temperaturen, die unter 0 °C liegen, schreibt man ein Minuszeichen davor. Die höchsten Lufttemperaturen von etwa 50 °C wurden in ◆ Wüsten und die tiefsten von −90 °C am ◆ Südpol gemessen. Die Körpertemperatur des ◆ Menschen liegt bei 37 °C. In englischsprachigen Ländern ist die Fahrenheitskala (F) üblich. Der Gefrierpunkt liegt hier bei 32 °F und der Siedepunkt bei 212 °F.

➜ **menschlicher Körper**

das Terrarium
Das Terrarium ist ein Behälter, in dem man kleine ◆ Reptilien wie Eidechsen, Landschildkröten oder Schlangen, aber auch ◆ Insekten oder ◆ Spinnen hält. ◆ Amphibien wie Frösche (◆ Frosch) und Kröten brauchen mehr ◆ Wasser. Man hält sie in einem Aqua-Terrarium. ◆ Fische werden in einem mit Wasser gefüllten Aquarium gehalten.

Aquarium

der Terrorist
Terroristen sind ◆ Menschen, die ihre Meinungen und Ziele mit ◆ Gewalt durchsetzen wollen: durch Bombenanschläge, Flugzeugentführungen oder Geiselnahmen. Terroristische Gruppen sind z. B. die baskische ETA in Spanien, die IRA in Irland, die palästinensische Hamas und die islamistische Al-Qaida.

Was macht eine Souffleuse?

das Testament

1. Ein Testament enthält den letzten Willen eines ⇒ Menschen. Meist geht es darum, wie nach dem ⇒ Tod das Vermögen des Verstorbenen verteilt werden soll. Die Leute, die etwas davon erhalten, nennt man Erben. **2.** Die beiden Teile der christlichen Bibel werden Altes und Neues Testament genannt.

→ Religionen

das Theater

1. Als Theater bezeichnet man Sprechtheater (z. B. Marionettentheater, Schauspiel), Tanztheater (z. B. ⇒ Ballett ⇒ Pantomime) und Musiktheater (z. B. Musical, ⇒ Oper). Der Regisseur studiert das Theaterstück mit den Schauspielern, Tänzern oder Sängern ein. **2.** Das Gebäude, in dem Aufführungen stattfinden, nennt man Theater. Dort gibt es einen Zuschauerraum und einen Bühnenraum, die durch einen Vorhang voneinander getrennt sind. Auf der Bühne ist das Bühnenbild aufgebaut, das z. B. einen Wald oder ein Schloss darstellt. Manche Theater haben Drehbühnen. Der jeweils nicht sichtbare Teil der drehbaren Scheibe kann umgebaut werden und wird dann nach vorne zum Publikum gedreht. Die Souffleuse (gesprochen: Suflöse) flüstert (souffliert) den Schauspielern ihren Text zu, wenn sie ihn vergessen haben. Die Beleuchtungs- und Tontechniker sorgen für ⇒ Licht und Geräusche. Zwischen der Bühne und dem Zuschauerraum befindet sich der Orchestergraben, in dem das Orchester sitzt. In den Werkstätten werden das Bühnenbild gebaut und die Kostüme genäht. In den Garderoben ziehen sich die Schauspieler um und werden von den Maskenbildnern geschminkt. In der Requisitenkammer lagern die Requisiten. Das sind alle Gegenstände, die man bei Theaterstücken auf der Bühne braucht, z. B. Möbel. Auch das Büro des Direktors befindet sich im Theater.

→ Musik

das Thermometer

Das Thermometer dient dazu, ◗ Temperaturen zu messen. Meist besteht es aus einem Glasrohr und einer Messskala. In dem Glasrohr befindet sich noch ein sehr viel dünneres Röhrchen, das mit ◗ Alkohol oder ◗ Quecksilber gefüllt ist und unten in einer Kugel endet. Steigt die Temperatur, so erwärmt sich die Flüssigkeit im Röhrchen. Sie dehnt sich aus und steigt in dem dünnen Röhrchen hoch. Sinkt die Temperatur, so zieht sich die Flüssigkeit zusammen und bewegt sich in dem Röhrchen nach unten. Ein digitales Thermometer wandelt die Temperatur in elektrische Signale um und zeigt sie als ◗ Zahl an.

Thermometer

das Tierreich

➔ Seite 162

der Tierschutz

Der Tierschutz ist im ◗ Gesetz festgeschrieben: Keinem Tier dürfen grundlos ◗ Schmerzen oder Schäden zugefügt werden. Wer Tiere quält oder ◗ Haustiere nicht artgerecht hält, wird mit einer Geldstrafe oder sogar Gefängnis bestraft. Tierversuche für die medizinische Forschung sind eine Ausnahme. Tierschützer setzen sich dafür ein, dass das Tierschutzgesetz eingehalten wird. Tierschutzvereine errichten Tierheime, in denen ausgesetzte oder verwahrloste Tiere aufgenommen werden. Für diese Tiere werden dann neue Besitzer gesucht. Umstritten ist die Haltung von Nutztieren wie z. B. Schweinen, Kühen oder Hühnern, die häufig in viel zu engen und dunklen Ställen leben müssen und sich kaum bewegen können.

die Tierspur

Tierspuren werden auch Fährten genannt. Tiere hinterlassen Abdrücke auf feuchtem oder weichem Boden. Besonders deutlich sieht man sie im frischen ◗ Schnee. Beim ◗ Menschen nennt man solche Spuren Fußabdrücke. Vor allem Förster und Jäger können diese Fährten lesen, d. h. die Spur einem Tier zuordnen und mit ihrer Hilfe den Weg verfolgen, den das Tier genommen hat. Auch an Kot- und Fraßspuren kann man Tiere erkennen. ◗ Eulen würgen z. B. unverdaubare Nahrung wie Knochen oder ◗ Haare wieder aus. Diese so genannten Gewölle findet man meist in der Nähe ihrer Nester. Rehe fressen die Triebe und Knospen junger Bäume (◗ Baum) ab, angenagte Fichtenzapfen deuten auf ein ◗ Eichhörnchen hin. Kleine Löcher und Rillen in Baumrinden können Fraßspuren von ◗ Insekten und ◗ Larven sein.

➔ **Tierreich, Wohnungen der Tiere**

das Tierreich

Tukan

Tiere sind Lebewesen, die im Gegensatz zu ⮞ Pflanzen Nahrung zu sich nehmen müssen. Nur wenn sie Pflanzen oder andere Tiere fressen, bleiben sie am Leben. Die Tierwelt ist sehr vielfältig: Heute sind rund 1,5 Millionen Tierarten bekannt. Viele Arten sind längst ausgestorben, wie z. B. die ⮞ Saurier, da sich ihre ⮞ Lebensräume verändert haben oder zerstört wurden. Aber es werden auch immer wieder neue Tierarten entdeckt. So geht man davon aus, dass in weniger gut erforschten Gegenden wie z. B. dem ⮞ Regenwald oder in den großen Tiefen der ⮞ Meere und ⮞ Ozeane noch viele unbekannte Tiere leben.
Zoologen sind Wissenschaftler, die sich mit der Erforschung von Tieren beschäftigen. Für sie ist es schwierig, die Vielfalt der Tiere in Gruppen zu ordnen. Man kann z. B. nicht alle im ⮞ Wasser lebenden Tiere zusammenfassen, da der ⮞ Hai z. B. ein ⮞ Fisch ist, während der ⮞ Wal zu den ⮞ Säugetieren gehört.
Um Verwandtschaften unter den Tieren zu erkennen, untersuchen Zoologen den Körperbau und die Lebensweise der Tiere. Sie erforschen anhand von ⮞ Fossilien, wie die heutige Tierwelt im Laufe der Erdgeschichte entstanden ist und wie sich Tierarten verändert haben.

Vom Einzeller zum Vielzeller
Eine ⮞ Zelle ist der kleinste Baustein aller Lebewesen. Je höher ein Tier entwickelt ist, desto mehr Zellen besitzt es. Die Zellen übernehmen im Körper verschiedene Aufgaben: Manche bauen die Knochen auf, während andere Zellen die Haut oder ein inneres Organ bilden. Einfachste Lebewesen bestehen aus nur einer Zelle. Sie leben in allen ⮞ Gewässern und im feuchten Boden. Aus solchen Einzellern entwickelten sich im Laufe von vielen Millionen ⮞ Jahren Tiere und Pflanzen. Diese Entwicklung nennt man ⮞ Evolution.

Wirbeltiere und Wirbellose
Die meisten Zoologen unterteilen die Tiere in zwei Hauptgruppen: in wirbellose Tiere und Wirbeltiere. Alle Wirbeltiere haben eine Wirbelsäule (Rückgrat). Die meisten haben auch noch ein Knochenskelett. Sie besitzen ein ⮞ Gehirn, innere Organe wie Herz und Lunge (Fische anstelle der Lunge Kiemen) sowie einen geschlossenen Blutkreislauf. Fische, ⮞ Amphibien, ⮞ Reptilien, Vögel (⮞ Vogel) und Säugetiere sind Wirbeltiere.
Tiere ohne Wirbelsäule bezeichnet man als Wirbellose. Dazu zählen 97 Prozent aller Tierarten. Die am höchsten entwickelten Wirbellosen sind Gliederfüßer wie ⮞ Insekten und ⮞ Spinnen. Dazu gehören aber auch ⮞ Quallen, Würmer und Weichtiere wie ⮞ Schnecken und ⮞ Muscheln.

➡ Erdzeitalter

Warum weinen wir?

der Tod
Jedes Leben endet mit dem Tod. Der Tod tritt ein, wenn lebenswichtige Organe wie Herz, ◦ Gehirn und Lunge ausfallen: Der ◦ Mensch ist ohne Bewusstsein, sein Herz steht still und er atmet nicht mehr. Der Körper erstarrt langsam und wird kalt.

➜ **menschlicher Körper, Seele, Religion**

die Toleranz
Toleranz bedeutet, die Meinung anderer zu achten und gelten zu lassen und sie deswegen nicht auszulachen oder zu bekämpfen. Toleranz ist in unserem Grundgesetz und den ◦ Menschenrechten verankert als Gedankenfreiheit („Jeder darf denken, was er will"), Glaubensfreiheit („Jeder darf sich seine ◦ Religion selbst aussuchen") und Gewissensfreiheit („Niemand kann gezwungen werden etwas zu tun, was er als großes Unrecht empfindet").

die Tollwut
Tollwut ist eine lebensbedrohliche ◦ Krankheit, die ansteckend ist. Der Krankheitserreger ist ein ◦ Virus, das durch den Speichel übertragen wird. In ◦ Europa sind vor allem ◦ Hunde, Füchse und Marder von Tollwut befallen. ◦ Menschen, die von einem tollwütigen Tier gebissen werden, müssen sich impfen lassen. Bricht die Krankheit erst einmal aus, ist sie nicht mehr heilbar. Warnschilder weisen auf tollwutgefährdete Gebiete hin.

➜ **Impfung**

die Träne
Tränendrüsen im ◦ Auge geben die Tränenflüssigkeit ab. Sie hält das Auge feucht, reinigt es und schützt es so vor Entzündungen. Die Tränenflüssigkeit wird über die Tränenkanäle abgeleitet. Wenn wir sehr traurig sind oder ◦ Schmerzen haben, weinen wir. Das kann auch geschehen, wenn wir heftig lachen oder uns ganz besonders freuen.

das Transportmittel
Transportmittel sind ganz unterschiedliche Fahrzeuge, die Dinge oder Personen von einem Ort an einen anderen bringen. So gibt es z. B. ◦ Schiffe auf dem ◦ Wasser, Flugzeuge in der ◦ Luft, ◦ Eisenbahnen auf Schienen oder Lastkraftwagen und andere Fahrzeuge auf den Straßen.

➜ **Luftfahrt, Verkehr**

der Traum
Träume sind Erlebnisse und Bilder, die wir während des ◦ Schlafes haben. Sie entstehen ohne unseren Willen und ohne, dass wir sie lenken können. Im Schlaf erholt sich unser ◦ Gehirn und verarbeitet die Erlebnisse des ◦ Tages. Dabei mischen sich im Traum wirkliche Erlebnisse und Fantasiebilder.

der Trickfilm
Bei einem Trickfilm wird der Film nicht fortlaufend gedreht, sondern jede Bewegung aus Einzelbildern zusammengesetzt. Dafür wird z. B. eine Puppe oder eine gezeichnete Figur von Bild zu Bild ein kleines bisschen verändert. Werden

diese Bilder dann in schneller Folge abgespielt, sieht es aus, als ob sich die Figur oder auch der Gegenstand bewegte. Die künstlich erzeugten Bewegungen nennt man auch Animationen. Für einen ganzen Film braucht man zehntausende von Bildern. Heute werden die meisten Trickfilme am ⊙ Computer erstellt.

die Tropen
Die Gebiete auf beiden Seiten des ⊙ Äquators werden Tropen genannt. Sie ziehen sich wie ein Gürtel um den Erdball. Die ⊙ Sonne steht am Äquator sehr hoch. Die Sonnenstrahlen fallen beinahe senkrecht auf die ⊙ Erde. Daher herrschen dort hohe ⊙ Temperaturen. Nahe des Äquators regnet es fast täglich. Hier liegen auch die feuchtwarmen ⊙ Regenwälder.

der Tunnel
Ein Tunnel ist ein Verkehrsweg, der unter der ⊙ Erde oder durch einen ⊙ Berg hindurchführt. Tunnel gibt es für ⊙ Eisenbahnen, Untergrundbahnen oder den Straßenverkehr, aber auch für Fußgänger. Der längste Straßentunnel der Welt ist der Lardal-Tunnel in Norwegen. Er ist 24,5 km lang. Der Eurotunnel verbindet seit 1994 Frankreich und England. Er verläuft unter dem Ärmelkanal und ist 51 km lang. Er besteht aus drei getrennten Röhren: Zwei Tunnel sind für den Zugverkehr, einer für Reparatur- und Rettungsfahrzeuge. Tunnel werden aber auch für Rohre und Leitungen aller Art – z.B. Elektrokabel oder Wasserkanäle – und im Bergbau gebaut.

die Turbine
Turbinen sind ⊙ Maschinen, deren Schaufelräder bzw. Flügel mithilfe der Strömungskraft von ⊙ Wasser, Dampf, ⊙ Luft oder ⊙ Gas bewegt werden. Die Drehbewegung erzeugt ⊙ Energie, mit der ⊙ Generatoren in Kraftwerken oder ⊙ Pumpen angetrieben werden. Einfache Turbinen sind z.B. Mühlräder, die ein Mahlwerk bewegen. Mit Windrädern wird heute elektrischer ⊙ Strom erzeugt.

Eurotunnel

U-Boot

Abtauchendes U-Boot

das U-Boot

U-Boot bedeutet Unterseeboot. Diese ➜ Schiffe können tauchen. Dazu werden Tanks mit ➜ Wasser gefüllt. Das U-Boot wird schwerer und sinkt. Pumpt man die Tanks leer, taucht das U-Boot wieder auf. U-Boote orientieren sich über ➜ Radar, bei geringer Tauchtiefe mit einem Periskop. Das ist ein langes Sehrohr, das über die Wasseroberfläche ausgefahren werden kann. U-Boote werden für die Erforschung der ➜ Meere, für Unterwasserarbeiten oder für militärische Zwecke gebraucht. Das erste U-Boot wurde vor etwa 100 ➜ Jahren gebaut, heute gibt es Atom-U-Boote.

➡ Militär

die Uhr

Uhren messen ➜ Zeit und teilen ➜ Tag und Nacht in kleinere Zeiteinheiten wie Stunden, Minuten und Sekunden ein. Erste Uhren waren die Sonnenuhren: Der Schatten eines Stabes oder eines Pendels wandert mit der ➜ Sonne und zeigt so den Lauf des Tages an. Später erfanden die ➜ Ägypter die Wasseruhren.

Sonnenuhr

Wasseruhr

Das waren mit ➜ Wasser gefüllte Tongefäße, aus denen das Wasser heraustropfte. Der Wasserstand im Gefäß zeigte an, wie viel Zeit vergangen war. Die Sanduhr war eine Auslaufuhr, die man immer wieder umdrehen musste. Räderuhren hatten viele Zahnräder (➜ Zahnrad). Ein Gewicht trieb sie an. Um 1500 n. Chr. wurde die erste tragbare Uhr erfunden, aus der sich dann die Taschenuhren und im 19. Jahrhundert die Armbanduhren entwickelten. Um 1930 gab es elektronische Quarzuhren. Durch schwingende Quarzkristalle war die Zeitangabe sehr präzise. Die genaueste Uhr ist die

Sanduhr

Räderuhr

Atomuhr. In ihr schwingen ⊙ Atome so genau, dass sie in mehreren Millionen ⊙ Jahren nur eine Sekunde abweicht. Per Funk werden Zeitsignale ausgesendet. Funkuhren stellen sich automatisch nach ihr.

Armbanduhr

der Ultraschall

Unter Ultraschall versteht man Schallwellen, die für das menschliche ⊙ Ohr nicht hörbar sind. Fledermäuse und ⊙ Delfine orientieren sich mit Ultraschalltönen. Diese werden von Gegenständen wie ein ⊙ Echo zurückgeworfen. So können die Tiere rechtzeitig einem Hindernis ausweichen oder ein Beutetier orten. Die ⊙ Medizin nutzt den Ultraschall, um innere Organe zu untersuchen oder das Wachstum eines ⊙ Babys im Mutterleib zu überwachen. Auf den Ultraschallbildern kann man z. B. Tumore sehen. In der Schifffahrt setzt man Ultraschall ein, um z. B. ⊙ U-Boote zu orten oder Wassertiefen zu messen. Dieses Gerät heißt Sonar.

▶ **Radar, Schall**

Fledermäuse orientieren sich mit Ultraschall.

der Umweltschutz

Die Umwelt ist der ⊙ Lebensraum von ⊙ Pflanzen, Tieren und ⊙ Menschen. Unter Umweltschutz versteht man alle ⊙ Gesetze und Maßnahmen, die verhindern, dass unsere Umwelt verschmutzt oder zerstört wird. Der Mensch hat die ⊙ Natur bereits stark verändert und auch geschädigt: Für den Straßenbau werden Wälder abgeholzt, ⊙ Autos und Flugzeuge verschmutzen mit ihren ⊙ Abgasen die ⊙ Luft und der Einsatz von giftigen Spritzmitteln und künstlichem Dünger in der ⊙ Landwirtschaft verunreinigt unser ⊙ Wasser. Auslaufendes Erdöl (⊙ Öl) verseucht die ⊙ Meere. Die Folgen für die Umwelt sind schlimm. Viele Pflanzen- und Tierarten sind bereits ausgestorben oder vom Aussterben bedroht. Auch der Mensch leidet unter der Verschmutzung der Luft und ⊙ Giften, die wir z. B. über die Nahrung aufnehmen. Der Bau von ⊙ Kläranlagen, das Einrichten von Naturschutzgebieten, Autos mit ⊙ Katalysatoren oder das ⊙ Recycling von ⊙ Müll sind noch nicht ausreichend. Jeder einzelne Mensch muss etwas für die Umwelt tun: Müll vermeiden (z. B. Einkaufsbeutel mitnehmen), sparsam mit Wasser und mit ⊙ Energie umgehen, weniger mit dem Auto fahren oder ein Reiseziel aussuchen, das ohne Flugzeug zu erreichen ist. Es gibt auch Organisationen, die sich für den Umweltschutz einsetzen, so z. B. Greenpeace (gesprochen: Grienpies) oder Bund Naturschutz, die man unterstützen kann. Aber auch weltweit muss gehandelt werden: Politiker vieler ⊙ Staaten verhandeln auf Treffen über Maßnahmen, damit z. B. weniger Abgase ausgestoßen oder seltene Tiere nicht länger gejagt werden.

▶ **Geschützte Tiere und Pflanzen, Politik, Tierschutz**

die Universität

An Universitäten, auch Hochschulen genannt, wird in allen Wissensbereichen geforscht und gelehrt. Wer die ○ Schule mit dem Abitur abgeschlossen hat, kann an einer Universität studieren. Neben Fächern wie z. B. ○ Mathematik, Englisch, ○ Geschichte oder den ○ Naturwissenschaften kann man an der Universität auch ○ Medizin studieren, um Arzt zu werden. Wer z. B. ○ Richter werden möchte, wählt das Fach Jura, die Lehre vom ○ Recht und den ○ Gesetzen. Auch Lehrer werden an der Universität ausgebildet. Am Ende des Studiums legt man wieder eine Prüfung ab. Universitäten gibt es schon seit dem ○ Mittelalter.

das Unkraut

○ Pflanzen, die wild auf Feldern, Gemüse- und Blumenbeeten wachsen, nennt man Unkraut. Meist vermehren sie sich rasch und nehmen den Nutzpflanzen – wie z. B. ○ Kartoffeln, ○ Getreide und ○ Gemüse – Boden, ○ Licht, ○ Wasser und Nährstoffe weg. Gärtner und Bauern sind also nicht erfreut über diese Pflanzen, zu denen z. B. Löwenzahn, Spitzwegerich oder Disteln zählen. Wachsen sie hingegen auf ○ Wiesen und anderen freien Flächen, stören sie uns wenig. Sie sind Futter für viele Tiere und werden sogar als ○ Heilpflanzen in der ○ Medizin verwendet. Deshalb nennen manche sie auch lieber Wildkräuter.

Auf Feldern verspritzen Bauern häufig Unkrautvernichtungsmittel. Diese chemischen Mittel töten jedoch auch nützliche ○ Insekten und verunreinigen unser Trinkwasser.

→ **Bauernhof, Landwirtschaft, Umweltschutz**

das Uran

Uran ist ein silbrig glänzendes ○ Metall, das in der ○ Natur in bestimmten ○ Gesteinen vorkommt. Uran gibt Strahlen ab, die beim Zerfall seiner ○ Atome entstehen. Diese radioaktiven Strahlen sind gefährlich, weil sie ○ Zellen im Körper zerstören oder verändern. Der Zerfallsprozess setzt aber auch sehr viel ○ Energie frei, die man in Atomkraftwerken nutzt. Uran wird auch in Atombomben und Kernwaffen verwendet, die eine furchtbar zerstörerische Kraft haben.

→ **Krieg, menschlicher Körper, Radioaktivität**

der Urknall

Astronomen, also Wissenschaftler, die das ○ All erforschen, vermuten, dass unser Weltall durch eine gewaltige ○ Explosion entstand. Dieser Urknall geschah wohl vor etwa 15 Milliarden ○ Jahren. Es bildeten sich dabei heiße ○ Gase und Staubwolken, die langsam abkühlten und sich zu ○ Gesteinen verdichteten. So entstanden die Himmelskörper und auch unser Sonnensystem.

Urknall

das Vakuum

Ein Vakuum ist ein abgeschlossener Raum, der völlig leer ist – er enthält nicht einmal ⮕ Luft. Auf der ⮕ Erde gibt es allerdings kein absolutes Vakuum, weil immer ein wenig Luft zurückbleibt. ⮕ Lebensmittel wie ⮕ Käse, Erdnüsse oder Kaffeebohnen werden vakuumverpackt, damit sie länger halten. Denn ohne Luft altern Nahrungsmittel nicht so schnell.

die Vanille

Vanille

Vanille ist der ⮕ Name einer tropischen Orchidee mit schotenartigen Früchten (⮕ Frucht). Diese Früchte werden vor der Reife geerntet. Aber erst nach einer aufwändigen Behandlung verwandelt sich der Milchsaft in den Schoten in eine schwarzbraune Masse mit dem typischen Aroma: dem Vanillin. Als ⮕ Gewürz wird Vanillin in vielen Süßspeisen verwendet.

der Vegetarier

Vegetarier sind ⮕ Menschen, die sich nur pflanzlich ernähren. Sie essen kein Fleisch, Geflügel oder ⮕ Fisch. Vegetarier, die auch auf ⮕ Eier, ⮕ Milch und alle Milchprodukte verzichten, nennt man Veganer.

das Ventil

Ventile werden überall da eingebaut, wo ⮕ Gase oder Flüssigkeiten nicht unkontrolliert strömen sollen. So sorgt das Fahrradventil dafür, dass man ⮕ Luft in den Reifen pumpen kann, ohne dass sie

Fahrradpumpe

Fahrradventil

gleich wieder herausströmt, sobald man die ⮕ Pumpe absetzt: Eine kleine Kugel im Rückschlagventil wird von der Luft im Reifen gegen die Öffnung gedrückt und dichtet sie ab. Mit Ventilen kann man aber auch regeln, wie schnell bzw. wie viel Gas oder Flüssigkeit strömen sollen. Ventile in Rohrleitungen und im Wasserhahn dosieren, wie viel ⮕ Wasser wann fließt. Im Automotor steuert ein Ventil die Zufuhr des Benzin-Luft-Gemisches und auch bei Taucherflaschen regelt ein Ventil das Ausströmen der Luft.

Wasserhahn
Gummiplatte
Wasserfluss

⮕ Auto, Fahrrad, Motor

das Verb

Verben sind Wörter (⮕ Wort), die beschreiben, was jemand tut oder was passiert (z. B. lesen, hüpfen, regnen). Sie werden deshalb auch Tunwörter genannt. Verben können in der Grundform oder in der Personalform stehen (z. B. Grundform: laufen, Personalformen: ich laufe, du läufst, er läuft, wir laufen, ihr lauft, sie laufen). Verben nennt man auch Zeitwörter, weil die verschiedenen Zeitformen des Verbs uns zeigen, ob etwas jetzt geschieht (Gegenwart/Präsens), schon vorbei ist (Vergangenheit/Präteritum) oder noch passieren wird (Zukunft/Futur). So heißt es z. B. entweder „ich lese", „ich las" oder „ich werde lesen".

⮕ Grammatik, Wortarten

die Verdauung

Wir verdauen die Nahrung, die wir zu uns nehmen, damit der Körper die darin enthaltenen Nährstoffe aufnehmen kann. Bei der Verdauung arbeiten viele Organe mit: Zunächst wird die Nahrung im Mund von den Zähnen (→ Zahn) zerkleinert und mit Speichel gemischt. Beim Schlucken gelangt sie durch die Speiseröhre in den Magen. Er kann bis zu 2 l Nahrung und Flüssigkeiten aufnehmen. Der Nahrungsbrei wird mit Magensaft durchtränkt und mithilfe der Magenmuskeln gut durchmischt. Schließlich gibt der Magen ihn an den Dünndarm ab. Gallenflüssigkeit aus der Gallenblase bewirkt, dass Nährstoffe über die Darmwände in das Blut gelangen können. Es transportiert die Nährstoffe zu allen → Zellen des Körpers. Die Nahrung, die vom Körper nicht genutzt wird, wandert in den Dickdarm und wird schließlich als Kot ausgeschieden.

→ menschlicher Körper

die Vereinten Nationen

Das Zeichen der Vereinten Nationen

Die Vereinten Nationen (abgekürzt UN bzw. UNO vom englischen Namen „United Nations (Organization)" (gesprochen: Juneitit Näjschen Organisäjschen) wurden 1945 gegründet. Der UN gehören fast alle → Staaten der Welt an. Ihr Ziel ist es, weltweit den → Frieden zu sichern und die → Menschenrechte zu schützen. So versucht die UN z. B. zwischen verfeindeten Staaten zu vermitteln. In Krisenregionen entsenden die Mitgliedsländer auch Friedenstruppen zum Schutz der → Menschen. Die UNO hat ihren Sitz in New York.

die Vererbung

Ob ein → Baby ein Junge oder ein Mädchen wird und ob es mehr dem Vater oder der Mutter ähnelt, bestimmen die Gene der Eltern. Gene werden bei der Fortpflanzung an die Nachkommen weitergegeben, das heißt vererbt. Sie tragen alle Eigenschaften und Merkmale eines Lebewesens – nicht nur bei → Menschen, sondern auch bei Tieren und → Pflanzen. Gene sind in jedem → Haar, jeder Hautzelle, im Speichel und in jeder Eizelle und den Spermien enthalten. Wenn bei der → Befruchtung die → Zellen von Mutter und Vater verschmelzen, werden die Anlagen von

Speicheldrüse
Zähne
Speiseröhre
Speicheldrüsen
Leber
Magen
Gallenblase
Dickdarm
Dünndarm

Warum braucht man Verkehrsschilder?

beiden Eltern weitergegeben: die blonden Haare der Mutter und die schwarzen des Vaters. Es kommen aber nicht alle Merkmale zum Vorschein. Die Zusammensetzung der Gene ist bei jedem Menschen einmalig – nur bei eineiigen ⇒ Zwillingen ist sie gleich. Deshalb kann man genau feststellen, von welchem Menschen ein Haar oder Speichelrest stammt. Seit 1986 konnten viele Verbrecher durch ihren „genetischen Fingerabdruck" überführt werden. Die Wissenschaft von der Vererbung wird Genetik genannt. In der Genetik wurde in den letzten Jahrzehnten viel geforscht – so können heute z. B. einzelne Gene künstlich auf andere Lebewesen übertragen werden. Genetische Eingriffe und Veränderungen sind aber umstritten.

→ Ei

die Verhütung

Wenn ein ⇒ Mann und eine ⇒ Frau beim Geschlechtsverkehr kein Kind zeugen möchten, können sie verhüten. Es gibt viele verschiedene Verhütungsmethoden. Häufig benutzt der Mann ein ⇒ Kondom. Das ist eine Art Gummikappe, die er über seinen Penis zieht, sodass die Spermien nicht in den Körper der Frau gelangen können. Frauen können die Pille einnehmen. Dieses ⇒ Medikament verhindert, dass die Eizelle heranreift.

→ Befruchtung, Ei, Schwangerschaft, Sexualität, Zelle

der Verkehr

Unter Verkehr versteht man alles, was sich von einem Ort zum anderen fortbewegt – sei es an Land auf Straßen und Schienen, auf und im ⇒ Wasser und in der ⇒ Luft. Zu den Verkehrsmitteln zählen ganz verschiedene Fahrzeuge wie ⇒ Fahrräder, ⇒ Autos, Busse, Züge, Straßenbahnen, ⇒ Schiffe, Flugzeuge usw. Verkehrsteilnehmer sind nicht nur ⇒ Menschen in und auf Fahrzeugen (wie Radfahrer), sondern auch Fußgänger. Der Verkehr hat sich im Laufe der Jahrhunderte verändert: Nutzte man früher vor allem Lasttiere, Handkarren und Kutschen, die sich nur langsam fortbewegten, so überwinden moderne Verkehrsmittel in kurzer ⇒ Zeit weite Entfernungen. Dadurch können Menschen nicht nur leichter andere Länder bereisen, auch Waren und Nahrungsmittel gelangen so schnell in alle Welt.

→ Luftfahrt

das Verkehrszeichen

Verkehrsberuhigte Zone

Verkehrsschilder regeln den Straßenverkehr und machen ihn sicherer. Sie geben klare Verhaltensanweisungen und gelten für alle Verkehrsteilnehmer wie Fußgänger, Radfahrer, Motorradfahrer oder Autofahrer. Man unterscheidet Gebots- (z. B. Fußgängerweg) und Verbotsschilder (z. B. Einfahrt verboten) sowie Warnzeichen (Vorfahrt beachten) und Hinweisschilder (z. B. Autobahn). Auch Ampeln und die Handzeichen von Polizisten gelten als Verkehrszeichen.

Vorfahrt achten

Stoppschild

Fußgängerzone

Vorfahrt

der Vers
1. Als Vers bezeichnet man eine Zeile eines ●Gedichtes. Jeder Vers hat einen Rhythmus, bei dem sich betonte und unbetonte Silben abwechseln. Die Wörter (●Wort) am Ende zweier Verse bilden oft einen ●Reim.
2. Manchmal wird der Begriff Vers für einen ganzen Abschnitt eines Gedichtes verwendet. Solche Abschnitte heißen jedoch Strophen.

Stammbaum

Großvater Großmutter

Vater Mutter   Onkel Tante

Bruder   Schwester   Cousine Cousin
Schwester

der Vertrag
Ein Vertrag ist eine Abmachung zwischen zwei oder mehr Vertragspartnern. Das können ●Menschen, Organisationen oder ●Staaten sein. Im Vertrag wird festgehalten, welche ●Rechte und Pflichten die Vertragspartner jeweils haben. Bei einem Kaufvertrag z. B. verpflichtet sich der Verkäufer eine Ware zu liefern, und der Käufer verpflichtet sich, diese Ware anzunehmen und zu bezahlen. Hält sich ein Vertragspartner nicht an die Abmachung, kann er vor ●Gericht gestellt werden. Ein Vertrag wird meist schriftlich abgeschlossen.

die Verwandten
Verwandte sind alle Mitglieder einer ●Familie. Dazu gehören z. B. Eltern und Kinder, Geschwister, Großeltern und Enkel, Onkel und Tanten, Nichten und Neffen, Cousinen und Cousins. Die Familie des Ehepartners ist die Schwiegerfamilie. In einem Stammbaum wird dargestellt, wie die Mitglieder einer Familie miteinander verwandt sind.

Virtuell
Virtuell ist eine Bezeichnung für etwas, das nicht wirklich vorhanden ist. Der Cyberspace (gesprochen: Seiberspäjs) ist so eine virtuelle Welt. Sie wird von einem ●Computer erschaffen. Ihre Bilder bestehen nur aus elektronischen Daten.

das Virus
1. Viren sind Krankheitserreger, die Infektionskrankheiten wie Erkältungen und Grippe, aber auch Masern, Röteln oder Kinderlähmung auslösen. Sie werden z. B. über die ●Luft oder den Speichel übertragen. Das Virus befällt eine ●Zelle. Sie wird krank. Viren breiten sich sehr schnell im Körper aus. Gegen Viren kann man wenig machen: Der Körper selbst muss bei einer Ansteckung Abwehrkräfte entwickeln, um die Viren abzutöten. Nur ●Impfungen bieten teilweise einen vorbeugenden Schutz vor Viruserkrankungen. Neben ●Menschen können auch Tiere und ●Pflanzen von Viren befallen werden.

2. Computerviren gelangen über Disketten oder E-Mails in den ⇒Computer. Dort können sie große Schäden anrichten. So kann z.B. die Festplatte mit allen Daten gelöscht werden. Weil sie sich sehr schnell in dem befallenen Computer ausbreiten, wurden sie nach den Viren benannt.

→ Bakterien, Immunsystem, Krankheit, menschlicher Körper

der Vogel

Vögel sind die einzigen Tiere, die ⇒Federn tragen. Sie haben einen kräftigen Schnabel, Krallen und Flügel, mit denen die meisten Vögel fliegen können. An der Form des Schnabels kann man erkennen, wovon sich ein Vogel ernährt. Greifvögel (z.B. Mäusebussard, Steinadler) besitzen einen besonders kräftigen, gekrümmten Hakenschnabel und spitze Krallen, um kleine Tiere erbeuten zu können. Körnerfresser wie der Buchfink haben einen kurzen breiten Schnabel. Mit einem spitzen Schnabel picken Insektenfresser wie die Meisen ⇒Insekten auf. Watvögel wie der Austernfischer stochern mit ihren langen, spitzen Schnäbeln im Schlamm und Sand nach Nahrung. Vögel legen ⇒Eier in meist selbstgebaute Nester. Mit ihrer Körperwärme brüten sie die Eier aus. Junge, die noch von den Eltern gefüttert werden, nennt man Nesthocker. Kleine ⇒Enten können dagegen sofort schwimmen und ihre Nahrung selbst suchen. Man nennt sie deshalb Nestflüchter. Im Winter fliegen ⇒Zugvögel wie die Schwalben in wärmere Gegenden. Standvögel, wie die Amsel oder der Sperling, verbringen die kalten Wintermonate in ihrer ⇒Heimat. Es gibt auch flugunfähige Vögel: Laufvögel wie der Strauß können besonders schnell rennen und Pinguine gut schwimmen. Es gibt etwa 9000 Vogelarten. Der größte Vogel ist der Afrikanische Strauß, der etwa 150 kg schwer ist. Manche Kolibris dagegen wiegen nur 2 g. Der Urvogel Archaeopteryx lebte vor etwa 150 Millionen ⇒Jahren und entwickelte sich vermutlich aus einem ⇒Saurier.

→ Tierreich

Steinadler

das Volk

Ein Volk ist eine Menschengruppe, deren Mitglieder sich durch eine gemeinsame ◦ Geschichte, meist auch gemeinsame ◦ Sprache und zum Teil auch ◦ Religion miteinander verbunden fühlen. Häufig bildet ein Volk zugleich auch einen ◦ Staat, z. B. das deutsche Volk und der Staat ◦ Deutschland. Manche Völker bilden keinen eigenen Staat, so wie die ◦ Indianer in ◦ Nord- und ◦ Südamerika. Statt Volk wird auch der Begriff „Nation" verwendet.

das Vorurteil

Vorurteile sind Meinungen, die man meist von anderen übernimmt, ohne vorher zu überprüfen, ob sie stimmen. Häufig spielen Gefühle wie Neid, Angst oder Wut dabei eine Rolle. Vorurteile sind z. B.: Türken sind dumm, Männer (◦ Mann) können nicht kochen oder alle ◦ Asylanten sind faul. Vorurteile können zu ◦ Diskriminierungen und ◦ Rassismus führen.

der Vulkan

Vulkane entstehen, wenn flüssiges ◦ Gestein (Magma) aus dem Inneren der ◦ Erde aufsteigt. Schießt das Magma durch Spalten und Schlote an die Erdoberfläche, wird es zu rot glühender Lava. Dabei treten auch riesige Aschewolken und ◦ Gase aus. Vulkane können langsam oder mit einer heftigen ◦ Explosion (Eruption) ausbrechen, bei der auch Gesteinsbrocken herumgeschleudert werden. Ein Lavastrom fließt mit einer ◦ Geschwindigkeit von mehreren Metern in der Sekunde Abhänge hinunter. Die hohen ◦ Temperaturen von bis zu 1200 °C richten große Verwüstungen an. Die Lava kühlt allmählich ab und erstarrt zu ◦ Stein. Die breite Öffnung eines Vulkanschlotes nennt man Krater. Es gibt erloschene Vulkane mit Kraterseen. Einige Vulkane ruhen viele ◦ Jahre, bevor sie wieder aktiv werden. Manche Ausbrüche haben verheerende Folgen: So wurde die italienische ◦ Stadt Pompeji 79 n. Chr. unter der Vulkanasche des Vesuvs begraben. Erst im 18. Jahrhundert wurde die Stadt wieder ausgegraben und kann heute besichtigt werden. Die meisten Vulkane brechen aber unbeobachtet im ◦ Meer aus. In der Nähe von Vulkanen kommt es häufig zu ◦ Erdbeben.

Wie nennt man jemand, der sich zu einer Wahl aufstellen lässt?

die Waage

Waagen zeigen an, wie schwer oder leicht Gegenstände oder ein ➔ Mensch sind. Sie wiegen ihr Gewicht. Eine Balkenwaage hat zwei Arme: Auf einer Waagschale liegt die Last, die man wiegen möchte. Auf die andere Schale legt man nun Gewichte, bis der Balken waagerecht steht. Die beiden Schalen sind nun im Gleichgewicht und man kann an den Gewichten ablesen, wie viel die Last wiegt. Bei einer Federwaage hängt die Last an einer Stahlfeder. Sie misst das Gewicht der Last anhand der Kraft, die auf die ➔ Feder wirkt. Heute werden anstelle der mechanischen meist elektronische Waagen benutzt. Wenn jemand sagt, dass zwei Dinge sich die Waage halten, dann meint er damit, dass sie ungefähr gleich sind.

➔ Größen und Maßeinheiten

Balken
Balkenwaage
Waagschale
Gewichte

das Wachs

Wachs kennen wir vor allem von ➔ Kerzen. Es ist ein milchig trüber Stoff, der Fett sehr ähnlich ist. Wachs wird bei etwa 40 °C flüssig. Kneten und formen kann man ihn bei etwa 20 °C. Wachs gibt es in der ➔ Natur als pflanzliches Wachs von ➔ Palmen und Zuckerrohr oder als tierisches Wachs von ➔ Bienen oder Schafwolle. Heute wird Wachs meist künstlich aus Erdöl (➔ Öl) gewonnen. Neben Kerzen findet man Wachs z. B. in Putzmitteln, Salben, Lippenstiften oder Farbstiften.

die Wahl

Bei einer Wahl entscheiden die Wähler, welche Person eine bestimmte Aufgabe oder ein Amt übernehmen soll. Zum Beispiel wählen die Kinder einer Klasse einen Klassensprecher, die Mitglieder des Fußballvereins den Vorstand, die Bewohner einer ➔ Stadt den Stadtrat und die Bürger eines ➔ Staates Abgeordnete für das Parlament. Die ➔ Menschen, die sich wählen lassen, nennt man Kandidaten. In ➔ Deutschland und der ➔ Schweiz muss ein Wähler 18 ➔ Jahre alt sein, in ➔ Österreich 19 Jahre. Die Wähler kreuzen auf dem Wahlzettel den Kandidaten und die Partei ihrer Wahl an. Die Stimmabgabe geschieht meist in einem Wahllokal. Gewonnen haben die Kandidaten oder Parteien mit den meisten Stimmen. Man sagt auch, sie haben die Mehrheit. Sie übernehmen das Amt für einen genau festgelegten Zeitraum. Nach Ablauf der Amtszeit findet eine neue Wahl statt. In ➔ Demokratien müssen Wahlen frei und geheim sein. „Frei" bedeutet, dass jeder selbst entscheiden darf, wen er wählen möchte. Und „geheim" heißt, dass man unbeobachtet wählen darf. In manchen Ländern dürfen Wähler nur bestimmte Kandidaten wählen.

Stimmzettel

➔ Diktatur, Politik

der/die Waise

Waisen sind Kinder, die keine Eltern mehr haben. Man nennt sie auch Vollwaise. Halbwaisen haben nur noch einen Elternteil. Verwaiste Kinder erhalten einen Vormund. Der trifft alle wichtigen Entscheidungen, bis die Waisen 18 ● Jahre alt und damit volljährig sind. Er wird vom ● Gericht bestimmt. Früher kamen viele Waisen in ein Waisenhaus. Manche wachsen bei ● Verwandten oder in Pflegefamilien auf oder werden adoptiert.

➡ Adoption

Blauwal
Blasloch

der Wal

Wale sind im ● Meer lebende ● Säugetiere. Sie gebären ihre Jungen im ● Wasser und säugen sie mit Muttermilch. Wale atmen – im Gegensatz zu ● Fischen – mit Lungen und müssen daher immer wieder auftauchen, um ● Luft zu holen. Die verbrauchte Atemluft wird durch ein Blasloch ausgestoßen und ist als Fontäne sichtbar. Man sagt dann: Der Wal bläst. Wale haben unter ihrer Haut eine bis zu einem halben Meter dicke Speckschicht (Blubber), die sie warm hält. Es gibt Zahnwale und Bartenwale. Zahnwale besitzen Zähne (● Zahn). Sie jagen vorwiegend Fische und Tintenfische. Zur Gruppe der Zahnwale zählen z.B. Pottwale und ● Delfine, wie der Orca. Bei Bartenwalen hängen anstelle der Zähne vom Oberkiefer Hornplatten herab, die so genannten Barten. Beim Grönlandwal können sie 4 m lang werden. Mit halb geöffnetem Maul nehmen Bartenwale Wasser auf und lassen es durch ihre Barten wieder ausströmen. Wie in einem Sieb bleibt dabei ihre Nahrung, das ● Plankton, hängen. Der Blauwal ist ein Bartenwal und das größte Säugetier der Welt. Er kann über 150 t wiegen und 30 m lang werden. Durch den Walfang sind viele Walarten vom Aussterben bedroht. Die Speckschicht und andere Körperteile der Wale lassen sich nämlich zu wertvollen Waren verarbeiten. Viele Länder halten sich nicht an die Walfangbestimmungen.

➡ Geschützte Tiere und Pflanzen

das Wappen

Wappen sind farbige Abzeichen, an denen man eine Person, eine ● Familie, eine politische oder kirchliche Gemeinschaft oder ein Land erkennen kann. Wappen stammen ursprünglich aus dem ● Mittelalter. Damals konnte man die Ritter in ihren Rüstungen nicht erkennen. Beim Kampf war es deshalb schwierig Freund und Feind zu unterscheiden. Die Ritter trugen darum als Erkennungszeichen das Wappen ihrer Familie auf dem Schild. Heute noch haben die meisten Wappen die Form eines Schildes. Wappen wurden von ● Generation zu Generation weitergegeben. Die Wappen vieler ● Staaten

Niedersachsen

Saarland

Hessen

und Länder ähneln den Wappen früherer Herrscher. Staatswappen findet man z.B. an den ◦ Grenzen und an den Uniformen des ◦ Militärs. Auch Städte (◦ Stadt) und Gemeinden haben eigene Wappen.

das Wasser
➔ Seite 178

das Watt
An flachen ◦ Küsten ist der Meeresboden nur bei Flut von ◦ Wasser bedeckt. Bei ◦ Ebbe dagegen ist er fast wasserfrei. Diesen Bereich nennt man Watt. Der schlammige Boden des Watts besteht aus Sand und Schlick. Durchzogen wird das Watt von Prielen. Dies sind flussähnliche Vertiefungen. Im Watt leben zahlreiche Würmer, ◦ Muscheln, ◦ Schnecken und Krebse. Sie sind Nahrung für Watt- und Seevögel. Die deutschen Wattgebiete an der Nordseeküste sind bis zu 30 km breit und stehen unter Naturschutz.

➔ Ebbe und Flut, Vogel

die Weltkriege
Weltkriege sind ◦ Kriege, an denen fast alle Länder der ◦ Erde beteiligt sind. Die größten Kriege des 20. Jahrhunderts waren der Erste Weltkrieg (1914–1918) und der Zweite Weltkrieg (1939–1945). Beide Kriege wurden von ◦ Deutschland ausgelöst. Deutschland und die mit ihm verbündeten Länder verloren beide Kriege. Im Zweiten Weltkrieg starben Millionen von ◦ Menschen. Viele Leute wurden aus ihrer ◦ Heimat vertrieben oder mussten flüchten. Noch viele ◦ Jahre nach Kriegsende litten die Menschen an den Folgen dieses Krieges. Nach dem Zweiten Weltkrieg wurden die ◦ Vereinten Nationen gegründet, deren Ziel es ist, weitere Kriege zu verhindern.

➔ Nationalsozialismus

Wattenmeer

das Wasser

Unter 0 °C gefriert Wasser zu Eis. Über 100 °C kocht Wasser und verdampft.

Der Kreislauf des Wassers
Fast drei Viertel der ↪ Erde sind von Wasser bedeckt. Die größten Wasserflächen bilden die ↪ Meere bzw. ↪ Ozeane. Dazu kommt das Süßwasser aus Flüssen (↪ Fluss), Seen, Bächen usw. Das Wasser, das als ↪ Regen oder ↪ Schnee vom ↪ Himmel fällt, ist Teil eines ununterbrochenen Kreislaufs, der im Meer beginnt und endet. Jeder Tropfen Wasser, den wir verbrauchen, kommt aus dem Meer und gelangt auf einem langen Weg dorthin zurück.

Der Weg des Wassers
Die ↪ Sonne erwärmt die Erde. Das Wasser an der Oberfläche von Flüssen, Seen und Meeren verdunstet. Es steigt als unsichtbarer Wasserdampf auf. Je höher die ↪ Luft steigt, desto kühler wird sie. Aus dem Wasserdampf bilden sich jetzt kleine Wassertröpfchen. Diesen Vorgang nennt man Kondensation. Die Wassertröpfchen verdichten sich und bilden ↪ Wolken. Mit dem ↪ Wind ziehen sie über die Meere. Ein Teil der Wolken erreicht die Landmassen der ↪ Kontinente. Werden die Wassertropfen in den Wolken zu schwer, fallen sie als Regen, Hagel oder Schnee zur Erde. Diese ↪ Niederschläge gelangen in die ↪ Gewässer oder versickern im Erdboden. Unter der Erde sammelt sich das Grundwasser. In ↪ Quellen kommt es wieder an die Erdoberfläche, fließt in Bäche, Flüsse und Seen und zurück zum Meer. Der Wasserkreislauf beginnt von neuem.

Wasser ist Leben
↪ Menschen, Tiere und ↪ Pflanzen brauchen Wasser. Der Großteil des Wassers auf der Erde ist Salzwasser. Zum Leben

Aus dem Wasserdampf bilden sich Wassertröpfchen. Sie ballen sich zu Wolken zusammen.

Wasser verdunstet und steigt als Wasserdampf auf.

benötigen wir Süßwasser, das aber nur einen kleinen Teil des Wasservorkommens ausmacht. Nicht überall auf der Welt gibt es genügend Süßwasser. In sehr heißen Gebieten, wie z. B. in ❯ Afrika, regnet es nur ganz selten. Deshalb wachsen dort kaum Pflanzen. Wasser muss von weit entfernt liegenden Brunnen geholt werden. Wasser ist unser kostbarstes ❯ Lebensmittel. Wir müssen es schützen und sorgsam damit umgehen.

Trinkwasser ist wertvoll

Früher wurden Abwässer, also gebrauchtes und verschmutztes Wasser aus Haushalten und Fabriken, ungefiltert in die Flüsse geleitet und gelangten so ins Meer. Das führte zu verheerenden Umweltschäden. Heute wird Schmutzwasser in ❯ Kläranlagen gereinigt. Um Wasser sauber zu halten, werden an Trinkwasserquellen und an Flüssen Wasserschutzgebiete errichtet. Bauern dürfen dort keine Pflanzenschutzgifte oder künstlichen Dünger ausbringen. In ❯ Europa verbraucht jeder Mensch täglich etwa 130 l Wasser. Jeder sollte versuchen, sparsam mit Wasser umzugehen. Viele Toiletten haben heute eine Stopptaste, die verhindert, dass beim Spülen der ganze Wasserkasten leerläuft. Eine volle Badewanne verbraucht etwa 200 l Wasser, ein Duschbad dagegen nur etwa 60 l.

➡ **Umweltschutz**

Trinkwasser im Kreislauf
Im Wasserwerk wird aus dem Tiefbrunnen (1) Grundwasser nach oben gepumpt (2). Es ist nicht als Trinkwasser geeignet, denn es enthält Schadstoffe aus der ❯ Industrie oder der ❯ Landwirtschaft. Deshalb wird es gefiltert und gereinigt. Damit keine Krankheitserreger im Wasser bleiben, wird es entkeimt. Erst dann kann das Trinkwasser aus dem Vorratsbehälter (3) durch Rohre (4) in die Häuser fließen. Abwasser gelangt über Rohre in die Kläranlage. Dort wird es gereinigt. Nach dem Durchlaufen der Kläranlage wird das Wasser wieder in einen Fluss eingeleitet (5).

Die Wassertröpfchen in den Wolken werden immer schwerer und größer. Sie fallen als Regen herab.

Wasserwerk

Kläranlage

Grundwasser

die Weltwunder

Die sieben Weltwunder sind besonders beeindruckende ⊙ Bauwerke, die bereits im Altertum berühmt waren. Bis heute erhalten geblieben sind nur die ⊙ Pyramiden von Gise. Alle anderen wurden im Laufe der ⊙ Zeit zerstört. Die hängenden Gärten der ⊙ Königin Semiramis in Babylon waren eine terrassenförmige Gartenanlage mit einem Bewässerungssystem. Der Artemistempel in Ephesos, in der heutigen Türkei gelegen, war damals einer der größten Tempel der Welt. Die 12 m hohe Statue des Gottes Zeus in Olympia bestand aus Elfenbein und Gold. Das Mausoleum in Halikarnassos wurde als Grabmal für den persischen König Mausolos erbaut. Der Koloss von Rhodos war eine 35 m hohe Statue, durch deren Beine die ⊙ Schiffe in den ⊙ Hafen von Rhodos einfuhren. Der Leuchtturm von Pharus wurde auf einer Insel vor der ⊙ Stadt Alexandria erbaut.

⇨ Ägypten, Geschichte

die Werbung

Werbung soll die ⊙ Menschen davon überzeugen, eine bestimmte Ware einer bestimmten Firma zu kaufen. Geworben wird vor allem über die ⊙ Medien. Es gibt Sendungen mit einprägsamen Sprüchen im Fernsehen und im Radio. Zeitungen und Zeitschriften drucken Werbeanzeigen. Auch Plakate, Prospekte oder Schaufensterdekorationen sind Werbung. Firmen, die sich Werbung ausdenken und gestalten, sind Werbeagenturen.

Satellitenaufnahme eines Hurrikans

das Wetter

Das Wetter spielt sich in der Lufthülle der ⊙ Erde, der ⊙ Atmosphäre, ab. Wettererscheinungen sind z. B. ⊙ Wind, ⊙ Wolken, ⊙ Regen, ⊙ Schnee, ⊙ Nebel, ⊙ Gewitter oder Wärme und Kälte. Die ⊙ Sonne erwärmt die Oberfläche der Erde und mit ihr die ⊙ Luft. Warme Luft steigt auf

Was machen Meteorologen?

und kühlere Luft strömt nach. Es entstehen Luftströmungen, die Winde. Sie bringen Luftfeuchtigkeit oder Kälte mit sich. Durch die Sonnenwärme verdunstet das ⊃ Wasser aus ⊃ Meeren und Seen und es bilden sich Wolken. Aus diesen Wolken fallen Niederschläge (⊃ Niederschlag) auf die Erde. Luft wiederum hat ein Gewicht, das auf die Erde „drückt". Dieser Luftdruck wird mit einem ⊃ Barometer gemessen. Bei Hochdruck, d. h. starkem Druck, scheint eher die Sonne, bei Tiefdruck regnet es meist. Weltweit beobachten und messen Forscher das Wetter. Sie heißen Meteorologen. Ihre Messgeräte befinden sich in Wetterstationen, Wetterballons und Wettersatelliten. Mithilfe der Messdaten und Bilder von Wolkenformen erstellen Meteorologen Wettervorhersagen. Diese werden auf Wetterkarten dargestellt.

→ Satelliten

die Wiedervereinigung

Über vierzig ⊃ Jahre lang gab es zwei deutsche ⊃ Staaten: die Bundesrepublik ⊃ Deutschland (BRD) im Westen und die Deutsche Demokratische Republik (DDR) im Osten. 1990 vereinigten sie sich zu einem Staat. Nach dem Zweiten ⊃ Weltkrieg wurde Deutschland von den Siegern besetzt: Im Westen waren die Amerikaner (USA), Briten und Franzosen, im Osten die Russen. Die ⊃ Stadt Berlin, die mitten im Osten Deutschlands liegt, wurde geteilt: in Ost- (Russland) und Westberlin (USA, England, Frankreich). 1961 wurde Berlin durch eine Mauer geteilt. Eine streng bewachte ⊃ Grenze durchzog ganz Deutschland. Die ⊃ Menschen in der DDR waren in ihren ⊃ Freiheiten stark eingeschränkt – sie konnten z. B. nicht in den Westen reisen und ihre Meinung nicht frei sagen. Schritte der Annäherung gab es zwischen den beiden deutschen Staaten immer wieder, aber der wirkliche Aufbruch geschah erst durch Michail Gorbatschow, der 1985 sowjetischer Präsident wurde: Seine ⊃ Politik ermutigte die Menschen in der DDR, offen ihre Regierung zu kritisieren. 1989 kam es zu ⊃ Demonstrationen in der DDR. Die Menschen verlangten mehr ⊃ Rechte und Freiheit. Dieser Druck führte am 9. November 1989 zur Öffnung der Berliner Mauer und der Grenzen zwischen den beiden deutschen Staaten. Die Wiedervereinigung der beiden deutschen Staaten fand am 3. Oktober 1990 statt. Dieser „Tag der Deutschen Einheit" ist heute der deutsche Nationalfeiertag.

→ Diktatur, Feiertag

Demonstration vor dem Brandenburger Tor in Berlin

die Wiese

Auf einer Wiese wachsen verschiedene Gräser, Kleearten, ↪Kräuter und ↪Blumen. Sie ist ↪Lebensraum für zahlreiche Tiere wie z. B. ↪Bienen, ↪Spinnen, Käfer, ↪Schmetterlinge, Feldmaus, ↪Maulwurf und ↪Regenwurm. Das geschnittene Gras wird Tieren als Grünfutter oder getrocknet im Winter als Heu verfüttert. Wiesen, auf denen Kühe oder ↪Pferde grasen, heißen Weiden. In Parks, Gärten oder Sportanlagen werden besondere Grassamen ausgesät. Es entsteht eine künstliche Grünfläche: der Rasen.

die Wikinger

Das ↪Volk der Wikinger lebte vor etwa 1200 ↪Jahren im Gebiet des heutigen Schweden, Norwegen und Dänemark.

Wikinger und Wikingerschiff

Die Wikinger waren ausgezeichnete Seeleute und fuhren mit ihren wendigen Langschiffen, die sich segeln und rudern ließen, über die ↪Meere. Sie eroberten neue Siedlungsgebiete in Island und entdeckten 982 n. Chr. Grönland. Einige erreichten um 1000 n. Chr. sogar ↪Nordamerika, lange bevor Kolumbus diesen ↪Kontinent entdeckte. Auch an den ↪Küsten Englands, Irlands und Frankreichs ließen sich die Wikinger nieder. In Frankreich nannte man sie Normannen, und noch heute trägt ein Gebiet im nördlichen Frankreich den ↪Namen Normandie. Die Wikinger waren wegen ihrer Überfälle und Plünderungen gefürchtet. Die Wikinger handelten mit Pelzen, ↪Bernstein, Waffen und

Wiese

Sklaven. Ihre Handelsbeziehungen reichten bis nach Russland und Konstantinopel, das in der heutigen Türkei liegt.

➜ Berühmte Menschen, Geschichte, Schiff

der Wind

Luft, die sich bewegt, nennt man Wind. Er entsteht, weil die Sonne die Luft unterschiedlich stark erwärmt. Über dem Erdboden erwärmt sie sich schneller als über dem Meer. Warme Luft dehnt sich aus und wird leichter. Sie steigt nach oben und die kühle, schwerere Luft strömt vom Meer nach. Die aufgestiegene Warmluft kühlt sich in der Höhe wieder ab und sinkt zum Erdboden. So entstehen Luftströmungen, die Winde. Sie können aus allen möglichen Richtungen wehen und unterschiedlich stark sein: Es gibt leichte Brisen, Stürme, aber auch Orkane oder Wirbelstürme wie Hurrikan (gesprochen: Harrikenn) oder Tornado. Bereits 1805 entwickelte der Engländer Francis Beaufort eine Skala von 0 bis 12 zur Messung der Windstärken. Mit der Kraft des Windes kann Energie erzeugt werden.

der Winterschlaf

Der Winterschlaf ist ein Ruhezustand bestimmter Tiere, um den Winter zu überstehen. Tiere wie Mäuse, Hamster, Igel oder Murmeltiere finden im Winter kaum Nahrung. Daher fressen sie sich im Herbst ein dickes Fettpolster an, von dem sie während ihres Schlafes zehren. Sobald es sehr kalt wird, suchen sie sich ein geschütztes Lager und versinken in einen Winterschlaf, aus dem sie nur selten kurz aufwachen. Ihre Körpertemperatur sinkt, sie atmen kaum noch und ihr Herz schlägt sehr langsam. So verbrauchen sie weniger Energie. Im Frühling erwachen die stark abgemagerten Tiere und begeben sich auf Nahrungssuche. Es gibt auch andere Formen der Überwinterung. Waschbär, Eichhörnchen und Dachs halten Winterruhe. Sie unterbrechen ihren Schlaf immer wieder, um auf Nahrungssuche zu gehen. So vergräbt das Eichhörnchen bereits im Herbst einen Wintervorrat an Eicheln und Nüssen. In eine Winterstarre fallen viele Amphibien und Reptilien.

Igel im Winterschlaf

Frösche (Frosch), Schlangen und Eidechsen vergraben oder verstecken sich in einem frostsicheren Versteck. Dort fallen sie in einen totenähnlichen, starren Zustand. Zugvögel meiden den kalten Winter und fliegen in den wärmeren Süden, weil sie dort Nahrung finden.

die Wirtschaft

Wirtschaft umfasst alles, was mit Industrie, Handel, Arbeit und Geld zu tun hat. Die Wirtschaft ist in einzelne Bereiche unterteilt wie z. B. Landwirtschaft, Autoindustrie, Textilindustrie, Nahrungsmittelwirtschaft und Bauwirtschaft.

➜ Auto

Zirrokumulus (Federhaufenwolke)

Zirrostratus (hohe Schleierwolken)

Altokumulus (grobe Schäfchenwolken)

Kumulonimbus (Gewitterwolke)

Nimbus (Regenwolken)

Kumulus (Haufenwolken)

Stratus (niedere Schichtwolken)

die Woche

Eine Woche besteht aus sieben ○ Tagen: Montag, Dienstag, Mittwoch, Donnerstag, Freitag, Samstag und Sonntag. Schon die Ägypter, ○ Griechen und ○ Römer benannten die einzelnen Wochentage nach ihren Göttern oder den damals bekannten sieben Planeten (○ Sonne, ○ Mond, Mars, Merkur, Jupiter, Venus und Saturn). Im Deutschen wurden die Bezeichnungen teilweise durch die ○ Namen von germanischen Göttern ersetzt.

→ Ägypten, Germanen, Größen und Maßeinheiten, Kalender

die Wohnungen der Tiere

→ Seite 186

die Wolke

Wolken bestehen aus winzigen, schwebenden Wassertröpfchen und Eiskristallen. Eine Wolke bildet sich, wenn ○ Wasser verdunstet und die feuchtwarme ○ Luft aufsteigt. Je höher sie kommt, desto kälter wird es. Der Wasserdampf kühlt ab und wird zu Wassertröpfchen. Diese bilden Wolken. Bei kühleren ○ Temperaturen gefrieren die Wassertröpfchen zu Eiskristallen. Aus Wolken kann ○ Niederschlag in Form von ○ Regen, ○ Schnee oder Hagel herabfallen. In der ○ Atmosphäre bilden sich unterschiedliche Wolkenformen. So sind sehr hohe Schleierwolken z. B. Vorboten von schlechtem ○ Wetter und Regen. Haufenwolken sind ein Zeichen für schönes Wetter.

die Wolle

Tierhaare, die sich spinnen lassen, nennt man Wolle. Sie stammt vor allem von Schafen, aber auch von anderen Tieren wie Ziegen, Lamas, Kamelen oder Angorakaninchen. Schafe werden ein- oder zweimal im ○ Jahr geschoren. Die Wollhaare werden gewaschen, getrocknet und gekämmt. In einer Spinnerei wird aus den Wollfasern dann ein dickerer Faden gesponnen. Dieses Garn wird meist noch gefärbt, bevor man es zu Decken, Teppichen oder ○ Kleidung weiterverarbeitet.

Welche Fürwörter kennst du?

◉ Baumwolle wird aus einer ◉ Pflanze gewonnen und hält nicht so warm wie Wolle.

➔ Fell, Haare

das Wort
Wörter sind sinntragende Bausteine unserer ◉ Sprache. Sinntragend meint, dass jedes Wort für sich eine Bedeutung hat. Manche Wörter haben mehrere Bedeutungen. So kann mit dem Wort „Schloss" sowohl ein Königsschloss als auch ein Türschloss gemeint sein. Nur im Zusammenhang mit anderen Wörtern oder einer bestimmten Situation kann man genau wissen, von welchem Schloss die Rede ist. Ein Wort besteht aus einer oder mehreren Silben, z. B. Huhn und Hüh-ner-ei. Wörter, die den gleichen Wortstamm haben, gehören zu einer Wortfamilie, z. B. fühlen, das Gefühl, gefühlvoll. Wörter werden in verschiedene ◉ Wortarten unterteilt. Reiht man verschiedene Wörter sinnvoll aneinander, entsteht ein ◉ Satz.

➔ Grammatik, Wörterbuch

die Wortarten
Im Deutschen unterscheidet man verschiedene Wortarten: Besonders wichtig sind ◉ Substantiv, ◉ Verb und ◉ Adjektiv. Artikel oder Begleiter sind die Wörter (◉ Wort) der, die, das, ein und eine. Zu den Pronomen oder Fürwörtern gehören z. B. sie, mir, dein und ihm. Unter Zahlwörtern versteht man z. B. eins, zweiter und dreimal. Konjunktionen sind Wörter, die Satzteile, ganze Sätze (◉ Satz) oder einzelne Wörter miteinander verbinden (z. B. und, aber, denn). Außerdem gibt es noch Präpositionen (z. B. durch, auf, aus, nach) und Adverbien (z. B. vielleicht, gestern, fast, noch). Interjektionen, auch Ausrufewörter genannt, stehen normalerweise allein außerhalb eines Satzes (z. B. Hallo! Au! Miau!).

➔ Grammatik

das Wörterbuch
In einem Wörterbuch kann man Informationen zu Wörtern (◉ Wort) nachschlagen. Es gibt verschiedene Arten von Wörterbüchern: So steht z. B. in einem Rechtschreib-Wörterbuch, wie die Wörter einer ◉ Sprache richtig geschrieben werden. In einem Wörterbuch für Fremdsprachen steht bei jedem Wort die Übersetzung in die andere Sprache. Die Wörter sind nach dem ◉ Alphabet geordnet, damit man das gesuchte Wort schnell finden kann. Alle Wörter sind in der Grundform aufgelistet. Wenn man also das Wort „Häuser" sucht, muss man unter der Grundform „Haus" nachschlagen. Das bekannteste Rechtschreib-Wörterbuch ist der Duden, der 1880 zum ersten Mal herausgegeben wurde.

der Würfel
Für viele Spiele braucht man einen Spielwürfel. Auf seinen sechs Flächen sind entweder Punkte oder die ◉ Zahlen von eins bis sechs abgebildet. Die Zahlen auf den gegenüberliegenden Würfelflächen ergeben zusammen immer sieben. Wenn also die Eins oben liegt, weiß man genau, dass die Sechs unten ist.

➔ Formen und Körper

die Wohnungen der Tiere

Ein Revier oder Territorium ist ein Gebiet, in dem ein Tier lebt, Nahrung sucht und seine Behausung hat. Diese Wohnungen bieten den Tieren Schutz vor der Witterung oder vor Feinden und sind meist ein sicherer Ort für die Aufzucht der Jungen. Das Revier wird gegen Eindringlinge verteidigt. Tiere reagieren auf ➔ Hunger, Gefahr oder das andere Geschlecht mit einem ganz bestimmten Verhalten. Dies nennt man ➔ Instinkt. Der Instinkt ist den Tieren angeboren und dient der Lebenserhaltung. Dazu gehört auch das Bauen eines Nestes oder Unterschlupfes.

In luftiger Höhe
In sicherer Entfernung vom Erdboden, wo Feinde lauern, suchen viele Tiere Unterschlupf. Unter Dachvorsprüngen oder in Viehställen bauen Schwalben Nester aus Lehm und Pflanzenteilen. Die Nester von Greifvögeln nennt man Horst. Spechte hämmern ihre Bruthöhlen in Baumstämme und ➔ Eulen nisten in Astlöchern. Die runden Nester der ➔ Eichhörnchen liegen versteckt in Baumkronen und werden Kobel genannt. Und Wespen bauen ein kugelförmiges Nest aus einem papierartigen Material.

Adlerhorst

➡ Baum

Am Boden

Rote Waldameise

Die Roten Waldameisen errichten aus kleinen Zweigen, Nadeln und ➔ Moos einen Hügel. Dieser Ameisenhaufen ist von Gängen durchzogen, die bis zu 2 m tief in den Boden führen. Die Kreuzspinne webt in Bodennähe ein radförmiges Fangnetz und wartet auf Beute.

➡ Ameise, Spinne

In Höhlen
Fledermäuse suchen für ihren ➔ Winterschlaf ➔ Höhlen, Dachstühle oder Scheunen auf. Auch Bären überwintern in Höhlen.

Fledermaus

Am und im Wasser
Im ➔ Wasser bauen sich Biber aus Ästen und Zweigen große Burgen, die sie mit ➔ Erde und Gras abdichten. Der Eingang liegt unter Wasser. An steilen Ufern

Biberburg

graben Eisvögel ihre Bruthöhlen in die
◐ Erde hinein. Die Wasserspinne spinnt unter Wasser ein dichtes Nest, das an Wasserpflanzen hängt. Da sie aber keine Kiemen zum Atmen hat, muss sie immer wieder an die Wasseroberfläche, um
◐ Luft zu holen. An ihrem Hinterleib bleiben Luftblasen haften, die sie mit unter Wasser nimmt. Mit dieser Luft befüllt sie ihr Netz. So entsteht eine Art Taucherglocke. Der Einsiedlerkrebs hat keinen Panzer. Um seinen weichen Hinterleib zu schützen, steckt er ihn in ein leeres Schneckenhaus. Stichlinge sind ◐ Fische. In der Laichzeit baut das Männchen am Wassergrund ein Nest aus Pflanzenteilen, das es mit Schleim verklebt.

Stichlinge

Unter der Erde
Dachs, Fuchs, Maus und Hamster graben einen Bau unter der Erde – meist als Kammer oder Gang. Die unterirdischen Gänge des ◐ Maulwurfs durchziehen die Erde hingegen wie ein ◐ Labyrinth. Erdhummeln legen ihre Nester oft in verlassenen Erdlöchern von Mäusen an. Feldgrillen graben etwa 30 cm lange Röhren in den Boden.

Tiere, die ihr Haus mitnehmen
Die Weinbergschnecke trägt ihr Haus stets bei sich. Auch die Schildkröte kann sich bei Gefahr schnell in ihren Panzer zurückziehen
➡ Schnecke

Weinbergschnecke

Tiere ohne Behausung
Der Kuckuck baut kein Nest. Er legt seine ◐ Eier in fremde Nester und lässt andere Vogeleltern sein Junges ausbrüten und aufziehen.

Kreuzspinne

Vom Menschen geschaffene Behausungen
Nicht alle Tiere leben in ihrem natürlichen ◐ Lebensraum. Sie bekommen vom ◐ Menschen ein neues Zuhause. Im ◐ Zoo werden Wildtiere z. B. in einem ◐ Terrarium, Aquarium oder im Käfig gehalten. ◐ Haustiere wie ◐ Hunde und ◐ Katzen leben meist mit den Menschen in einer Wohnung zusammen. Und für Schweine, Kühe oder ◐ Pferde baut man Ställe.
➡ Bauernhof, Tierreich

Löwenzahn

Radieschen

die Wurzel

Wurzeln sind die Teile von ⇒Pflanzen, die meist im Erdboden wachsen und der Pflanze Halt geben. Sie nehmen ⇒Wasser und Nährstoffe aus dem Boden auf. Pflanzen bilden unterschiedliche Wurzeln. Löwenzahn hat eine lange Pfahlwurzel. Karotten, Radieschen und Sellerie haben essbare Knollen- bzw. Speicherwurzeln. Manche Pflanzen wie der Spitzwegerich haben weit verzweigte Flachwurzeln, andere sind Tiefwurzler und treiben ihre Wurzeln tief in die ⇒Erde.

Spitzwegerich

die Wüste

Wüsten sind Gegenden, in denen es selten regnet und es daher sehr trocken ist. Nur wenige ⇒Pflanzen und Tiere können dort leben. Es gibt auch Kältewüsten in Hochgebirgen und am ⇒Nord- und ⇒Südpol. Diese Gegenden sind völlig von Eis und ⇒Schnee bedeckt. In den Trockenwüsten hingegen ist das ⇒Klima sehr heiß. Der Boden besteht aus Sand, Geröll oder Felsen. Die größte Wüste ist die Sahara im Norden ⇒Afrikas. Tagsüber herrschen hier ⇒Temperaturen von bis zu 60 °C und nachts kühlt es bis auf −10 °C ab. Die hohen ⇒Dünen werden von Sandstürmen gebildet. Manchmal kommt es erst nach einigen ⇒Jahren zu heftigen Niederschlägen (⇒Niederschlag). Dann blühen die wenigen Pflanzen der Wüste für kurze ⇒Zeit auf. Kakteen (⇒Kaktus) können z. B. ⇒Wasser speichern und so die Trockenheit überstehen. ⇒Menschen können in Trockenwüsten nur in ⇒Oasen leben. Wegen der Rodung von Wäldern breiten sich Wüsten immer mehr aus.

⇒ **Lebensraum, Lebensraum Wald**

Tiere, die in der Wüste leben, brauchen wenig Wasser.

Oryxantilopen

Dromedar

Skorpion

Sandotter

das Xylofon

Das Xylofon ist ein Schlaginstrument aus
➔ Holz. Es stammt ursprünglich aus ➔ Asien.
Auf einem Rahmen befinden sich unterschiedlich lange Klanghölzer. Sie sind in
der Reihenfolge einer Tonleiter angeordnet.
Je länger die Hölzer sind, desto tiefer ist
ihr Klang. Sie werden mit Schlegeln aus
Holz angeschlagen. Das Xylofon wird als
Begleitinstrument in kleinen Gruppen
oder in Orchestern gespielt.

 Musik

Xylofon

das Yak

Yaks sind langhaarige Rinder. Sie kommen
hauptsächlich in ➔ Asien vor. Im Himalaja
werden Yaks als Lasttiere gebraucht. Sie
laufen sicher über steinige schmale Bergpfade. Eis und ➔ Schnee können ihnen
nichts anhaben. Yaks liefern ➔ Milch und
Fleisch. Aus ihrem ➔ Fell stellt man Seile
und Stoffe her.

die Yanomami

Das ➔ Volk der Yanomami-Indianer lebt
im südamerikanischen ➔ Regenwald, am
➔ Fluss Amazonas. Sie sind eines der
letzten Völker dieser ➔ Erde, die wie ihre
Vorfahren leben: Sie wohnen in einfachen
Hütten und tragen keine Kleider. Sie

Yanomami-Indianer

jagen, fischen und sammeln, was sie zu
ihrer Ernährung brauchen. Wenn sie
krank sind, helfen sie sich mit ➔ Heilpflanzen aus der ➔ Natur. Sie haben keine
➔ Medikamente. Weil es in ihrem Gebiet
Gold gibt, wird ihr Land durch Goldsucher
zerstört. Diese brachten außerdem ➔ Krankheiten mit, an denen viele Yanomami
starben. Die Yanomami kämpfen heute
um ihr Land und um ihr Überleben.

➔ Indianer

das Yoga

Yoga bringt Körper und ➔ Seele in Einklang. Dabei werden zu bestimmten Körperhaltungen Atem- und Konzentrationsübungen ausgeführt. In Indien ist Yoga
schon seit 2000 ➔ Jahren bekannt. Yogis
sind ➔ Menschen, die Yoga beherrschen.
Ihnen schreiben die Inder übernatürliche
Kräfte zu. In ➔ Europa hat sich eine eigene
Art des Yoga entwickelt. Dabei lernen
Menschen durch bestimmte Atemtechniken
und Körperhaltungen, sich leichter zu
entspannen.

Wie viele Zähne hat der Mensch?

die Zahl

Mit Zahlen gibt man Mengen an, also wie viele Dinge vorhanden sind. Wir benutzen das so genannte Dezimalsystem mit arabischen Ziffern. Es setzt sich aus den zehn Ziffern 0 bis 9 zusammen. Die Zahl ganz rechts gibt die Einer an, die zweite links die Zehner (23), die dritte die Hunderter (134), die vierte die Tausender (2538) usw. 2538 bedeutet also: zwei Tausender, fünf Hunderter, drei Zehner und acht Einer – sprich zweitausendfünfhundertachtunddreißig. 1, 2, 3, 4, 5 usw. sind natürliche Zahlen. Sie sind alle Vielfache von 1. Die natürlichen Zahlen hören nie auf. Man kann immer noch eins dazuzählen.

der Zahn

➔ Menschen und die meisten Wirbeltiere haben Zähne, um Nahrung zu greifen, zu zerschneiden, zu zerreißen oder zu zermahlen. Die Anordnung aller Zähne zusammen in einem Mund oder Maul nennt man Gebiss. Es gibt verschiedene Gebisse, z.B. das Greifgebiss bei Robben, das Nagegebiss der Nagetiere, das Scherengebiss der ➔ Raubtiere oder das Kaugebiss des Menschen. Das menschliche Gebiss hat 32 Zähne mit unterschiedlichen Zahnformen: acht scharfe Schneidezähne und vier Eckzähne zum Abreißen bzw. Abbeißen der Nahrung sowie 16 Backenzähne und vier Weißheitszähne zum Mahlen und Kauen. Kindern wächst zunächst ab dem sechsten Lebensmonat das Milchgebiss mit 20 Zähnen. Vom 6. bis zum 14. Lebensjahr wird es durch das bleibende Gebiss aus 32 Zähnen ersetzt. Der Zahn des Menschen besteht aus Krone, Hals und ➔ Wurzel. Das, was man vom Zahn sehen kann, ist die Zahnkrone. Die Zahnwurzel verbindet den Zahn mit dem Kiefer. Die Zahnkrone ist vom harten Zahnschmelz umgeben. Im Inneren des Zahns liegt das Zahnbein, eine Art Knochen. Das Zahnmark enthält Blutgefäße und Nerven. Deshalb bekommt man Zahnschmerzen, wenn der Zahn ein Loch hat. Löcher müssen vom Zahnarzt ausgebohrt und mit einer Füllung abgedichtet werden. Es ist wichtig, mindestens zweimal täglich nach dem Essen die Zähne zu putzen.

➔ Gesundheit und Ernährung

das Zahnrad

Ein Zahnrad ist Teil einer ➔ Maschine und kann Drehbewegungen oder Kräfte übertragen. Die Scheibe aus Stahl oder ➔ Kunststoff ist rundherum gleichmäßig mit Zähnen (➔ Zahn) besetzt.

Zahnrad
Zähne

Sie können ineinandergreifen und so die Zahnräder in Bewegung setzen. Zahnräder gibt es z. B. in vielen ⮕ Uhren oder in der Fahrradschaltung.

die Zecke

Zecken sind Blut saugende Milben und zählen zu den Spinnentieren. Am bekanntesten ist der in heimischen Wäldern und auf ⮕ Wiesen lebende Holzbock. Er klettert an ⮕ Pflanzen hoch und wird von vorbeigehenden Tieren oder ⮕ Menschen abgestreift. Selten lässt er sich fallen. Mit ihren Mundwerkzeugen bohrt sich die Zecke in die Haut und beginnt Blut zu saugen. Dabei schwillt der flache Hinterleib stark an. Wenn die Zecke prall gefüllt ist wie eine Erbse, lässt sie sich zu Boden fallen. Zeckenbisse können gefährliche ⮕ Krankheiten übertragen. Gegen die Hirnhautentzündung kann man sich impfen lassen. Zecken sollte man schnell, aber vorsichtig entfernen.

⮕ **Impfung, Spinnen, Tierreich**

die Zeit

Die Zeit, die vor uns liegt nennen wir Zukunft; jetzt gerade ist die Gegenwart und bald schon gehört sie zur Vergangenheit. Die Zeit scheint besonders langsam zu vergehen, wenn wir auf etwas warten. Ein schöner ⮕ Tag scheint aber zu verfliegen. Wenn man sagt, jemand würde „die Zeit stehlen", ist gemeint, dass man aufgehalten wird. Die Zeit wird mithilfe der Bewegungen von ⮕ Erde und ⮕ Mond um die ⮕ Sonne eingeteilt: in ⮕ Jahr, ⮕ Monate und Tag und Nacht. Über den Stand der Sonne am ⮕ Himmel kann man ungefähr die Tageszeit bestimmen. Mit einer ⮕ Uhr wird die Zeit in Sekunden, Minuten und Stunden gemessen. 60 Sekunden sind eine Minute, 60 Minuten eine Stunde und 24 Stunden ein Tag. Da sich die Erde um ihre eigene ⮕ Achse dreht, herrschen an verschiedenen Orten auf der Erde unterschiedliche Tageszeiten.

⮕ **Größen und Maßeinheiten**

Lichtuhr

die Zeitlupe

Zeitlupe ist eine ⮕ Technik bei Filmaufnahmen, um Bewegungen verlangsamt darzustellen, z. B. bei Sportsendungen. Dazu werden in einer bestimmten Zeiteinheit mehr Bilder aufgenommen. Spielt man sie dann aber in der normalen ⮕ Geschwindigkeit ab, kommen dem Zuschauer die Bewegungen im Film langsamer bzw. verzögert vor. Mithilfe der Zeitlupe kann man auch bei schnellen Vorgängen besser sehen, was genau geschieht. Daher wird sie bei Sportwettkämpfen eingesetzt: So hilft die Zeitlupe z. B. bei der Entscheidung, wer als Erster ins Ziel gelaufen ist oder ob ein Tor gefallen ist. Will man hingegen Bewegungen beschleunigen, wendet man den Zeitraffer an.

⮕ **Sport**

die Zelle

Alle Lebewesen bestehen aus Zellen, sie sind quasi die kleinsten Bausteine von ⇒ Pflanzen, Tieren und ⇒ Menschen. Jedes ⇒ Blatt, jeder Knochen, jedes Stück Haut, jeder Nerv – sie alle setzen sich aus vielen, vielen Zellen zusammen. Zellen sind der Ursprung des Lebens: Der Mensch entsteht z. B. aus nur zwei Zellen, der Eizelle und der Samenzelle. Erst nach der ⇒ Befruchtung beginnen sie sich zu teilen und zu einem neuen Menschen zu entwickeln. Am Ende setzt sich der ⇒ menschliche Körper aus bis zu 100 000 Milliarden Zellen zusammen! Es gibt aber auch einfache Lebewesen, die nur aus einer einzigen Zelle bestehen, die so genannten Einzeller. Die meisten Zellen sind so klein, dass man sie nur unter dem ⇒ Mikroskop erkennen kann. Alle Zellen bestehen aus einem Zellleib und einem Zellkern, in dem sich die Erbanlagen befinden und der die Zelle steuert.

⇒ **Ei, menschlicher Körper, Tierreich, Vererbung**

der Zimt

Zimt ist ein ⇒ Gewürz, das in Süßspeisen oder in Gebäck verwendet wird. Gewonnen wird er hauptsächlich aus der Rinde des Ceylon-Zimtbaumes, der besonders in ⇒ Asien verbreitet ist. Die Rinde wird dünn abgeschält und rollt sich beim Trocknen röhrenartig zusammen. Neben diesem Stangenzimt können wir Zimt auch gemahlen kaufen. Das ⇒ Öl des Zimtbaumes ist sehr aromatisch und wird deshalb für die Herstellung von Parfüm verwendet.

der Zoll

1. Zoll ist eine Abgabe, die man an der ⇒ Grenze zahlen muss, wenn man bestimmte Waren ins Land bringen möchte. Innerhalb der ⇒ Europäischen Union müssen keine Zölle mehr gezahlt werden. **2.** Früher musste man an ⇒ Brücken und Straßen Brücken- oder Wegezoll zahlen. Heute muss man in manchen Ländern, wie z. B. Frankreich, Italien, ⇒ Österreich und der ⇒ Schweiz, eine so genannte Maut zahlen, um bestimmte Straßen, vor allem Autobahnen, benutzen zu dürfen. Autobahngebühren für Lkw werden auch in ⇒ Deutschland verlangt. Von dem eingenommenen ⇒ Geld werden Reparaturen durchgeführt und neue Straßen gebaut. **3.** Zoll ist auch ein altes Längenmaß. Es wird heute noch in den USA und Großbritannien verwendet und heißt dort Inch. Ein Inch misst 2,54 cm.

⇒ **Größen und Maßeinheiten**

der Zoo

In einem zoologischen Garten, kurz Zoo oder auch Tierpark genannt, werden Tiere aus aller Welt gehalten. Zoobesucher können die Tiere in ihren Käfigen und Freigehegen betrachten. Tierärzte und Tierpfleger kümmern sich um die Tiere und Wissenschaftler beobachten vor allem das Verhalten seltener Tierarten. Einige Zootiere wie Gorillas oder Pandabären sind vom Aussterben bedroht. Zootiere fühlen sich am wohlsten, wenn ihre Umgebung ihrem natürlichen ❯ Lebensraum in der Wildnis möglichst ähnlich ist. Bereits die Chinesen haben vor über 3000 ❯ Jahren wilde Tiere in Käfigen gehalten. Der älteste Zoo ❯ Europas ist der Tierpark Schönbrunn in Wien von 1752.

➡ **Geschützte Tiere und Pflanzen, Wohnungen der Tiere**

der Zucker

Zucker schmeckt süß und ist in ❯ Wasser löslich. Das weiße oder braune ❯ Kristall wird aus dem in den ❯ Tropen wachsenden Zuckerrohr oder aus Zuckerrüben hergestellt. Die Rüben werden nach der Ernte zu den Zuckerfabriken gebracht. Dort werden sie gewaschen und klein geschnitten. In Wasser werden die Rüben erhitzt und dann gepresst. So erhält man einen zuckerhaltigen Saft. Wenn diesem Saft das Wasser entzogen wird, bleiben Zuckerkristalle übrig. Zucker ist ein Kohlenhydrat, das sehr schnell ❯ Energie spendet. Er findet sich vor allem in Süßspeisen und Getränken, ist aber auch in vielen anderen Nahrungsmitteln versteckt. Man sollte nicht zu viel Zucker essen, da er dick macht und für die Zähne (❯ Zahn) sehr schädlich ist.

➡ **Gesundheit und Ernährung**

die Zugvögel

Viele einheimische Vögel (❯ Vogel) verbringen den Winter nicht bei uns. Wenn es im Herbst kälter wird, versammeln sich z. B. Stare, Schwalben oder Wildgänse zu Schwärmen und fliegen gemeinsam in den wärmeren Süden, meist viele hundert Kilometer weit. Hier finden sie genug Nahrung. Störche fliegen sogar bis nach Südafrika. Im Frühjahr kehren die Zugvögel wieder zurück, um zu brüten und ihre Jungen aufzuziehen. Wandertrieb und Flugrichtung sind den Tieren angeboren – sie handeln aus ❯ Instinkt. Vögel wie Amseln, Meisen und Sperlinge bleiben das ganze ❯ Jahr über bei uns. Sie werden deshalb Standvögel genannt.

➡ **Afrika**

Rauchschwalbe

Wanderrouten von europäischen Zugvögeln

1 Rauchschwalbe
2 Storch
3 Kuckuck
4 Seeschwalbe
5 Schwarzer Milan

Wo befinden sich Geschmacksknospen?

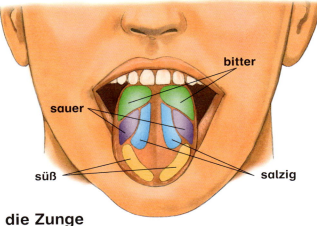

die Zunge

Die Zunge ist ein Organ in der Mundhöhle des ●Menschen und der meisten Wirbeltiere. Sie besteht aus vielen Muskeln und ist daher sehr beweglich. Wir brauchen sie zum Kauen und Schlucken, aber auch beim Sprechen. Außerdem befinden sich auf der Zunge unsere Geschmacksknospen. Sie reagieren auf die vier Geschmacksrichtungen süß, sauer, salzig und bitter. Über Nerven senden sie entsprechende Signale ans ●Gehirn. Der Geschmack des Essens hängt aber auch vom Geruch ab. Ist die ●Nase verstopft, so schmecken wir kaum etwas. Neben dem Geschmacks- hat die Zunge auch einen Tastsinn. Sie registriert z. B. ob etwas heiß oder kalt, weich oder rau ist.

➡ **menschlicher Körper, Stimme**

die Zwiebel

Die Speisezwiebel hat mehrere Häute.

1. Frühlingsblumen wie Tulpen, Narzissen, Krokusse und Schneeglöckchen wachsen aus einer Zwiebel. Diese steckt in der ●Erde und hat ●Wurzeln. Das Innere der Zwiebel besteht aus dicken, meist weißlichen Schalen, die eigentlich verdickte Blätter (●Blatt) sind. Die Zwiebel speichert Nährstoffe und ermöglicht den Frühlingsblumen das zeitige Wachsen und Blühen. 2. Die Küchen- oder Speisezwiebel ist ein Lauchgewächs und wird zum Kochen verwendet.

➡ **Blume**

die Zwillinge

Zwillinge sind zwei Geschwister, die gleichzeitig in der Gebärmutter einer schwangeren ●Frau wachsen und nacheinander geboren werden. Wenn sich die Zwillinge aus zwei befruchteten Eizellen entwickelt haben, werden sie zweieiige Zwillinge genannt. Dann können es auch ein Mädchen und ein Junge sein. Sie sehen sich genauso ähnlich wie gewöhnliche Geschwister. Entwickeln sich zwei Kinder aus nur einer Eizelle, werden sie eineiige Zwillinge genannt. Sie sind entweder beide Mädchen oder beide Jungen. Eineiige Zwillinge sehen einander so ähnlich, dass man sie nur schwer auseinanderhalten kann. Ganz selten kommt es vor, dass sich bei der Entwicklung eineiiger Zwillinge die Körper nicht vollständig trennen. Dann sind die beiden z. B. am Kopf oder an der Hüfte miteinander verwachsen. Man spricht dann von siamesischen Zwillingen. Durch Operationen versuchen Ärzte manchmal die zusammengewachsenen Kinder voneinander zu trennen.

➡ **Ei, Geburt, Schwangerschaft**

Leserätsel

1. Wie viele indianische Stämme gab es in Nordamerika?
   - S 100
   - H 300
   - G über 500

2. Mit welchem Gerät wird der Luftdruck gemessen?
   - U Mit dem Barometer
   - K Mit dem Thermometer
   - O Mit dem Abakus

3. Was sind Fossilien?
   - M Teile eines Autos
   - T Versteinerungen von Tieren und Pflanzen
   - W Säugetiere

4. Was versteht man unter einem „Darlehen"?
   - G Geld, das man bei der Bank leihen kann
   - D Land, das früher vom König an Adelige verliehen wurde
   - Y Das ist ein Teil eines Stuhls

5. Welcher Wald wächst am Äquator?
   - L Bergwald
   - E Regenwald
   - P Eichenwald

6. Was versteht man unter Befruchtung?
   - I Wenn ein Kind im Mutterleib heranwächst
   - M Wenn Ei- und Samenzelle miteinander verschmelzen
   - O Wenn ein Kind geboren wird

7. Was ist ein Tower?
   - C Ein Kirchturm in der Nähe eines Flughafens
   - B Eine Burg in Deutschland
   - A Der Kontrollturm auf einem Flughafen

8. Welches ist der längste Fluss in Europa?
   - R Amazonas
   - U Rhein
   - C Wolga

9. Was ist ein Aquädukt?
   - H Eine römische Wasserleitung
   - B So heißt ein Freizeitpark
   - Z Ein anderer Name für „Badehose"

10. Die Erde dreht sich um …
    - O … den Mond
    - T … die Sonne
    - X … den Mars

Lösungswort:

Lösungswort auf Seite 199

Register

A
Abakus 6, 98
Abendland 118
Abgase 6, 18, 42, 81, 108, 120, 140, 167
Aborigines 6, 17
Achse 6, 10, 71, 108, 115, 128, 157, 191
Adel/Adelige 6, 7, 106, 133
Ader 7, 28, 102
Adjektiv 7, 185
Adoptieren, Adoption 7
Afrika 8, 15, 39, 44, 47, 64, 75, 80, 82, 85, 96, 115, 117, 119, 132, 140, 148, 158, 179, 188
Ägypten / Ägypter 8, 9, 30, 73, 109, 121, 122, 126, 137, 140, 144, 153, 166, 180, 184
Aids 9, 85
Akkumulator 9
Alaska 78, 116
Albanien 47
Aldrin, Edwin 130
Algen 9, 45, 98, 123
Alkohol 9, 38, 155, 161
All 10, 11, 11, 130, 138, 140, 168
Allah 135
Allergie 12
Alpen 12, 36, 56, 120, 126, 146
Alphabet 12, 73, 90, 185
Alter 12, 64, 84, 97, 125, 133
Amazonas 156, 189
Ameisen 13, 77, 93, 149
Amerika 13, 26, 44, 76, 85, 92, 101, 115, 119, 150, 156
Ammonit 45, 54
Amphibien 13, 22, 45, 55, 133, 159, 162, 183
Anden 156
Andorra 126
Antarktis 85, 119, 155
Antike 62, 121
Antisemitismus 135
Aorta 7
Aquädukt 14, 24, 27, 137
Aquarium 159, 187
Äquator 14, 39, 83, 165
Arabische Emirate 16
Arbeitslosigkeit 14, 148, 149
Architektur 14, 86
Arena 14, 62
Argentinien 153, 156
Aristoteles 69
Arktis 115
Armstrong, Neil 130
Armut 8, 15, 134, 148
Arterie 7, 102
Asien 9, 15, 16, 23, 39, 41, 44, 47, 56, 62, 64, 75, 80, 82, 85, 92, 98, 115, 117, 119, 132, 153, 155, 158, 189, 192
Astronaut 11, 130
Astronomie 114
Asylanten 15, 174
Atlantik / Atlantischer Ozean 47, 81, 99, 119
Atlas 15
Atmosphäre 15, 20, 65, 119, 138, 148, 180
Atom 15, 128, 167, 168
Atomkraftwerk 42, 109, 168
Auge 15, 20, 29, 46, 50, 77, 91, 104, 143, 150, 164
Australien 6, 17, 40, 85, 119, 132
Auto 6, 18, 19, 20, 33, 37, 41, 77, 81, 108, 128, 140, 141, 155, 167, 171

B
Baby 20, 56, 77, 90, 104, 143, 145, 167, 170
Bach, Johann Sebastian 37, 111
Bahnhof 20
Bakterien 12, 20, 45, 75, 81, 82, 92, 98, 102, 112, 113
Ballaststoff 66, 90
Ballett 20, 157, 160
Bangladesh 16
Barometer 20, 91, 127, 181
Batterie 9, 20, 109, 127, 131, 154
Bauernhof 21, 38, 88
Baum 17, 21, 25, 28, 40, 45, 73, 89, 92, 93, 112, 114, 117, 122, 132, 140, 142, 153, 155, 161
Baumaschine 22
Baumwolle 8, 22, 82, 136, 185
Bauwerke 22, 24, 29, 86, 108, 151, 180
Beaufort, Francis 183
Beethoven, Ludwig van 37, 111
Befruchtung 13, 22, 27, 29, 40, 55, 138, 170, 192
Behinderung 23, 144
Belgien 46, 58, 150
Bell, Alexander Graham 46, 159
Benz, Carl Friedrich 18
Benzin 19, 23, 108
Berg 6, 23, 40, 56, 68, 88, 91, 106, 120, 126, 165
Bernstein 23, 54, 182
Beruf 23, 58, 67, 101, 152
Berühmte Menschen 26
Bestäubung 113, 143
Beton 27
Biene 22, 27, 74, 77, 175, 182
Bionik 28
Blatt 7, 21, 28, 57, 65, 72, 80, 89, 92, 93, 96, 112, 121, 122, 139, 142, 143, 157, 158, 192, 194
Blattfarbstoff / Blattgrün 122
Blindenschrift 28
Blume 28, 29, 86, 114, 122, 182
Blut 7, 38, 54, 102, 125, 170, 191
Blütenpollen / Blütenstaub 12, 22, 27, 29
Blutkörperchen 75, 102, 103
Blutkreislauf 7, 102, 162
Bodenschätze 8, 37, 47, 99, 104
Braille, Louis 28
Brailleschrift 28
Brasilien 156
Brennstoff 39, 73, 94, 108
Brille 29, 67, 91
Britische Inseln 47
Brücke 14, 22, 27, 29, 192
Brüder Michelin 128
Brüder Wright 94
Buch 15, 30, 31, 38, 62, 100, 135, 147
Buddha 134
Buddhismus 83, 134
Bulgarien 47
Bundeskanzler 124
Bundespräsident 124
Bundesrepublik Deutschland (BRD) 36, 181
Bundesstaat 116
Burg 6, 24, 29, 63, 88, 106, 107, 186

C
Carter, Howard 44
CD (Compact Disc) 31, 32, 39, 89
CD-Player / DVD-Player 32, 89
Cézanne, Paul 87
Chile 156
China 16, 22, 41, 58, 121, 125
Chlorophyll 28, 122
Christ 47, 82, 84, 135
Christentum 83, 134, 135
Comic 32, 147
Computer 23, 30, 31, 32, 33, 42, 59, 78, 81, 98, 111, 136, 144, 150, 155, 165, 172, 173
Container 32, 141
Coubert, Graf Pierre de 118
Cowboy 32
Curie, Marie 26
Curie, Pierre 26

D
Daimler, Gottlieb 18
Damm 34
Dampfmaschine 34, 41, 108, 141
Dänemark 46, 84, 150, 182
Delfin 34, 51, 167, 176
Demokratie 35, 36, 69, 133, 175
Demonstration 35, 181
Deutsche Demokratische Republik (DDR) 36, 181
Deutschland 12, 35, 36, 37, 41, 46, 50, 58, 60, 81, 82, 100, 101, 104, 113, 121, 124, 133, 137, 150, 174, 175, 177, 181, 192
Diabetes 35
Dialekt 35, 37, 150
Diktatur 35, 113
Dinosaurier 142
Diskriminierung 38, 174
Diskussion 38
Dolmetscher 38
Doping 38
Dorf 38, 72, 88, 107, 109, 153
Dreidimensional 53
Droge 38, 39, 74, 155
Drohne 27
Dschungel 39
Duden, Konrad 185
Dunant, Henri 137
Düne 39, 188
Dünger 88, 109, 167, 179
Dürre 8, 39
Düsenantrieb 39
DVD 32, 39
Dynamit 39
Dynamo 60

E
Ebbe 40, 177
Echo 40, 128, 167
Edelstein 40, 105
Edison, Thomas Alva 46
Ei 13, 22, 27, 40, 44, 51, 54, 55, 66, 71, 77, 84, 89, 133, 139, 142, 143, 149, 169, 171, 173, 187
Eichhörnchen 40, 41, 138, 161, 183, 186
Einstein, Albert 26
Eisberg 41
Eisenbahn 20, 34, 41, 164, 165
Eiszeit 41, 68
Eizelle 22, 40, 54, 145, 170, 171, 192, 194
Elektromotor 97, 108
Elektronenmikroskop 104
Emanzipation 67
Energie 15, 19, 35, 41, 42, 43, 60, 66, 74, 90, 108, 118, 128, 148, 154, 165, 167, 168, 183, 193
England 137, 144, 165, 181, 182
Entdecker 44, 48, 141
Ente 44, 141, 173
Entwicklungsland 8, 44
Enzyklopädie 90
Epizentrum 45
Erdbeben 25, 44, 81, 117, 119, 174
Erde 8, 9, 10, 11, 14, 15, 16, 20, 23, 24, 25, 28, 41, 42, 43, 44, 45, 50, 51, 54, 56, 60, 64, 68, 73, 79, 81, 83, 84, 85, 88, 91, 92, 96, 98, 101, 105, 109, 114, 115, 116, 119, 127, 130, 132, 133, 138, 140, 142, 144, 147, 148, 149, 155, 157, 165, 169, 174, 177, 180, 181, 184, 186, 187, 188, 189, 191, 194

Erdöl 8, 42, 77, 99, 116, 118, 125, 136, 141, 167, 175
Erdzeitalter 45
Erfinder 28, 46, 94
Erpel 44
Erste Hilfe 46
Eskimo 78
Estland 46
Eule 46, 161, 186
Europa 12, 16, 17, 24, 25, 30, 36, 37, 46, 47, 56, 60, 62, 75, 76, 79, 81, 83, 85, 92, 96, 97, 98, 106, 113, 115, 118, 119, 120, 121, 141, 144, 146, 149, 153, 164, 179, 189, 193
Europäische Union 46, 47, 58, 192
Evolution 48, 162
Expedition 48
Experiment 11, 48, 114
Explosion 11, 48, 168, 174
Expressionismus 86, 87

F
Fabel 49
Facettenauge 77, 143
Fahrrad 19, 49, 171
Fährte 161
Familie 7, 15, 18, 26, 49, 72, 74, 75, 76, 81, 107, 115, 122, 124, 145, 150, 172, 176
Farbe 9, 15, 28, 40, 49, 73, 86, 87, 91, 109, 131, 137, 141, 143, 158
Farn 45, 50, 93, 108
Feder 50, 71, 149, 173, 175
Feiertag 50, 134
Fell 28, 32, 41, 50, 58, 70, 98, 153, 189
Fernglas 50, 67, 91
Fernsehen 38, 79, 100, 101, 180
Feuer 42, 50, 51, 74, 139, 153
Feuerwehr 46, 51, 74
Fingerabdruck 51, 123
Finnland 46, 47, 58
Fisch 13, 22, 34, 45, 51, 55, 66, 70, 99, 109, 112, 123, 145, 159, 162, 169, 176, 187
Flagge 52, 137
Flaschenzug 52, 97
Flughafen 52
Flugzeug 6, 32, 33, 39, 41, 52, 94, 95, 164, 167, 171
Fluss 34, 37, 51, 53, 60, 65, 73, 88, 99, 116, 156, 157, 178, 189
Flut 40, 177
Ford, Henry 18
Formen 53, 86, 87, 98
Fortpflanzung 22, 55, 138, 170
Fossil 48, 54, 64, 109, 162
Fotografie 86, 100
Fotosynthese 28
Frank, Anne 26
Frankreich 12, 20, 25, 46, 47, 58, 82, 126, 137, 150, 165, 181, 182, 192
Frau 7, 23, 54, 67, 69, 74, 82, 83, 84, 118, 145, 146, 147, 171, 194
Freiheit 54, 99, 101, 113, 181
Frieden 46, 55, 85, 131, 170
Frosch 13, 55, 89, 132, 159, 183
Frucht 21, 28, 29, 55, 57, 65, 75, 80, 89, 112, 117, 121, 138, 158, 169
Frühling / Frühjahr 13, 79, 89, 138, 183, 193

G
Gagarin, Juri 130
Galaxie 10, 11
Gas 11, 39, 42, 48, 56, 83, 91, 94, 119, 125, 130, 139, 140, 148, 165, 168, 169, 174
Gebärdensprache 56, 84, 150
Gebirge , 12, 15, 16, 23, 56, 60, 64, 68, 90, 92, 126, 146, 155, 156

Geburt 23, 56, 75, 135, 139
Gedicht 31, 56, 91, 133, 172
Gefieder 44
Gehirn 15, 56, 103, 113, 117, 143, 148, 162, 164, 194
Geld 14, 15, 16, 23, 24, 57, 58, 59, 71, 124, 130, 145, 146, 148, 149, 154, 183, 192
Gemüse 57, 66, 88, 90, 97, 117, 136, 168
Gene 170, 171
Generation 48, 60, 110, 176
Generator 42, 43, 49, 60, 165
Gericht 7, 60, 123, 129, 131, 136, 140, 151, 176
Germanen 60, 137
Geschichte 30, 36, 37, 45, 50, 61, 62, 76, 86, 109, 113, 135, 136, 168, 174
Geschlechtsorgane 28, 54, 96
Geschlechtsverkehr 84, 96, 147, 171
Geschützte Tiere und Pflanzen 61
Geschwindigkeit 39, 61, 65, 91, 128, 174, 191
Gesellschaft 61
Gesetz 54, 60, 61, 64, 67, 68, 84, 99, 123, 124, 129, 131, 134, 136, 151, 161, 167, 168
Gestein 7, 25, 26, 40, 45, 54, 64, 104, 105, 140, 151, 157, 168, 174
Gesteinsschicht 56, 64, 127
Gesundheit 38, 39, 64, 66, 115, 137, 143
Getreide 58, 64, 88, 96, 117, 136, 153, 168
Gewalt 35, 64, 99, 148, 159
Gewässer 9, 53, 65, 88, 90, 141, 147, 162, 178
Gewissen 65
Gewitter 65, 140, 180
Gewürz 65, 72, 81, 85, 121, 144, 169, 192
Geysir 67
Gezeiten 40
Gift 67, 115, 127, 150, 155, 167
Glas 48, 50, 67, 91, 109
Gleichberechtigung 67
Gletscher 41, 68, 120, 157
Globus 68
Glühlampe 46, 68, 90
Goethe, Johann Wolfgang von 31, 37
Gogh, Vincent van 87
Gorbatschow, Michail 181
Graf Zeppelin 94
Grammatik 68
Grenze 16, 24, 36, 68, 85, 116, 120, 137, 177, 181, 192
Griechen 62, 68, 69, 110, 118, 121, 148, 184
Griechenland 46, 47, 58, 62, 68, 69, 114, 137
Grimm, Jacob und Wilhelm 97
Grönland 78, 116, 182
Großbritannien 46, 82, 84, 192
Größen 69
Grundgesetz 64, 164
Grundriss 69
Gummi 69, 84
Gutenberg, Johannes 30

H
Haar 12, 50, 66, 70, 75, 113, 117, 139, 161, 170, 171
Hafen 70, 77, 127
Hagel 114, 178, 184
Hai 51, 70, 71, 162
Handel 58, 60, 61, 71, 120, 183
Handwerk 71, 107
Haustier 71, 74, 161, 187
Haydn, Franz Joseph 111, 120
Hebel 71, 97, 158
Heide 36, 72
Heilpflanze 72, 85, 158, 168, 189

Heimat 8, 15, 72, 113, 132, 173, 177
Heizung 72, 107
Herbst 28, 41, 75, 79, 89, 112, 183, 193
Heterosexualität 74
Hieroglyphen 9, 73, 126, 144
Himalaja 56, 189
Himmel 10, 73, 79, 131, 142, 178, 191
Himmelskörper 10, 68, 105, 138, 148, 168
Himmelsrichtung 73, 84
Hinduismus 134
Hitler, Adolf 113
HI-Virus / HIV 9
Hoden 96, 125
Höhle 65, 73, 153, 186
Höhlenmalerei 86, 153
Holz 21, 24, 73, 82, 86, 92, 106, 118, 121, 128, 132, 136, 141, 148, 149, 153, 189
Homosexualität 74
Honig 27, 71, 74
Hood, Robin 138
Hund 71, 74, 129, 164, 187
Hundertwasser, Friedensreich 25
Hunger 20, 74, 186
Hydrant 74

Igel 75, 77, 139, 183
Iglu 75, 78
Immunsystem 75
Impfung 75, 85, 172
Impressionismus 86
Indianer 26, 41, 76, 125, 156, 157, 174
Indien 8, 12, 16, 22, 26, 76, 134, 189
Indischer Ozean 17, 99, 119
Industrie 44, 47, 60, 77, 108, 109, 114, 120, 136, 183
Insekt 13, 22, 23, 29, 44, 45, 46, 54, 55, 75, 77, 89, 93, 97, 98, 143, 150, 153, 161, 162, 168, 173
Instinkt 77, 78, 186, 193
Intelligenz 78
Internet 33, 78, 100, 159
Inuit 75, 78, 115, 116
Irland 46, 58, 159, 182
Islam 47, 62, 83, 134, 135
Island 47, 67, 182
Israel 137
Italien 12, 46, 58, 120, 137, 150, 192

Jahr 6, 7, 8, 9, 11, 12, 14, 18, 20, 21, 23, 24, 26, 30, 31, 34, 36, 41, 42, 43, 45, 46, 48, 49, 50, 54, 56, 58, 62, 63, 64, 67, 68, 69, 71, 73, 74, 76, 79, 80, 82, 84, 85, 86, 92, 93, 94, 96, 97, 105, 106, 108, 109, 110, 115, 118, 121, 122, 124, 125, 128, 129, 130, 132, 134, 135, 136, 137, 140, 141, 142, 144, 146, 148, 150, 152, 153, 155, 159, 162, 166, 167, 168, 173, 174, 175, 176, 177, 181, 182, 184, 188, 189, 191, 193
Jahresfeste 79
Jahresring 21, 73
Jahreszeiten 79
Japan 16, 32, 144, 176
Jesus / Jesus Christus 62, 84, 135
Jogurt 79, 104
Journalist 79, 101, 137
Jude 26, 113, 134, 135
Judentum 134

Kabel 80, 81, 154
Kaffee 8, 38, 80, 90, 156, 158
Kakao 8, 80, 136, 144
Kaktus, Kakteen 80, 188
Kalender 9, 79, 80

Kältestarre 133
Kamera 80, 91
Kanada 78, 116
Kanal 81
Kandinsky, Wassily 87
Kartoffel 66, 71, 81, 90, 97, 168
Käse 81, 104, 141, 146, 169
Katalysator 6, 81
Katastrophe 81, 104, 137, 167
Katze 71, 77, 81, 129, 187
Kaulquappen 55, 89
Kelten 82
Kernenergie 15
Kernkraftwerk 128
Kerze 6, 25, 48, 82, 97, 175
Kiemen 13, 51, 55, 109, 143, 162, 187
Kirche 24, 26, 82, 88, 135
Kisch, Erwin 101
Kläranlage 82, 167, 179
Klee, Paul 87
Kleidung 14, 15, 22, 28, 58, 62, 77, 82, 83, 122, 184
Klima 39, 41, 45, 47, 80, 83, 88, 93, 119, 132, 153, 188
Kloster 30, 83, 134
Koalition 124
Koffein 38, 158
Kohlendioxid (Kohlenstoffdioxid) 28, 83, 92, 112, 139
Kohlenhydrate 66, 90, 193
Kohlensäure 83
Kolumbien 156
Kolumbus, Christoph 26, 44, 76, 182
Kommunikation 84, 150
Kommunion 82, 84
Kompass 73, 84, 96
Kondom 84, 171
Konfirmation 82, 84
König 7, 13, 24, 25, 27, 84, 106, 122, 123, 133, 138, 180
Kontinent 6, 8, 16, 17, 40, 47, 68, 84, 85, 116, 118, 119, 156, 178, 182
Koran 135
Körper 7, 9, 11, 22, 34, 40, 53, 57, 66, 67, 70, 74, 75, 77, 90, 94, 96, 98, 102, 103, 125, 126, 127, 134, 137, 138, 139, 140, 143, 145, 147, 150, 152, 155, 159, 162, 164, 168, 170, 171, 172, 189, 192, 194
Kosmos 10
Krankenhaus 44, 85, 137, 148, 154
Krankheit 9, 20, 23, 35, 72, 75, 84, 85, 98, 99, 115, 127, 137, 148, 149, 164, 189, 191
Krankheitserreger 9, 75, 164, 172
Krater 105, 174
Kräuter 85, 97, 109, 132, 153, 182
Krieg 24, 55, 60, 63, 69, 82, 85, 104, 106, 113, 117, 137, 146, 177
Kristall 85, 193
Kunst 24, 61, 69, 73, 85, 86, 100, 110, 144, 151
Kunststoff 32, 80, 85, 91, 131, 190
Küste 39, 40, 45, 85, 88, 116, 155, 156, 177, 182
Kuwait 16

Labyrinth 88, 187
Landkarte 15, 48, 88
Landschaft 16, 17, 23, 36, 60, 72, 81, 88, 126
Landwirtschaft 60, 88, 167, 183
Lärm 88, 92, 120, 148
Larve 13, 27, 51, 77, 89, 97, 123, 149, 161
Laser 39, 89
Lateinamerika 156

Laubbaum 21, 45, 73, 89, 93, 112, 122
Lava 174
Lawine 89, 92
Lebensmittel 9, 14, 66, 75, 90, 97, 138, 169, 179
Lebensraum 90, 92, 93, 98, 167, 182, 187, 193
Lebensraum Wald 90, 92
Lernen 90
Lettland 46
Lexikon 90, 100
Licht 11, 15, 25, 46, 49, 51, 65, 87, 89, 90, 91, 104, 131, 132, 140, 148, 149, 157, 160, 168
Lichtjahr 11
Lichtmikroskop 104
Liebe 60, 74, 91
Liechtenstein 12, 150
Lindgren, Astrid 31
Linse 29, 50, 91, 104
Litauen 46
Literatur 37, 57, 69, 86, 97, 91
Lot 91
Luft 6, 20, 39, 46, 50, 56, 64, 65, 75, 81, 83, 91, 92, 94, 95, 102, 103, 109, 113, 114, 119, 125, 130, 139, 140, 142, 144, 152, 154, 159, 164, 165, 167, 169, 171, 172, 176, 178, 180, 181, 183, 184, 187
Luftdruck 20, 91, 181
Luftfahrt 91, 94, 128
Luftfeuchtigkeit 181
Lunge 13, 34, 55, 102, 103, 113, 132, 139, 143, 154, 162, 164, 176
Lupe 50, 91
Luther, Martin 26
Luxemburg 46, 58, 150

Macke, August 87
Magellan, Ferdinand 44
Magma 174
Magnet 40, 60, 96, 115
Magnetfeld 84, 96
Mais 8, 64, 96
Malta 46
Manager 96
Mann 7, 23, 54, 67, 69, 74, 83, 96, 147, 171, 174
Marc, Franz 87
Märchen 97
Marienkäfer 97
Markt 97, 100
Maschine 6, 21, 23, 34, 37, 58, 60, 63, 77, 88, 89, 97, 108, 120, 121, 125, 136, 146, 165, 190
Maßeinheit 69
Mathematik 98, 168
Maulwurf 98, 139, 182, 187
Medien 98, 100, 101, 180
Medikament 35, 38, 67, 85, 98, 99, 141, 143, 158, 171, 189
Medizin 9, 85, 89, 99, 122, 137, 167, 168
Meer 34, 41, 45, 51, 53, 60, 68, 81, 84, 85, 99, 109, 127, 141, 142, 155, 162, 166, 167, 174, 176, 178, 179, 181, 182, 183
Mensch 7, 8, 9, 13, 14, 15, 16, 17, 22, 23, 24, 26, 28, 30, 33, 35, 38, 43, 44, 45, 46, 47, 48, 49, 50, 51, 54, 55, 57, 58, 59, 60, 61, 62, 63, 64, 67, 68, 69, 70, 71, 72, 73, 74, 75, 76, 78, 79, 81, 82, 84, 85, 86, 87, 88, 91, 92, 94, 96, 97, 98, 99, 100, 101, 104, 108, 109, 110, 112, 113, 114, 115, 117, 120, 122, 123, 124, 126, 127, 128, 129, 130, 134, 135, 136, 137, 138, 139, 140, 143, 144, 147, 148, 149, 150, 151, 153, 155, 156, 157, 158, 159, 160, 161, 164, 167, 169, 170, 171, 172,

175, 177, 178, 179, 180, 181, 187, 188, 189, 190, 191, 192, 194
Menschenrechte 99, 148, 164, 170
Menschlicher Körper 102
Metall 17, 62, 80, 86, 89, 96, 104, 105, 109, 127, 131, 153, 168
Metamorphose 89, 143
Meteorit 105
Mexiko 96, 116
Mikroskop 15, 91, 104, 123, 192
Milch 20, 71, 79, 81, 104, 136, 144, 169, 189
Milchstraße 10, 148
Militär 104, 177
Mineral 7, 40, 64, 85, 105, 127, 151
Mittelalter 24, 29, 62, 63, 72, 84, 100, 105, 106, 121, 127, 168, 176
Mittelamerika 39, 64, 76, 116, 126, 156
Moderne Kunst 86
Mohammed 135
Monat 10, 22, 54, 79, 80, 105, 115, 133, 135, 145, 191
Mond 10, 11, 40, 48, 105, 130, 138, 148, 149, 184, 191
Monet, Claude 87
Mongolei 16
Mont Blanc 12
Moor 88, 108, 109
Moos 92, 93, 108, 186
Moräne 68
Morgenland 118
Morsealphabet 149
Mosaik 24, 108
Moschee 135
Motor 18, 19, 94, 95, 108
Mozart, Wolfgang Amadeus 111, 118, 120
Müll 107, 108, 131, 167
Mumie 9, 109, 122, 126
Muschel 58, 99, 109, 143, 162, 177
Museum 109, 151
Musik 32, 33, 37, 54, 78, 86, 100, 110, 121, 157, 159
Musikinstrument 110, 111
Muslime 135
Mutter Teresa 26

Nacht 10, 79, 157, 114, 143, 157, 166, 191
Nadelbaum 21, 23, 45, 73, 89, 92, 93, 112, 122, 138
Nährstoffe 7, 28, 56, 66, 74, 83, 89, 90, 92, 102, 104, 112, 122, 138, 145, 168, 170, 188, 194
Nahrungskette 112
Name 7, 12, 20, 60, 76, 78, 107, 110, 112, 121, 134, 169, 182, 184
Narkose 113
Nase 67, 75, 102, 113, 194
Nationalfeiertag 50, 181
Nationalsozialismus 26, 113, 129, 135
Natur 8, 16, 17, 28, 36, 64, 82, 87, 88, 114, 120, 128, 136, 151, 156, 167, 168, 175, 189
Naturschutz 61, 108, 177
Naturwissenschaften 99, 109, 114, 168
Nebel 114, 128, 180
Nerven 57, 103, 113, 143, 190, 192, 194
Nestflüchter 173
Nesthocker 173
Neuseeland 67
Niederlande 46, 58, 84
Niederschlag 53, 83, 114, 131, 144, 178, 181, 184, 188

Nikolaus 114, 115
Nikotin 115, 155, 157
Nobel, Alfred 39
Nobelpreis 26
Nomade 8, 115, 153
Nordamerika 32, 41, 76, 85, 92, 98, 115, 116, 125, 141, 148, 153, 156, 157, 174, 182
Nordpol 14, 41, 79, 84, 96, 115, 155, 188
Norwegen 47, 165, 176, 182

Oase 117, 188
Obdachlos 47, 117
Obst 21, 66, 86, 88, 97, 117
Ohr 40, 48, 88, 117, 140, 167
Okzident 118
Öl 8, 22, 42, 69, 83, 85, 118, 125, 131, 136, 141, 167, 175, 192
Olympische Spiele 69, 118, 152
Oper 111, 118, 160
Opposition 124
Orchester 111, 118, 160, 189
Organ 28, 57, 102, 103, 109, 113, 143, 145, 162, 164, 167, 170, 194
Orient 118, 121
Österreich 12, 35, 37, 46, 50, 58, 119, 120, 124, 133, 146, 150, 175, 192
Otto, Kirstin 152
Ozean 17, 40, 47, 99, 119, 141, 162, 178
Ozon 15, 119
Ozonschicht 15, 148

Palme 121, 175
Pampas 153
Panama 116
Pantomime 121, 160
Papier 21, 30, 32, 51, 80, 82, 86, 109, 121, 131, 144
Paraguay 156
Paralympics 118
Parlament 35, 64, 124, 175
Partei 35, 113, 124, 175
Passah 135
Pazifik / Pazifischer Ozean 17, 81, 99, 116, 119
Pelé 152
Penis 84, 96, 147, 171
Pest 63, 127
Pfeffer 121
Pferd 18, 32, 71, 122, 139, 141, 152, 155, 182, 187
Pflanzen 9, 22, 28, 39, 40, 43, 45, 48, 50, 54, 55, 57, 60, 65, 67, 80, 83, 85, 88, 90, 91, 92, 96, 98, 108, 112, 114, 122, 123, 126, 132, 138, 139, 140, 141, 142, 143, 155, 157, 162, 167, 168, 170, 172, 178, 179, 185, 188, 191, 192
Pharao 9, 44, 109, 122, 126
Philippinen 16
Pilze 67, 93, 98, 122, 123, 141
Pirat 123
Planet 10, 11, 45, 105, 130, 138, 148, 184
Plankton 9, 51, 70, 99, 123, 176
Plastik 77, 85, 86, 148
Plato 69
Plural 155
Pol 83, 96
Polarnacht / Polartag 115
Polen 46
Politik 100, 101, 123, 124, 181
Polizei 51, 64, 123, 128, 151
Portugal 46, 47, 58
Porzellan 125
Prärie 76, 115, 116, 125, 153
Präsident 124, 181
Pubertät 54, 60, 96, 125, 159
Puccini, Giacomo 118
Puls 102, 125, 154
Pumpe 72, 97, 125, 165, 169

Pyramide 9, 24, 53, 109, 122, 126, 151, 180
Pyrenäen 126

Q
Qualle 45, 123, 127, 162
Quarantäne 127
Quecksilber 104, 127, 161
Quelle 53, 65, 67, 117, 127, 178

R
Rad 6, 18, 19, 41, 128, 158
Radar 128, 166
Radio 18, 42, 79, 100, 101, 180
Radioaktivität 26, 128
Rakete 48, 130, 138
Ramadan 135
Rasse 129
Rassismus 129, 174
Rathaus 129
Raubtier 74, 81, 129, 139, 190
Raumfahrt 116, 128, 129, 130
Raumfahrzeug 11, 130
Raumsonde 11, 130
Recht 6, 7, 35, 63, 67, 69, 99, 106, 113, 129, 131, 136, 168, 172, 181
Rechtsanwalt 60, 131, 151
Recycling 109, 131, 167
Regen 24, 32, 53, 54, 108, 114, 131, 153, 178, 180, 184
Regenbogen 91, 131
Regenwald 16, 17, 39, 50, 92, 93, 132, 156, 162, 165, 189
Regenwurm 93, 132, 133, 182
Regierung 35, 64, 68, 84, 101, 124, 151, 181
Reim 133, 172
Reis 16, 64, 133
Religionen 15, 38, 62, 73, 79, 82, 99, 118, 133, 147, 157, 164, 174
Renoir, Auguste 87
Rente 133
Reptil 13, 22, 45, 133, 142, 145, 159, 162, 183
Republik 120, 133, 146
Reservat 17, 76
Rhythmus 57, 110, 149, 172
Richter 23, 60, 84, 136, 154, 168
Roboter 136
Rohstoff 17, 42, 73, 77, 92, 118, 121, 122, 131, 136
Römer 9, 14, 24, 27, 60, 62, 69, 82, 108, 121, 136, 137, 148, 184
Römisches Reich 9, 62, 63, 106, 137
Röntgen, Wilhelm Conrad 137
Röntgenstrahlen 137
Rotes Kreuz 46, 52, 137
Rumänien 47
Russland 36, 41, 47, 115, 129, 144, 181, 183

S
Sabbat 134
Sage 138, 152
Salz 37, 58, 81, 138
Samen 13, 22, 29, 41, 44, 55, 64, 65, 72, 84, 112, 117, 125, 138, 158
Samenzelle 22, 96, 145, 147, 192
Satellit 100, 130, 138, 139, 159
Satz 68, 97, 139, 185
Sauerstoff 9, 15, 28, 45, 51, 56, 82, 92, 102, 103, 109, 119, 122, 123, 132, 139, 145
Säugetier 22, 34, 40, 45, 50, 51, 75, 81, 98, 99, 104, 122, 129, 139, 162, 176
Saurer Regen 93, 140
Saurier 45, 54, 140, 142, 162, 173
Savanne 17, 140
Schall 65, 117, 140, 154
Schaltjahr / Schalttag 79, 80
Scheidung 140
Schiff 29, 32, 34, 70, 123, 127, 128, 140, 141, 164, 166, 171, 180
Schilf, Schilfrohr 140, 141
Schiller, Friedrich 31, 37
Schimmel 141
Schlaf 96, 143, 164, 183
Schloss 6, 24, 25, 37, 160, 185
Schmerz 38, 102, 143, 155, 161, 164
Schmetterling 77, 89, 132, 143, 145, 182
Schnecke 55, 75, 117, 143, 162, 177
Schnee 53, 68, 75, 78, 114, 144, 161, 178, 180, 184, 188, 189
Schokolade 80, 144, 146, 148
Schrift 9, 12, 28, 62, 73, 91, 144, 150, 153
Schriftzeichen 30, 73, 84, 144
Schubert, Franz 120
Schule 15, 44, 47, 79, 144, 145, 148, 150, 154, 168
Schumacher, Michael 152
Schuppen 51, 70, 133, 138, 143, 145
Schwangerschaft 145
Schwänzeltanz 27
Schwarzes Meer 99
Schweden 46, 47, 182
Schweiz 12, 35, 37, 46, 50, 124, 146, 150, 175, 192
Schwerkraft 130, 147
Sciencefiction 147
Seele 134, 147, 149
Seide 82, 147
Seidenspinnerraupe 147
Seismograf 45
Sekte 147
Seuche 63, 127
Sexualität 147
Singular 155
Sinne 103, 148
Skelett 51, 70, 103
Sklave 8, 69, 118, 148, 183
Skulptur 86, 109, 151
Slowakische Republik 46
Slowenien 12, 46
Slum 148
Smog 119
Sokrates 69
Sommer 79, 83, 119, 146
Sonne 10, 11, 24, 25, 28, 32, 43, 45, 73, 79, 82, 90, 91, 105, 115, 131, 133, 148, 149, 155, 157, 165, 166, 178, 180, 181, 183, 184, 191
Sonnen- und Mondfinsternis 148, 149
Sonnenstrahlen 102, 119, 131, 148, 165
Sonnensystem 10, 130, 148, 168
SOS 149
Sozial 149
Spaceshuttle 11, 130
Spanien 46, 47, 58, 82, 126, 159
Specht 149
Spermien / Sperma 96, 138, 147, 170, 171
Spinne 149, 150, 159, 162, 182
Sport 35, 61, 100, 101, 150, 152
Sprache 12, 31, 35, 38, 47, 68, 76, 82, 84, 100, 150, 159, 174, 185
Sprichwort 150
Staat 7, 8, 9, 13, 14, 16, 17, 36, 46, 58, 62, 77, 99, 116, 118, 124, 126, 129, 131, 133, 146, 151, 154, 167, 170, 172, 174, 175, 176, 181
Staatsangehörigkeit 15, 151
Staatsanwalt 151
Stadt 9, 14, 20, 24, 25, 36, 37, 38, 52, 60, 63, 68, 69, 72, 74,
79, 88, 97, 107, 116, 120, 121, 127, 129, 137, 148, 151, 152, 156, 174, 175, 177, 180, 181
Stammbaum 172
Standvögel 193
Stein 14, 54, 62, 86, 89, 106, 108, 151, 153, 174
Steinzeit 51, 64, 71, 73, 74, 86, 88, 125, 151, 153, 158
Steppe 16, 80, 115, 117, 140, 153
Stern 10, 11, 113, 148
Steuern 154
Stil 24, 86, 87, 110
Stimme 20, 125, 154
Strom 15, 20, 33, 34, 42, 51, 60, 68, 78, 80, 104, 107, 108, 148, 154, 165
Stress 154
Substantiv 7, 155, 185
Sucht 155
Südafrika 67, 129, 193
Südamerika 39, 44, 64, 76, 80, 81, 85, 96, 116, 117, 126, 132, 148, 155, 156, 174
Südpol 14, 41, 79, 96, 115, 119, 156, 159, 188
Südpolarnacht / Südpolartag 155
Sumpf 156
Synagoge 135

T
Tabak 38, 115, 116, 157
Tag 10, 27, 41, 55, 74, 79, 80, 101, 105, 109, 127, 135, 143, 157, 166, 184, 191
Tag der Deutschen Einheit 50, 181
Taiwan 25
Tal 14, 56, 68, 105, 157
Tanz 86, 110, 157
Tarnung 158
Technik 28, 31, 43, 109, 147, 158, 191
Tee 8, 72, 90, 158
Teenager 159
Telefon 46, 100, 159
Teleskop 11
Tempel 62, 69, 134, 180
Temperatur 16, 45, 51, 68, 69, 72, 83, 89, 114, 115, 142, 155, 159, 161, 165, 174, 184, 188
Terrarium 159, 187
Terrorist 159
Testament 160
Theater 69, 86, 100, 151, 160
Therme 127
Thermometer 127, 159, 161
Thermostat 72
Tier 7, 9, 13, 22, 27, 28, 31, 34, 39, 41, 48, 49, 50, 51, 54, 55, 58, 61, 67, 70, 75, 77, 78, 80, 81, 88, 89, 90, 91, 92, 93, 97, 98, 99, 101, 109, 112, 114, 122, 123, 126, 127, 129, 132, 133, 134, 136, 138, 139, 140, 142, 143, 145, 147, 148, 153, 155, 158, 161, 162, 164, 167, 168, 170, 172, 173, 178, 182, 183, 184, 186, 187, 188, 191, 192, 193
Tierreich 77, 150, 161, 162, 194
Tierschutz 161
Tierspur 161
Tod 9, 67, 84, 122, 126, 134, 135, 147, 160, 164
Toleranz 164
Tollwut 164
Tora 134, 135
Träne 164
Transportmittel 164
Traum 164
Trickfilm 164, 165
Trockenheit 93, 143, 153, 188
Trommelfell 48, 117
Tropen 92, 121, 132, 140, 150, 165, 193
Tropfstein 73
Tschechische Republik 46
Tschernobyl 129
Tsunami 45, 81
Tunnel 22, 165
Turbine 42, 43, 165
Türkei 47, 115, 137, 180, 183

U
U-Boot 166, 167
Uhr 33, 146, 166, 191
Ultraschall 167
Umweltschutz 46, 131, 167
UN, UNO 170
Ungarn 46, 120
Universität 23, 131, 136, 144, 168
Universum 10, 11
Unkraut 168
Uran 26, 128, 168
Urknall 11, 168
Urkontinent 85
Urmensch 153
Uruguay 156
USA 18, 22, 33, 67, 116, 124, 181, 192

V
Vakuum 169
Vanille 169
Vegetarier 169
Venen 7, 102
Venezuela 156
Ventil 125, 169
Verb 68, 139, 169, 185
Verdauung 20, 65, 66, 170
Verdi, Giuseppe 118
Vereinte Nationen 99, 104, 148, 170, 177
Vererbung 170, 171
Verhütung 171
Verkehr 124, 171
Verkehrszeichen 171
Vers 133, 172
Vertrag 96, 131, 172
Verwandte 172, 176
Vinci, Leonardo da 94
Virtuell 172
Virus 9, 75, 164, 172, 173
Vitamine 57, 66, 90, 117, 133
Vogel 22, 36, 45, 46, 50, 77, 114, 120, 132, 138, 149, 162, 173, 193
Volk 6, 13, 35, 60, 62, 82, 124, 133, 135, 137, 138, 150, 174, 182, 189
Vorurteil 38, 129, 174
Vulkan 119, 174

W
Waage 175
Wachs 27, 82, 175
Wagner, Richard 37, 118
Wahl 35, 38, 175
Waise 26, 176
Wal 34, 51, 115, 123, 139, 155, 162, 176
Waldsterben 140
Wappen 76, 176, 177
Wasser 7, 9, 13, 14, 20, 21, 22, 27, 28, 34, 40, 41, 42, 43, 44, 45, 51, 53, 55, 56, 65, 66, 67, 72, 73, 74, 80, 82, 89, 106, 107, 108, 109, 112, 114, 117, 118, 123, 127, 133, 137, 138, 140, 142, 143, 148, 152, 155, 158, 159, 162, 164, 165, 166, 167, 168, 169, 171, 176, 177, 178, 179, 181, 184, 186, 187, 188, 193
Wasserdampf 34, 42, 67, 114, 131, 178, 184
Watt 33, 177
Weiskopf, Gustav 94
Weltkrieg 36, 63, 113, 177, 181
Weltwunder 126, 180
Werbung 96, 101, 180
Wetter 15, 20, 43, 60, 83, 139, 141, 180, 181, 184
Wiedervereinigung 36, 50, 181
Wiese 21, 125, 168, 182, 191
Wikinger 60, 141, 182
Wind 22, 24, 29, 39, 43, 54, 82, 83, 89, 91, 94, 95, 114, 138, 178, 180, 181, 183
Winter 28, 29, 41, 75, 79, 83, 89, 107, 115, 133, 138, 143, 146, 158, 178, 183, 186
Winterschlaf / Winterstarre 75, 143, 183, 186
Wirbellose 162
Wirbeltiere 45, 51, 162, 190, 194
Wirtschaft 8, 17, 37, 46, 100, 120, 146, 183
Woche 27, 80, 145, 184
Wohnungen der Tiere 184, 136
Wolke 65, 83, 114, 131, 144, 178, 180, 181, 184
Wolle 71, 82, 136, 184, 185
Wort 14, 35, 38, 56, 57, 60, 68, 73, 74, 83, 84, 87, 90, 97, 121, 125, 127, 131, 133, 135, 139, 144, 147, 148, 149, 150, 154, 155, 169, 172, 185
Wortarten 185
Wörterbuch 185
Würfel 53, 185
Wurzel 21, 28, 29, 57, 65, 72, 89, 92, 93, 108, 112, 122, 138, 188, 190, 194
Wüste 16, 17, 39, 42, 80, 84, 88, 90, 109, 115, 117, 159, 188

X
Xylofon 189

Y
Yak 16, 189
Yanomami 189
Yoga 189

Z
Zahl 33, 74, 98, 154, 161, 185, 190
Zahn 54, 66, 70, 142, 170, 176, 190, 191, 193
Zahnrad 18, 166, 190, 191
Zecke 191
Zeit 11, 12, 20, 24, 39, 40, 41, 54, 59, 62, 63, 65, 69, 73, 83, 87, 89, 93, 110, 111, 125, 135, 140, 142, 150, 152, 157, 166, , 171, 180, 188, 191
Zeitlupe 191
Zelle 15, 22, 35, 40, 48, 102, 108, 137, 143, 162, 168, 170, 172, 192
Zeppelin 94
Ziffer 190
Zimt 192
Zoll 68, 192
Zoo 187, 192, 193
Zucker 28, 35, 82, 90, 144, 193
Zugvögel 173, 183, 193
Zukunft 147, 169, 191
Zunge 102, 149, 154, 194
Zwiebel 29, 57, 65, 194
Zwillinge 194
Zypern 46

Lösungen der Quizfragen

7	Man findet sie im Gestein.
13	Man nennt Amphibien auch Lurche.
20	Ich verstehe nichts.
27	Männliche Bienen heißen Drohnen.
35	Zucker liefert Energie.
38	Der Dolmetscher übersetzt Sprachen.
45	Ein Tsunami ist ein Seebeben.
46	Den Euro gibt es seit 1999.
49	Rot, Blau und Gelb sind die Grundfarben.
51	Ein Feuer wird mit Wasser, Schaum oder Sand gelöscht.
56	Wenn Wasser gefriert, entsteht Eis.
60	Donnerstag stammt vom germanischen Gott Donar.
65	Fließende Gewässer sind Quellen, Bäche und Flüsse.
68	Das Steingeröll heißt Moräne.
72	Man nennt die Schrift der alten Ägypter Hieroglyphen.
74	Junge Hunde nennt man Welpen.
77	Insekten haben Fassettenaugen.
78	Das ist ein Boot der Inuit.
81	Die Kartoffel stammt aus Südamerika.
84	Den Kompass braucht man zur Bestimmung der Himmelsrichtungen.
89	Die Früchte der Buche nennt man Bucheckern.
90	Die Mehrzahl lautet Lexika.
97	Marienkäfer fressen Blattläuse.
99	Der Wal ist das größte Lebewesen im Meer.
105	Der Monat Juli hat 31 Tage.
108	Das älteste Mosaik ist über 5000 Jahre alt.
112	Eine Narkose ist eine Betäubung.
115	Nomaden ziehen umher und wohnen nicht an einem festen Ort.
118	Orient oder Morgenland nannte man die Länder östlich von Europa.
122	Ein weibliches Pferd nennt man Stute.
126	Die höchste Pyramide ist die Cheopspyramide.
129	Zu den Raubtieren gehören z. B. Hunde, Katzen, Bären, Marder und Robben.
131	Recycling ist die Wiederverwertung von Abfällen.
133	Reptilien nennt man auch Kriechtiere.
136	Roboter werden in der Industrie eingesetzt.
139	Säugetiere atmen mit Lungen.
145	Eine Schwangerschaft dauert neun Monate.
148	Zum Sonnensystem gehören neun Planeten.
150	Die Muttersprache ist die Sprache, die man von seinen Eltern lernt.
153	Die Steinzeitmenschen stellten Gegenstände aus Stein, Knochen und Holz her.
154	Die höchste Singstimme bei Frauen heißt Sopran.
159	Die Körpertemperatur des Menschen ist 37 °C.
160	Die Souffleuse flüstert den Schauspielern ihren Text zu, wenn sie ihn vergessen haben.
164	Wenn wir sehr traurig sind, weinen wir. Tränen können auch beim Lachen entstehen.
168	Der Urknall war eine gewaltige Explosion, bei der das All entstand.
171	Verkehrsschilder regeln den Straßenverkehr und machen ihn sicher.
175	Man nennt ihn Kandidat.
181	Meteorologen sind Wissenschaftler, die das Wetter beobachten.
185	Fürwörter sind z. B. er, sie, du, wir, euch.
190	Der Mensch hat 32 Zähne.
194	Geschmacksknospen befinden sich auf der Zunge.

Lösungswort des Leserätsels: Gut gemacht

Internet-Adressen

Suchmaschinen:
AltaVista: http://www.altavista.de/
Dino-Online: http://www.dino-online.de/
Yahoo: http://www.yahoo.de/
Google: http://www.google.de/
Lycos: http://www.lycos.de/
Blinde Kuh: http://www.blinde-kuh.de/
Milkmoon: http://www.milkmoon.de/

Museen im Internet:
Deutsches Historisches Museum Berlin: http://www.dhm.de/
Deutsches Technikmuseum in Berlin: http://www.dtmb.de/
Deutsches Museum in München: http://www.deutsches-museum.de/
Germanisches Nationalmuseum in Nürnberg: http://www.gnm.de/
DB Museum im Verkehrsmuseum Nürnberg: http://www.dbmuseum.de/
Naturkundemuseum Senckenberg in Frankfurt: http://www.senckenberg.uni-frankfurt.de/
Naturkundemuseum Karlsruhe: http://www.smnk.de/
Naturkundemuseum Stuttgart: http://www.naturkundemuseum-bw.de/stuttgart/
Deutsches Hygiene-Museum Dresden: http://www.dhmd.de/
Deutsches Bergbau-Museum in Bochum: http://www.bergbaumuseum.de/
Pfahlbaumuseum Unteruhldingen: http://www.pfahlbauten.de/
Historisches Kupferbergwerk Fischbach: http://www.besucherbergwerk-fischbach.de/
Salzbergwerk bei Berchtesgaden: http://www.salzbergwerk-berchtesgaden.de/
Zinngrube Ehrenfriedersdorf: http://www.zinngrube.de/
Deutsches Schifffahrtsmuseum: http://www.dsm.de/
Piratenmuseum in Wilhelmshaven: http://www.piratenmuseum.de/
Schloss Schönbrunn für Kinder: http://www.schoenbrunn.at/de/site/publicdir/0104000000_89.php
Das klingende Museum: http://www.klingendes-museum.de/
Naturhistorisches Museum Bern: http://www-nmbe.unibe.ch/
Sauriermuseum Aathal: http://www.sauriermuseum.ch/
Technorama Winterthur: http://www.technorama.ch/
Naturhistorisches Museum Wien: http://www.nhm-wien.ac.at/
Technisches Museum Wien: http://www.tmw.at/
Zeppelin-Museum Friedrichshafen: http://www.zeppelin-museum.de/

Flugzeuge:
Die Rückkehr der Zeppeline: http://www.physikfuerkids.de/historie/zeppelin/index.html
Seite ist überhaupt gut gemacht: http://www.physikfuerkids.de/
Geschichte der Hubschrauber: http://www.hubschrauber.li/
Geschichte der Luftfahrt: http://www.luftfahrtgeschichte.com/

Autos, Züge, Schiffe:
Mit Octa, Fabi und Felio die Welt der Autos entdecken: http://www.autokids.de/
Die Autolernwerkstatt: http://www.autolernwerkstatt.de/welcome.html
Jede Menge Bilder von Eisenbahnen und Modellbahnen: http://www.eisenbahnbildarchiv.de/
Alte Passagierschiffe: http://www.lostliners.de/

Erde und Weltraum:
http://www.learnweb.de/weltall/start.htm
http://aachen.heimat.de/milkyway_mars/milkyway_mars/default.html
http://www.space-odyssey.de/frindex.htm
http://www.sternwarte-neumarkt.de/html/fur_kids.html
Viele Bilder des Universums: http://astro.goblack.de/

Natur:
Die Entstehung des Wattenmeers: http://schulen.nwn.de/watt/s-1.html
http://www.uni-schule.de/space/EMA_Buchenwald/
Der Regenwald: http://archiv.greenpeace.de/GP_DOK_3P/PUB_KIND/C07KI04B.HTM
http://www.abenteuer-regenwald.de/
Aktive und ruhige Vulkane: http://www.vulkane.net/junior/vor.html
Informationen rund ums Wasser: www.pixelgap.com/pi_wasser/1209/
http://www.kidsnet.at/Sachunterricht/wasserstart.htm
http://www.umweltbildung.at/cgi-bin/cms/af.pl?navid=23

Tiere:
Ein sehr umfangreiches Tierlexikon: http://www.das-tierlexikon.de/
Tierlexikon für Kinder: http://www.kinder-tierlexikon.de/
Viel Wissenswertes über Dinosaurier: http://www.dinosaurier-interesse.de/Kinder1.html
Dinosaurier-Rekorde: http://www.sfk-oberfranken.de/dinos/din_extr.htm

Bildnachweis:

o = oben, u = unten, r = rechts, l = links, M = Mitte

Umschlagfoto: Getty Images; Archiv für Kunst und Geschichte, Berlin: 18u, 24u, 25o, 25u, 26, 108u, 181; F1-online: 2o, 2u, 12o, 23o, 31u, 32o, 35o, 36M, 36u, 46o, 48u, 51o, 58u, 59M, 71o, 104o, 126M, 137o, 151u, 180M; Ford-Werke AG, Köln: 18M; Getty Images: 159M; Anja Lohr: 29u; Masterfile, Düsseldorf: 56M; Picture-Alliance: 86u, 152u, 175; Werner Nachtigall: 28or; Volkswagen AG, Wolfsburg: 19u

Bibliografische Information der Deutschen Bibliothek
Die Deutsche Bibliothek verzeichnet diese Publikation in der Deutschen Nationalbibliografie; detaillierte bibliografische Daten sind im Internet über **http://dnb.ddb.de** abrufbar.

3 2 1   08 07 06

© 2006 Ravensburger Buchverlag Otto Maier GmbH, Postfach 1860, 88188 Ravensburg
Alle Rechte, auch die des auszugsweisen Nachdrucks, der fotomechanischen Wiedergabe und der Übersetzung, vorbehalten

Illustrationen: Konrad Algermissen, Cinzia Antinori, Remo Berselli, Johann Brandstetter, Lucia Brunelli, Giampietro Costa, Annaluisa und Marina Durante, Betti Ferrero, Mario Kessler, Joachim Krause, Milada Krautmann, Lorenzo Orlandi, Filippo Pietrobon, Thomas Thiemeyer, Mariano Valsesia, Raphael Volery
Redaktion: Sabine Zürn
Layout: www.die-agentur-gmbh.de
Printed in Germany
ISBN13: 978-3-473-55070-8
ISBN10: 3-473-55070-1

www.ravensburger.de

Abkürzungen

°C	=	Grad Celsius
km	=	Kilometer
m	=	Meter
cm	=	Zentimeter
t	=	Tonnen
kg	=	Kilogramm
l	=	Liter
z.B.	=	zum Beispiel
d.h.	=	das heißt
km/h	=	Kilometer in der Stunde